2022年河南省社会科学规划决策咨询项目"河南推动枢纽能级巩固提升加快形成枢纽经济研究"（项目编号：2022JC06）

2019年河南省高等学校哲学社会科学应用研究重大项目"河南自贸区物流业发展路径研究"（项目编号：2019-YYZD-18）

河南省高等学校哲学社会科学创新团队支持计划项目"沿黄城市制造业碳达峰的制约因素与动力机制研究"（项目编号：2022-CXTD-05）

河南省软科学重点项目"黄河流域产业绿色发展效率的时空分异、政策优化与协同机制研究"（项目编号：212400410015）

河南省高校哲学社科智库项目"河南黄河流域产业绿色发展效率：时空格局、机理识别与政策优化"（项目编号：2021-ZKYJ-06）

2021年河南省社科规划年度项目"黄河流域高耗水工业低耗水转型发展研究"（项目编号：2021BJJ111）

枢纽经济
区域经济发展新动能

仝新顺　刘珂　刘凤伟　等◎著

中国社会科学出版社

图书在版编目（CIP）数据

枢纽经济：区域经济发展新动能/仝新顺等著.—北京：中国社会科学出版社，2022.10
ISBN 978-7-5227-0627-6

Ⅰ.①枢… Ⅱ.①仝… Ⅲ.①区域经济发展—研究—中国 Ⅳ.①F127

中国版本图书馆 CIP 数据核字（2022）第 137004 号

出 版 人	赵剑英
责任编辑	张玉霞　刘晓红
责任校对	周晓东
责任印制	戴　宽

出　　版	中国社会科学出版社
社　　址	北京鼓楼西大街甲 158 号
邮　　编	100720
网　　址	http://www.csspw.cn
发 行 部	010-84083685
门 市 部	010-84029450
经　　销	新华书店及其他书店
印　　刷	北京君升印刷有限公司
装　　订	廊坊市广阳区广增装订厂
版　　次	2022 年 10 月第 1 版
印　　次	2022 年 10 月第 1 次印刷
开　　本	710×1000　1/16
印　　张	20
插　　页	2
字　　数	309 千字
定　　价	108.00 元

凡购买中国社会科学出版社图书，如有质量问题请与本社营销中心联系调换
电话：010-84083683
版权所有　侵权必究

前　　言

习近平总书记指出，我国发展仍然处于重要的战略机遇期，要准确识变、科学应变、主动求变，更加重视激活高质量发展的动力活力，更加重视催生高质量发展的新动能新优势。

枢纽经济是交通枢纽与区域产业融合发展的一种新经济模式，是我国建设现代化经济体系的重要环节，具有枢纽驱动性、经济开放性、资源集聚性、产业融合性、区域辐射性等多种特点。近年来，随着我国综合交通枢纽基础设施的不断完善，枢纽经济加速发展的时机已经成熟，成为了我国经济高质量发展和供给侧结构性改革的新动能和新的增长极。

枢纽经济已经成为经济转型升级培育发展新动能的突破口、融入全球经济体系提升城市竞争力的新抓手、推进交通与经济深度融合发展的发力点，对于区域经济发展具有重要的引领和带动作用。尤其是在当前新冠肺炎疫情防控常态化的背景下，实现交通区位优势向枢纽经济优势转变，更加凸显了枢纽经济研究的现实意义。本书基于大量的实地调研和统计数据，对我国枢纽经济发展的理论和现实问题进行了全面系统的深入研究。

本书的特色和创新之处主要体现在以下几个方面：

一是系统梳理了枢纽经济的科学内涵、形成机理和发展阶段特征。枢纽经济是一种充分利用交通枢纽或地理枢纽的集聚、扩散和增值功能，吸引各种生产要素，包括原材料、劳动力资源、资本等在本地区汇聚，从而大力发展本地区产业并赢得多种经济辐射的经济模式。枢纽经济从交通枢纽开始演化，进而向要素枢纽和产业枢纽发展，最终形成枢纽经济。枢纽经济发展到一定程度会同产业枢纽深度融合，两者相互促进、协同发展。枢纽经济是新经济、新业态的典型代表，是交通与经济融合模式创新的重要体现，也是培育发展新动能和促进区域经济发展新旧动能转换的动力源。

二是全面分析了我国枢纽经济的发展现状、约束条件和发展趋势。我国交通枢纽基础设施建设水平位居世界前列，交通枢纽的要素整合能力持续提升，枢纽相关产业发展迅速，枢纽经济发展前景广阔。我国经济高质量发展和增长动力转换，为枢纽经济发展提供了难得的机遇，从中央到地方的各级政府都对枢纽经济给予了高度关注。但是，我国枢纽经济存在总体规划相对滞后、枢纽产业缺少专项发展规划、区域性枢纽能级匹配不均衡以及枢纽产业结构不合理等问题，约束了我国枢纽经济的健康快速发展，破解枢纽经济的发展制约是我国枢纽经济可持续发展的关键。

三是深入探讨了枢纽经济的物质基础、发展载体和运营效率。综合交通枢纽是枢纽经济发展的物质基础，从枢纽的类型、功能、构成、发展与演变以及物流园区等方面对综合交通枢纽进行了深入研究；现代物流体系是枢纽经济形成和发展的载体，服务一体化、信息网络化、管理现代化、装备智能化、电商物流协同化是现代物流体系的发展方向；发展多式联运是提升枢纽经济运营效率的关键，多式联运能够综合利用多种运输资源，实现多种运输方式之间的有效衔接与合理分工，推进物流运输服务一体化。此外，本书根据产业经济理论讨论了综合交通枢纽地区的产业选择与产业布局问题，为枢纽区域制订产业发展规划和空间利用规划提供理论指导。

四是借鉴枢纽经济发展的国内外经验提出了加快我国枢纽经济发展的对策建议。本书对国内外典型枢纽城市的发展经验进行了总结，研究提出：通过建设现代化高质量综合立体交通网和综合交通枢纽提档升级来推动综合交通枢纽多式融合；通过推动枢纽物流与制造业深度融合、培育交通枢纽产业链和提升行业治理效能来实现枢纽产业协同发展；通过稳定和拓展交通投资空间、深化枢纽经济重点领域改革、推进更高水平对外开放来实现枢纽经济赋能区域经济均衡稳定发展。

本书是2022年河南省社会科学规划决策咨询项目"河南推动枢

能级巩固提升加快形成枢纽经济研究"的阶段性研究成果，也是作者多年来研究成果的汇集和总结，中原科技学院徐雅洁、河南经贸职业学院仝子萱也参与了部分专题研究。但是，由于数据资料和作者研究能力所限，本书还存在一些不足之处：一是部分研究结论还比较粗糙，需要开展进一步的细化研究；二是部分观点还值得商榷，需要搜集更多的数据资料开展进一步的论证；三是随着枢纽经济的快速发展，部分研究结论可能滞后于发展实践，需要及时跟进现实的发展进程和理论的最新进展更新研究结论。尽管如此，对于枢纽经济领域的研究人员和政策制定者来说，本书的研究成果仍然具有一定的借鉴和启发作用，值得参考。

目　录

第一章　绪论 ……………………………………………………… 1

　　第一节　研究背景 ……………………………………………… 1
　　第二节　研究目的与意义 ……………………………………… 8
　　第三节　研究思路与框架设计 ………………………………… 10
　　第四节　研究方法 ……………………………………………… 13

第二章　枢纽经济与区域经济动能转换 ………………………… 14

　　第一节　枢纽经济的内涵与主要特征 ………………………… 14
　　第二节　枢纽经济的基本功能与主要模式 …………………… 21
　　第三节　枢纽经济加速区域经济动能转换 …………………… 30

第三章　枢纽经济的形成机理与竞争力评价 …………………… 38

　　第一节　枢纽经济体系与枢纽经济规律 ……………………… 38
　　第二节　枢纽经济的形成机理 ………………………………… 45
　　第三节　枢纽经济竞争力评价模型 …………………………… 50

第四章　综合交通枢纽：枢纽经济的物质基础 ………………… 59

　　第一节　综合交通枢纽分类与功能 …………………………… 59
　　第二节　综合交通枢纽的主要构成 …………………………… 72
　　第三节　综合交通枢纽的形成与发展 ………………………… 76
　　第四节　物流园区转型国家物流枢纽 ………………………… 88

第五章 现代物流体系：枢纽经济的发展载体 …… 97

第一节 我国物流体系的发展现状 …… 97
第二节 我国物流体系的转型升级 …… 102
第三节 建设现代物流运行体系 …… 121

第六章 发展多式联运：提升枢纽经济的运作效率 …… 136

第一节 多式联运系统 …… 136
第二节 我国国际多式联运的运营模式 …… 150
第三节 国际多式联运与跨境电子商务发展 …… 166

第七章 综合交通枢纽地区的产业选择与产业布局 …… 182

第一节 产业选择与产业布局理论 …… 182
第二节 枢纽产业选择 …… 193
第三节 枢纽产业布局 …… 201

第八章 国内外枢纽经济实践探索与展望 …… 207

第一节 国外枢纽经济实践探索 …… 207
第二节 国内枢纽经济发展的实践探索 …… 219
第三节 枢纽经济发展主要经验借鉴 …… 230
第四节 枢纽经济发展阶段与趋势 …… 239
第五节 我国枢纽经济发展展望 …… 244

第九章 枢纽经济发展典型案例 …… 248

第一节 南京市枢纽经济发展成就与经验 …… 248
第二节 商丘市枢纽经济发展成就与经验 …… 257
第三节 周口市枢纽经济发展成就与经验 …… 271

第十章 推进枢纽经济发展的对策建议 …… 283

第一节 综合交通枢纽多式融合 …… 283
第二节 枢纽产业协同发展 …… 287

第三节 实现要素驱动向创新驱动动能转换 ………………… 289
第四节 枢纽经济赋能区域经济均衡稳定发展 ……………… 292
第五节 推进河南省枢纽经济发展的对策 …………………… 294

参考文献 ……………………………………………………………… 300

第一章

绪 论

交通运输作为国民经济中基础性、先导性、服务性产业，对经济社会发展具有战略性、全局性影响。枢纽经济作为一种新的经济模式，是经济社会快速发展同交通运输融合的时代产物。目前，随着综合交通枢纽的不断建设与完善，枢纽经济加速发展的时机已经成熟，逐渐成为我国经济转型升级中的新动能和新的增长极。目前，我国交通运输业已经发展到了一个新的历史阶段，逐渐从"瓶颈制约"向"基本适应"、从"跟跑型"向"引领型"转变。对枢纽经济进行全面性、系统性研究，对于推进我国枢纽经济发展和转换经济增长动能具有重要的理论和现实意义。

第一节 研究背景

一 我国枢纽经济的发展现状

改革开放以来，我国交通基础设施逐渐完善，枢纽经济已初具规模。我国枢纽经济的发展状况可以从交通枢纽、要素枢纽、枢纽产业以及枢纽城市四个方面进行描述。

（一）交通枢纽基础设施位居世界前列

一般来讲，综合交通枢纽的形成与发展受到自然条件、技术因素、经济因素、交通网的既有基础与发展条件、城市或区域的发展等多种因素的影响。在人类社会发展的历史长河中，道路要津是人口集聚和城市形成的必要条件。早期的人类社会经济活动往往从交通发达的地方开始，后期发展的经济活动也取决于交通基础条件。目前，我国高速公路通车里程、高速以及铁路运输里程、内河航道里程、沿海港口万吨级泊位等交通统计指标数量均排在世界第一位。

截至2020年底,中国高铁运营里程已达3.79万公里,占世界高铁总里程的2/3以上。截至2019年底,全国共有运输机场238个(不包括香港、澳门和台湾地区),颁证运输机场按飞行区指标分类包括4F级机场13个,4E级机场38个,4D级机场38个,4C级机场143个,3C级机场5个,3C级以下机场1个。2020年新开工和续建机场达126个,新增跑道7条,停机位444个,航站楼面积174.9万平方米,全行业运输机场共有跑道261条,停机位6244个,航站楼面积1629万平方米。① 2019年全国民航运输机场完成旅客吞吐量13.52亿人次,同比增长6.9%;货邮吞吐量1710.01万吨,同比增长2.1%。2019年中国民航机场客货吞吐量排名前20的主要民航机场如表1-1所示。

表1-1　　　　　2019年中国民航机场客货吞吐量排名

机场	旅客吞吐量			货邮吞吐量		
	名次	本期完成（人次）	同比增速（%）	名次	本期完成（吨）	同比增速（%）
北京/首都	1	100013642	-1.02	2	1955286.0	-5.71
上海/浦东	2	76153455	2.91	1	3634230.4	-3.63
广州/白云	3	73378475	5.22	3	1919926.9	1.59
成都/双流	4	55858552	5.48	6	671903.9	1.03
深圳/宝安	5	52931925	7.29	4	1283385.6	5.28
昆明/长水	6	48075978	2.13	9	415776.3	-2.93
西安/咸阳	7	47220547	5.74	11	381869.6	22.12
上海/虹桥	8	45637882	4.57	8	423614.7	4.03
重庆/江北	9	44786722	7.68	10	410928.6	7.48
杭州/萧山	10	40108405	4.88	5	690275.9	7.68
南京/禄口	11	30581685	7.02	12	374633.5	2.63
郑州/新郑	12	29129328	6.58	7	522021.0	1.42
厦门/高崎	13	27413363	3.21	13	330511.6	-4.29

① 民航局:《聚焦〈2019年民航行业发展统计公报〉》,《空运商务》2020年第6期。

续表

机场	旅客吞吐量			货邮吞吐量		
	名次	本期完成（人次）	同比增速（%）	名次	本期完成（吨）	同比增速（%）
武汉/天河	14	27150246	10.84	15	243193.4	9.78
长沙/黄花	15	26911393	6.49	18	175724.5	13.02
青岛/流亭	16	25556278	4.18	14	256298.8	14.12
海口/美兰	17	24216552	0.42	19	175566.5	4.10
乌鲁木齐/地窝堡	18	23963167	4.11	21	172800.5	9.61
天津/滨海	19	23813318	0.92	16	226162.7	-12.57
贵阳/龙洞堡	20	21910911	9.02	28	120110.2	6.88

资料来源：民航局。

（二）枢纽要素整合能力持续提升

最近几年，我国交通枢纽地区的要素整合能力和发展水平不断提高，交通枢纽要素功能和作用水平不断提高。2019年，中国航空客运量13.52亿人次，同比增长6.9%；货邮运输量1710.01万吨，同比增长2.1%；通航机场中，年旅客吞吐量达到100万人次以上的有106个，年旅客吞吐量达到1000万人次以上的有39个；年货邮吞吐量达到10000吨以上的有59个。2019年末全国港口拥有生产用码头泊位22893个，其中沿海港口生产用码头泊位5562个，内河港口生产用码头泊位17331个。全国港口拥有万吨级及以上泊位2520个，比上年增加76个。其中，沿海港口万吨级及以上泊位2076个，比上年增加69个；内河港口万吨级及以上泊位444个，比上年增加7个。此外，2019年全年我国快递业务量完成635.23亿件，比上年增长25.3%；快递业务收入完成7497.82亿元，增长24.2%，快递业务收入占邮政行业业务收入的77.8%，提高1.4个百分点。中国港口货物和集装箱货物吞吐量连续多年居世界第一。

（三）枢纽产业快速发展

枢纽经济的发展依赖于枢纽基础设施建设，并且枢纽辐射作用能够带动地方产业发展，对地方经济做出了重要贡献。因此，目前我国很多城市都非常注重枢纽产业发展，如郑州、成都、青岛、上海等。枢纽产业主要包括枢纽基础产业、枢纽核心产业、枢纽关联产业和枢纽引致产业工业。以郑州航空港经济综合实验区为例，现代化的产业基地已经出现，规模不断扩大。全球智能终端（手机）基地的地位已经确立，卢森堡货运专线、UPS等国内外知名物流企业纷纷落户，这使得区域航空物流业迅速集聚，国际物流中心建设也开始起步。航空物流业以快递和电子商务物流为突破口，以郑州新郑国际机场为依托，积极培育和引进大型货运航空公司和物流企业集成商。与此同时，精密机械、生物医药、大宗贸易、电子商务等重点产业也得到了快速发展。郑州航空港综合经济实验区除发展智能终端和新型显示产业外，还重点发展了智能装备产业、生物医药产业、航空制造产业、航空物流等优势航空产业，在航空产业高质量发展中起主导作用。

（四）枢纽产城融合全面开启

交通枢纽具有辐射作用，通过对要素的不断整合和集散促进区域经济发展，带动区域配套基础设施和资源的整合与利用，进而发展成为枢纽城市。随着枢纽经济不断发展，枢纽带动的产业集聚和资源整合充分与枢纽城市有机融合。在枢纽城市发展过程中，枢纽产业的功能作用不容忽视，生活和生态作用和效益也不可忽视，既要注重硬件建设如基础设施的布设，又要注重营商环境等软件建设。总之，枢纽产业与枢纽城市深度融合过程中，必须充分发挥生产、生活、生态等资源的综合作用和第三产业的发展。2018年6月，河南省人民政府和中国民用航空局联合发布了《郑州国际航空货运枢纽战略规划》，郑州新郑国际机场被确定为中部崛起重要经济动力源，这也是我国唯一一个以货运为重点的战略规划，标志着枢纽经济发展中的产城融合全面开启。

二 我国枢纽经济发展面临的机遇

党的十九大提出的"现代化经济体系建设"，是把近年来关于新常态发展、产业迈向中高端和转型升级等一系列关于新经济发展模式、发展思路、发展战略所进行的系统性总结，提出要转变发展方式、优化经济结构和转换增长动力，并且以质量变革、效率变革和动力变革作为我们推动现代化经济体系建设的三个核心要素。在这三个核心要素中，有两个重大发展战略要素——产业体系和经济体制。产业体系是实体经济、科技创新、现代金融和人力资源协同的产业体系。我国未来的经济发展应是要素聚集、要素协同的发展过程，这种协同就要求创造市场机制有效、微观主体有活力和宏观调控有度的经济体制，是产业体系和经济体制两者的有机结合。

未来的经济发展是高质量的发展。质量的变革主要是对所提供的产品和服务进行变革，同时注重提升要素本身的质量，从而形成要素的有效提升和我们借助要素所打造的产品、所产生的服务的双提升的过程。这种过程对供应链的物流服务、各个产业环节、各个经济环节、各个区域的衔接提出了更高的要求。从党的十九大报告对效率变革的理解来看，有两个层面。第一个是宏观层面。劳动生产率、资本产出率和全要素生产率。全要素生产率被写入党的十九大报告，足以说明我们希望在产业协同层面上产生更大的经济效益，即在要素投入不增加甚至减少的情况下，依然能够提高全社会产出水平。第二个是微观层面，即企业运营方式、行业运行模式和产业发展生态能够发生质的变化，提高资源利用效率和企业经济效益。

未来的经济发展是转换经济增长动力的发展。经济发展的动力结构包括需求结构、产业结构和要素的投入结构。要根据需求的变革调整产业结构，按照产业结构的调整来高效地进行要素的投入，形成全新的产业发展模式。这三个方面的变革，综合起来就是建设现代化经济体系的核心所在。这种变革对交通物流领域的主要影响是国家枢纽的形态正在发生着重要的代际更替，不是简单地增加功能或者减少功能，而是它在经济发展当中作用的重大变化。这种变化归结起来是五个方面，其实也是五个层次。[①]

第一个层次是网络枢纽向枢纽网络的转变。过去，枢纽是在多条交通线、多条物流网络交叉的地方集聚形成。在现代经济体系各方面发展模式转变的大背景下，我们开始由网络枢纽转到枢纽网络，即我们可以在特定的地理位置、空间位置上先进行要素聚集形成枢纽，通过枢纽形成的规模经济反过来影响网络的构建。

第二个层次是实体枢纽向组织枢纽转变。过去更强调实体枢纽，物

---

① 汪鸣：《枢纽经济发展探讨》，中国物流学会，http://csl.chinawuliu.com.cn/html/19888917.html，2017年。

流的要素尤其是"物"必须要在枢纽进行集中，现在我们更强调组织枢纽，物并不需要非要运到枢纽来，而是将枢纽作为指挥中心来使用，由此，促进组织性的枢纽产生。

第三个层次是交通枢纽向物流枢纽转变。枢纽在过去大多在交通运输的中转上发挥作用，主要是通过运输方式之间的转换以及交通路线的衔接等空间上的集聚，而当下组织中的物流管理主要是指供应链管理活动在一定空间范围内的聚集。

第四个层次是区域枢纽向国际枢纽转变。以往的枢纽普遍作用于小范围，被称为区域性枢纽，而目前的枢纽受互联网、运输网络以及反向构建的网络的影响，枢纽作用得到提升从而发展成为国际枢纽，特别是我国深度融入国际经济分工，在国际产业供应链、价值链中的地位逐渐迈向中高端水平，因此，我国的枢纽也已经发展成为国际性枢纽。

第五个层次是沿海枢纽向内陆枢纽转变。过去我们的枢纽主要在沿海地区，因为出口产品和围绕出口的要素集聚在沿海。在不久的将来，我国要实现全面小康、成为世界强国，到 2025 年发展水平要赶超发达国家，基于这些发展计划，对内陆产业进行布局，根据消费状况对内陆制造业进行布局，以及对由消费带来的商贸流通进行布局，以及内陆消费不断扩大在国际市场所产生的国际物流方向运作即进口，这些都是促进内陆枢纽兴起的重要因素。

上述枢纽形态的代际更替，尤其是内陆枢纽的快速崛起，使我们国家的枢纽型城市依托枢纽也正在进行着代际更替。想要成为资源要素的配置中心，特别是集聚世界各国的要素资源进行配置的中心，或者说一个区域的经济或产业发展不是基于国家甚至是全球要素资源配置中心这一起点考虑，可以说其他的思考都是传统的产业发展模式，都没有前途和出路。因此，要调整发展方向，按照现代化经济体系来思考城市的经济发展、产业布局和产业发展模式。正因如此，枢纽经济受到理论界、产业界、政界的广泛关注，并且中央和地方政府也开始进行积极的实践探索。比如说《"十三五"现代综合交流运输体系发展规划》（国发〔2017〕11号）中提出交通运输现代化的概念，强调了现代化交通的重要性。除了过去传统的交通网络之外，开始提出国家综合交通枢纽的概念，这与国家物流枢纽是一脉相承的。不仅如此，在《营造良好市场环境推动交通物流融合发展实施方案》（国发〔2016〕43号）中，也提出了完善和衔接全链条、打造大平台，培育物流新模式成为国务院文件非常重要的内容。

三　我国枢纽经济发展面临的挑战

（一）枢纽经济总体规划滞后

目前，国际现代综合交通枢纽在全国不断形成，并且发展速度不断加快，也促进了枢纽经济快速成长，进而促进地区经济发展。但是从总体来看，由于专业知识和人才匮乏，枢纽经济发展缺乏技术和人才支持，枢纽经济总体发展布局和整体观念意识尚未形成。枢纽经济的定义是什么？其拥有什么重要产业特点和优势？其发展规律是怎样的？这些基本问题需要进一步界定和说明。城市与枢纽、枢纽与枢纽、枢纽与产业、枢纽与环境的关联，以及这几大关系的良性运转和表现，亟待从整体层面进行总体规划和设计，并提出长远的发展规划目标。

（二）区域性枢纽能级匹配不均衡

近年来，我国民航和铁路一体化进程加快，管理体制实施统一化模式。能级匹配问题在区域经济和区域交通枢纽中的重要性不断提升。以郑州为例，国家出台了中原城市群和郑州航空港经济综合实验区的区域发展战略，在实践中，郑州铁路局现有管辖区与郑州市中心城市建设及其综合枢纽的作用相竞争。郑州铁路局的管理范围有限，中间站区间的到达和出发能力较弱，停留在郑州港主线，所占压郑州旅客和货物列车的问题有时会降低国家中心枢纽的交通效率。在郑州机场第五次航空交通权和解后，民航和军航之间的矛盾变得明显。由于高传输速度和分配容量，基本航空公司几乎没有明显提升。要提升区域枢纽经济的竞争力，区域枢纽能级的匹配是关键要点之一。

（三）枢纽产业结构不合理，竞争同质化

无论是就规避国际政治风险和市场风险的角度而言，还是构建航空枢纽与枢纽经济互动反馈机制以实现良性循环，都需要完善的空港产业体系作为支持。然而目前我国不少地区的产业结构和市场状况并没有呈现多元化的状态，使临空产业发展受阻。中欧班列已在许多内陆中心城市正常运行，但由于区域内外向型内河港口产业发展不足，不同城市对于外来物资市场竞争异常激烈，特色物流和特色产业也是未来发展的重点。

(四)智慧交通、绿色交通发展缓慢

由于交通枢纽的旅客流动量和物流量比较大,对城市和环境的影响远大于一般城市,所以智能交通和绿色交通建设的重要性更为显著。近年来,许多枢纽城市存在市区交通拥挤和大气污染严重的问题,汽车等国内交通流量迅速增加,其主要原因是智能交通的发展和绿色运输的迟滞,阻碍了区域枢纽竞争力的提高。

(五)空港产业缺少专项发展规划

作为枢纽经济的基础平台,国际航空枢纽和陆港枢纽都是其重要组成部分。枢纽经济能够促进枢纽产业的快速发展,并且枢纽经济也是枢纽产业发展的重要基石。不同的城市在利用差异化优势充分发展临空产业和临港产业,促进枢纽经济效益最大化和发展路径的优化。因此,在规划的合理性和项目选择的针对性上必须进行改造。借鉴国内外枢纽经济的建设经验,空港产业集聚区目前已经在很多城市有序展开,并结合当地实际情况打造了具有针对性的发展规划。但是对于我国大多数城市来说,并没有形成成熟的发展规划和目标,枢纽经济的市场竞争力提升遇到了很大障碍。

第二节 研究目的与意义

一 深化关于枢纽经济的认识

"枢纽"主要是指在交通运输领域内,借助交通基础设施网络建立的重要节点,以及在节点提供运输组织与相关配套服务的主要场所和设施。枢纽最初的作用是提高节点的设施场所的服务能力及服务水平。[①] 枢纽经济,是一种充分利用交通枢纽或地理枢纽的集聚扩散功能,吸引各种生产要素,包括原材料、劳动力资源、资本等在本地区交汇,从而大力发展本地区产业并赢得多种经济辐射的经济模式。[②] 枢纽经济近年

---

① 刘珂、王秋月:《基于城市规划的枢纽经济驱动区域经济发展——以山东省为例》,《祖国》2019年第9期。
② 储东涛:《用好"枢纽+",享获"滚雪球效应"》,《新华日报》2018年6月5日第13版。

来在我国受到了各界的广泛关注，但是人们对于枢纽经济的认识总体上还处于比较肤浅和零星的层次上。

近年来，随着互联网和计算机技术的飞速发展，大数据、互联网、云计算、物联网等现代信息技术深入应用，传统交通运输枢纽与通信信息枢纽之间融合得日渐紧密。随着电子商务、供应链金融等新型现代服务业新模式的不断融入，聚集物流、人流等传统实体要素与信息流、资金流以及商流等虚拟要素的水平、层次、能力、范围发生深刻改变。借助枢纽对资源要素进行整合，推动区域经济多元化发展。研究也不断深入，在突破综合交通的局限后，从经济层面进行枢纽节点城市的研究，将交通、物流、信息等要素作为枢纽发展的基础和支撑，突出枢纽的经济、贸易、产业、文化旅游等功能，从而提出经济枢纽、贸易枢纽、产业枢纽、文化旅游枢纽等相关概念，进而衍生出"枢纽经济"这一研究主题。

枢纽，作为经济发展的重要手段和条件，不仅能为区域产业发展提供支撑，同时也使供应链、产业链、贸易链与价值链紧密联系，深度关联新兴消费，联动培育经济新业态、新模式。枢纽经济作为新业态和新模式，是促进经济新旧动能转换的助推器，同时也是培育经济发展新动能和拓展经济发展新空间的重要实践方式。大力发展枢纽经济是新时代提出的战略要求。在经济建设方面，主要表现在培育增长新动能，优化资源配置，不断深化供给侧结构性改革，促进区域协调发展，加快形成开放新格局，建设现代化经济体系。在交通物流方面，主要表现为在现代供应链中培育新的增长点、突破点，形成新动能。目前，物流业的发展已经具备充足的资源，短缺的问题已经基本消失，需要深入研究的是作业效率的提升，因此，我们需要运用新的模式来进行操作。

二 为推进枢纽经济发展提供借鉴

枢纽经济在经济社会发展的不同阶段以及在不同的地区都呈现出不同的特点，全面和深刻地认识枢纽经济的发展规律以及发展中存在的问题，对于国家和地方政府制定区域经济政策具有重要的借鉴作用。在我国经济高质量发展的背景下，发展枢纽经济能够加快现代化经济体系的建设。一个城市作为一个交通枢纽，主要是发挥其对要素资源的集散作用，推动枢纽偏好型产业发展，从而实现由交通枢纽向枢纽城市的转变。枢纽经济的竞争力水平，主要受交通枢纽基础设施建设、综合交通运输体系、枢纽辐射带动能力以及枢纽产业发展等方面的影响。发展枢纽经济要注重要素资源配置能力的提高，构建综合交通枢纽，打造枢纽偏好型现代产业体系，促进枢纽地区同腹地经济协同发展。

枢纽经济是以交通枢纽为核心要件的通道经济，是服务业、制造业、建筑业、物流业等行业相互交叉渗透融合而形成的一种复合型经济。它是以枢纽地区和枢纽城市为载体的流通经济、门户经济，也是以集聚经济流为目标、形成新型服务业态的互联网经济。枢纽经济的功能主要体现在三个方面：集聚功能、扩散功能和增值功能。集聚功能——它是"吸铁石"，吸纳资源要素是其本能，尤其是集聚高端人才、高新技术；扩散功能——它是"中转站""分拨点"和辐射源，能够带动周边地区发展；增值功能——它依靠自身拥有和吸纳而来的各种资源要素，运用先进科学技术，借助全球网络体系，展开广泛密切合作，进行商业化加工、改进、创新、组装等，赋予经济流的集散具有创新链、产业链、供应链特征，从而把资源要素转化成经济产出，实现价值增值。

统计显示，全世界35个国际大都市中，有31个是依托交通枢纽发展起来的。全球财富的一半集中在这些交通发达的城市。实践证明，通过枢纽，内陆城市与全球供应链实现了有效连接，形成了高效的区域竞争力和发展效率。枢纽经济是新经济、新业态的典型代表，既是交通与经济融合模式创新的重要体现，也是培育发展新动能的重要来源，有利于促进区域经济发展新旧动能转换。未来，枢纽经济发展将不断提升枢纽城市的极化效应，提升城市能级；也将提升辐射效应，增强对周边地区的辐射带动作用，促进地区协同发展；还有利于从全球视野谋划发展空间，提升城市对外开放水平，进而破解交通领域中不充分、不平衡、不协调的问题。

第三节　研究思路与框架设计

一　研究思路

首先，通过理论分析，明确枢纽经济的科学内涵、形成机理和发展阶段特征，把握枢纽经济在国家经济发展的战略目标定位；其次，通过课题组的调研分析，把握枢纽经济的发展现状，找出其存在的问题及其成因；再次，从交通基础设施、物流体系和运行模式等方面深入探讨枢纽经济的发展基础、发展路径和发展模式，分析综合交通枢纽地区的产业选择和空间布局；最后，借鉴国内外枢纽经济发展的经验，按照加快枢纽经济发展的客观要求，提出加快发展枢纽经济的政策建议。

二 研究内容

第一，枢纽经济的科学内涵、形成机理和发展阶段特征。枢纽经济是一种充分利用交通枢纽或地理枢纽的集聚、扩散和增值功能，吸引各种生产要素，包括原材料、劳动力资源、资本等在本地区交汇，从而大力发展本地区产业并赢得多种经济辐射的经济模式。枢纽经济从交通枢纽开始演化，进而向要素枢纽和产业枢纽发展，最终形成枢纽经济。交通枢纽发展到一定程度会同产业枢纽深度融合，两者相互促进，协同发展，枢纽经济是新经济、新业态的典型代表，既是交通与经济融合模式创新的重要体现，也是培育发展新动能的重要来源，有利于促进区域经济发展新旧动能转换。

第二，我国枢纽经济的发展现状、约束条件和发展趋势。我国交通枢纽基础设施居世界前列，并且枢纽的要素整合能力持续提升，枢纽产业快速发展，为枢纽产城融合全面开启奠定了基础。同时，在分析过程中发现枢纽经济存在总体规划相对滞后、产业缺少专项发展规划、区域性枢纽能级匹配不均衡以及枢纽产业结构不合理等问题。我国经济高质量发展和增长动力转换为我国枢纽经济发展提供了良好的机遇，从中央到地方对于枢纽经济发展给予了高度关注，枢纽经济发展方兴未艾。

第三，枢纽经济的物质基础、运营基础和效率提升。从综合交通枢纽、物流体系、发展多式联运三个视角开展专题研究。综合交通枢纽是枢纽经济发展的物质基础，从类型、功能、构成、发展与演变以及物流园区等方面对综合交通枢纽进行深入研究；多式联运是枢纽经济提升运作效率的关键。从现代物流运行体系、多式联运体系、物流业转型升级、国际多式联运等方面为切入点展开分析。根据产业经济理论，梳理了枢纽经济的产业选择与空间布局，根据国内外枢纽经济发展的实践经验，对未来枢纽经济的发展趋势进行研判，并深刻剖析枢纽经济促进区域新旧动能转换的运作机理。

第四，枢纽经济发展的国内外经验借鉴和我国枢纽经济发展的对策建议。对世界上著名的枢纽城市和我国部分枢纽城市发展的实践探索进行了总结，作为我国枢纽经济发展的经验借鉴。分析了我国枢纽经济发展中的问题，主要表现在对其功能认识不深、作用机理不明晰，枢纽组织功能存在缺失，融合联动发展的能力不足，缺乏统筹规划，枢纽经济区的开发模式过于传统等方面。针对枢纽经济目前存在的问题，提出加快枢纽经济发展的关键路径和政策建议，可以从综合交通枢纽多式融合发展、枢纽产业协同发展、要素驱动向创新驱动动能转换等视角出发，以枢纽经济促进区域经济均衡和可持续发展。

三 研究框架

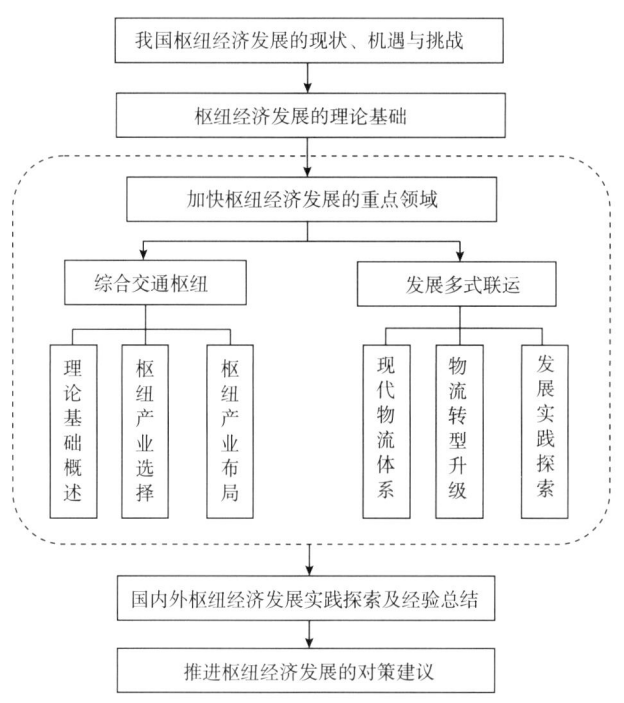

图1-1 本书研究框架

第四节 研究方法

一 文献研究法

文献研究是我们收集、整理和分析国内外最新研究动态的重要手段。通过文献研究法可以收集现有的与枢纽经济相关的信息，包括已经形成的研究成果、目前达到的研究水平、研究过程中所使用的研究方法、研究经验和有待解决的问题等。充分掌握第一手资料，可以提高和丰富研究的实际内容及研究的可靠性和实用性。

二 比较研究法

关于枢纽经济的理论研究目前还处在不断发展、探索的阶段，因此充分借鉴国内外枢纽经济的理论和发展实践，采用纵向比较研究和横向比较研究的方法。横向比较综合交通枢纽与单类型枢纽在枢纽地区产业结构、空间分布格局等不同之处。纵向比较综合交通枢纽运营前后枢纽周边地区产业结构、空间格局的差异。根据以上比较所得到的差异，从中总结、归纳出枢纽经济理论内涵，并充分结合枢纽经济发展的实际情况，得出枢纽经济发展路径及产业选择和调整的可行性模式。

三 定性分析与定量分析相结合

综合运用多学科交叉理论来指导研究，系统梳理了国内外的研究现状；充分借助计算机技术以及数学计量的组合手段进行研究分析；通过定性、定量以及经验性判断进行了对比和归纳论证；从时间维度对枢纽经济特征进行分析时，需要通过定性和定量相结合的方法对枢纽经济的发展阶段做出评价，并对研究内容和计量结果进行归纳总结。

四 宏观分析与微观分析相结合

在对综合交通枢纽与区域经济空间格局的发展轨迹、发展现状及发展态势进行对比分析和系统梳理的基础上，切入了综合交通枢纽对区域经济空间格局各个系统之间的相关性和动态性研究，从而对研究的重点内容进行了全面梳理、阐释、归纳和提炼。

第二章

枢纽经济与区域经济动能转换

枢纽经济是"枢纽"和"经济"的有机"合成"。一般认为,枢纽经济是借助地理或交通枢纽的集散作用,聚集生产所需的原材料、资金、技术、劳动力等要素,推动区域产业发展,获得多种经济辐射的经济发展方式。枢纽经济具有枢纽驱动性、经济开放性、资源集聚性、产业融合性、产业辐射性等多种特点。枢纽经济的主要模式有临空经济、临港经济、临轨经济等经济模式,是经济转型升级培育发展新动能的突破口、融入全球经济体系提升城市竞争力的新抓手、推进交通与经济深度融合发展的发力点,对于区域经济发展具有重要的引领和带动作用。

第一节 枢纽经济的内涵与主要特征

一 枢纽经济的内涵

枢纽经济是一种独特的经济模式,通过交通或地理节点枢纽的集聚和扩散作用,加快资本、劳动力等生产要素的流动和汇集,进而激活本地区产业发展活力,并实现多种经济辐射。其最显著的特征在于其多产生于交通枢纽或地理中心位置。

根据"点—轴理论",交通枢纽作为交通网络中的中枢或者关键节点,各类交通运输和经济活动在此区域汇集,其所在区域是"点",具体表现为交通网络中的关键节点地区或中心城市。与"点"相对应,"轴"代表着交通网络中的运输路线,"点"与"轴"之间有机互动,从而形成这种综合性的经济系统。①

根据"增长极理论",枢纽经济所在的区域是地区经济发展的中心地带,具有很强的辐射扩散能力。枢纽经济区域借助极化效应实现生产要素的快速集聚,提高经济发展速度和产业发展水平,之后通过扩散效应影响周边更大地区,推动枢纽地区和腹地经济的协调发展。

根据"流量经济"这一区域发展理论可以看出,枢纽经济的发展需要具备"五大流量",即资金、技术、人才、信息和物质流。枢纽经济区域具有"放大器"和"搅拌器"的先天优势,借助要素间的高效有序流动,发挥要素的基础作用。同时,通过良性循环提高各要素的价值,不断扩大规模,进而实现经济规模扩大和可持续发展的目标。

枢纽经济在我国的发展已具备一定的理论基础,近几十年来,不少学者对枢纽经济的相关理论和现实问题开展了多方面研究。其中,相关研究最早可追溯到20世纪90年代,刘俊生②率先提出交通枢纽的主要特征是集聚效应,枢纽经济可视为借助这种聚散作用促进一个地区或一个国家经济发展的重要方式。在之后的研究中,廖小健③认为,要充分发挥枢纽经济作为关键地理节点的突出优势,通过吸引生产要素的聚集,促进制造业的快速崛起,最终获得由多种经济要素相互辐射所产生的比较利益。姚士谋等④认为,枢纽经济是集社会经济、数字城市和网络经济于一体的新概念,可以表示一个区域工业化、现代化和可持续发展的总体水平。也有一部分学者认为,枢纽经济是在区域内的关键地点或重要事物产生相关影响,进而发挥综合作用,且比一般领域更具经济功能的经济现象。⑤ 随着要素状态、流速、分类和内容等产生本质变化,枢纽经济的内涵也在不断扩充、完善和细化,如图2-1所示。

---

① 李霞、王明杰:《成都经济发展新思考:枢纽经济》,《中共成都市委党校学报》2014年第4期。
② 刘俊生:《交通枢纽城市发展策略浅议》,《辞书研究》1996年第6期。
③ 廖小健:《新加坡应对经济全球化的策略选择》,《国际经贸探索》2003年第2期。
④ 姚士谋等:《城市地理学研究新的领域思考》,《经济地理》2003年第5期。
⑤ 程继隆:《强势:中国枢纽经济异军突起》,《吉林省经济管理干部学院学报》2010年第24期。

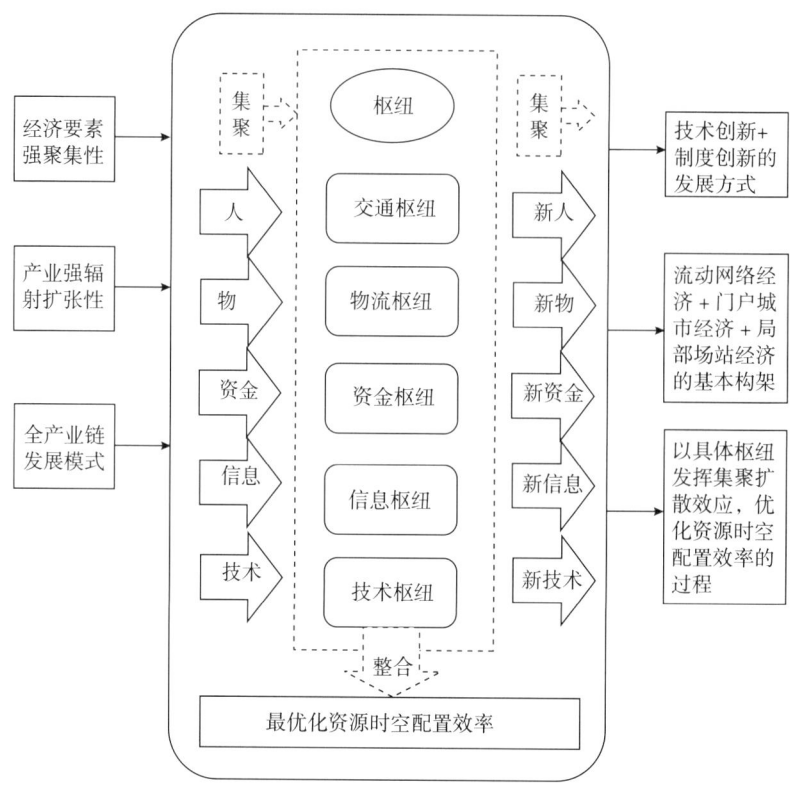

图 2-1 枢纽经济内涵

资料来源：赵伟伟：《枢纽经济及其发展机制——以中国交通枢纽经济为例》，《人文地理》2020年第3期。

  交通枢纽在发展过程中会不断地升级，即从初级阶段向高级阶段发展。在初级阶段，枢纽主要是实体的交通枢纽，主要运输方式从水运过渡到铁路、公路运输再转向航空运输。与之相应的交通枢纽也会发生变化，从海港过渡到铁路港、公路港再转向航空港。与此同时，枢纽经济的产业形态也在同步发生变化——从大型的商业中心城市转向工业城市、商品集散中心城市，再向商业（工业）园区和企业总部集聚城市过渡到国际中心城市。在这个转变过程中，枢纽经济集聚了人流和物流，辐射整个城市群，具体的表现形式是通过汇集多种交通方式以及多

第二章 | 枢纽经济与区域经济动能转换

条交通线路,形成综合交通枢纽。① 高级阶段是虚体组织枢纽。在这一阶段,资金、技术、数据以及信息逐渐成为要素,商品的生产、流通以及交易都聚集在优势地区,随之新的枢纽经济模式出现,在高级阶段枢纽经济借助资金、技术以及信息等要素的集聚,扩大辐射范围至全球,具体形式表现在由大数据、物联网、云计算等现代信息技术支撑的流空间。枢纽经济从初级向高级阶段升级,例如,新加坡的枢纽经济最初是以发展转口贸易和离岸贸易为核心形成物流枢纽经济,通过完善相关配套服务,以贸易带动产业发展,扩大投资,进一步向金融等领域延伸,实现枢纽升级,最终形成服务贸易型枢纽经济。枢纽经济的内涵是多重的,主要体现在以下几个方面:

第一,枢纽经济是一种具备独特地位的通道经济。比如区域中心、副中心和次中心等地常常具备这样的特点,这种经济模式具有交通线路四通八达、高效畅行的特征。交通运输业的发展极具战略性和先导性,是区域经济、产业发展的重要基础,同时也是促进或制约地区发展的重要因素之一。不仅如此,它也是激发不同生产要素活力的桥梁和纽带,其主要内容是运用各类交通设施和工具,经过各种交通通道使旅客和货物在不同地区间实现空间移动。另外,交通运输为社会活动和人民生活提供服务,在完成国家或地方政府下达的各项运输任务的同时,也要为国内外企业提供产品运输、存储和加工包装等商贸服务,为居民出行提供便利,同时提升经济效益,是服务业的关键组成部分。改革开放以来,"要想富,先修路"已经成为部分领导层和基层民众根深蒂固的基础认知,它的现实作用非常明显,通过发展交通为区域经济发展带来便利。现如今我国的交通运输飞速发展,运输规模和运输效率达到世界先进水平,尤其是高铁的发展,处于世界领先水平。交通运输的发展见证和催生了我国改革开放的一系列成果。

第二,枢纽经济是一种蕴含枢纽特征的流通型经济,是一种车水马龙、生意兴隆的经济形态。在市场经济环境下,要素流动与交通紧密相关,交通因要素流动的需求而不断建设和发展。要素流通和交通相互促

---

① 赵伟伟:《枢纽经济及其发展机制——以中国交通枢纽经济为例》,《人文地理》2020年第35期。

进、相得益彰，共同促进经济社会的进步。《资本论》[①] 第二卷指出，商品在空间上的流通，本质上就是商品的运输。交通运输业的特点是生产环节在流通过程中的延续，是流通过程的进一步深化。因此，便利的交通是人流、信息流、资金流等要素流动和汇集的主要渠道。各地通过不断改善交通运输设施，实现人、货流动畅通，从而能够借助交通枢纽发展大交通，形成大规模产业，实现区域经济高质量发展。

第三，枢纽经济本质上是一种开放型经济。对外开放是推动一个国家或地区发展进步的必要手段。开放型经济是指两个及两个以上的地区，相互之间在资金、技术、产品等方面发生经济贸易活动的一种经济体系。这个体系包括一般的进出口贸易，同时也包括技术及资金引进、海外投资、创办海外企业以及发展国际旅游等主要经济活动。与一般出口贸易相比，开放型经济和外向型经济具有更丰富的概念和内涵。开放型经济的发展需要具备一定的条件，首先要拥有完善的基础设施，包括交通、商业服务、技术支持等，为国际国内大通道的构建创造条件，实现国内外市场的互联互通。枢纽经济的扩张和升级与社会经济活动密切联系，它们相互制约、相互促进，不断打破层层阻碍，开辟新道路、扩展新领域是其独特之处，因此可以将国内国外紧密地联系起来。枢纽经济的本性在于对外开放和对周边地区的辐射，不断拓展经济发展的新领域是其生命力旺盛的具体表现。加大枢纽型经济的建设力度，以更加开放的思维主动融入全球发展，用宽广的胸怀促进对外开放，创造开放的经济环境促进地区发展，为更高水平的"引进来"和"走出去"创建有利条件，充分释放开放型经济的活力和优势。

第四，枢纽经济打破了旧有的产业发展概念，是制造业、服务业和建筑业相互交叉、相互融合形成的新经济。马克思曾说，部分独立的产业部门所生产的产品不是商品也不是新的以物质形式存在的产品，这些独立的部门在经济活动中，只发展交通运输业，从事客货运输或是仅提供简单的信息传递服务，无论是旅客还是运输货物，只在空间位置上发生变动。运输业销售的货物是地点的移动。交通运输行业可以产生一个独立的生产部门，然后形成一个专门的投资空间。马克思所说的"交

---

① 马克思：《资本论》第2卷，人民出版社2004年版，第89页。

通运输业"和"独立生产部门"涉及多种交通运输工具的生产，同时还负责高速公路、铁路、桥梁、港口、水路等基础设施的建设。这是一项复杂的制造和建筑工程。不仅是运输业本身，即使只是简单的"场所的移动"，也需要为社会经济提供服务。因此，为理解枢纽型经济的内涵，我们要抛弃非好即坏的思维方式，主动创新，开创工业发展的新局面。事物都是具有两面性的，交通运输业也不例外。交通运输业的两面性在于：一方面属于第二产业，具备产业属性；另一方面又与第三产业联系密切，具备一定的事业属性，为社会经济发展提供服务，所以，可以将它称为"枢纽型产业"，集制造业、服务业和建筑业于一体，本质上就是第二产业和第三产业互相交融的产业。同时，枢纽型产业作为枢纽经济的核心和基础，具备枢纽产业的现实特征。因此，可以将它从传统服务业中分离和独立出来。

综上所述，枢纽经济可以简单概括为：枢纽经济是将"枢纽"作为基本框架，以资源要素的集聚和扩散为主要特征，将相关枢纽作为中心，建设和重构产品及生产要素的供应链、产业链和产业集群等的产业发展模式。枢纽经济可以根据不同的经济要素构成进行分类，主要有以资本流动为主的金融枢纽经济、以科学技术的形成和流动为主的科技枢纽经济、以产品和劳动力流动为主的交通物流枢纽经济以及以信息流动为主的信息网络枢纽经济等，交通和物流是枢纽经济的坚实基础和重要载体，枢纽经济具有高质量的基础设施等硬性条件，又具有经济活动高度集散的软性条件。

二 枢纽经济的主要特征

枢纽经济是一种具有枢纽特征的"流通经济"，同时也处在由"经济通道"向"通道经济"转变的过程中，具有全产业链整合发展能力、生产要素集聚能力、资源合理配置能力、产业基础扩张与辐射等特征。[1]虽然不同类型、不同等级的枢纽会为枢纽城市带来独具特色的产业，但是在枢纽经济的发展过程中具有共通的属性和特征[2]：

第一，枢纽驱动性。交通枢纽是枢纽经济形成的先决条件，枢纽经

---

[1] 田红英、黄远新：《供应链枢纽城市创新发展的模式》，《中国流通经济》2020年第34期。
[2] 宫银峰：《关于我国枢纽经济发展的多维思考》，《中州学刊》2020年第5期。

济随着枢纽规模的扩大和枢纽层级的提升得到进一步发展，而要素的流动增长以及枢纽产业的发展壮大也会助推交通枢纽的进一步完善。交通枢纽同枢纽型产业形成循环性正向反馈，两者相互驱动、共同作用，推动枢纽型城市的建设与发展。早期在内陆城市进行枢纽建设，发展枢纽经济，打造内陆区域性枢纽。随着枢纽经济规模的扩大，辐射能力不断增强，内陆枢纽逐步发展成为国际陆港，再加上航空枢纽的作用，国际陆港的发展水平得到进一步提升，形成现代立体综合交通枢纽进而衍生出临港产业、临空产业等现代综合产业体系。

第二，经济开放性。枢纽城市的经济开放性受多方面因素影响，互联互通的基础设施是经济开放性的基础性条件，内外通达的市场联系是促进区域经济实现开放性发展的重要动力。枢纽城市通过交通运输同周边城区逐渐形成城市内外大市场之间的密切关联，而根据市场关联的自我强化作用，一旦区域间形成大市场关系，就开始为枢纽城市的发展提供源源不断的内生动力，同时能够不断加深市场之间的联系。完备的交通基础设施为枢纽型城市要素资源的集聚与扩散提供了有力保障，同时也极大地促进了区域内以及区域间的产业合作，进而推动外向型经济快速发展。

第三，资源集聚性。区域经济发展极化效应是指基于市场机制下，发展环境良好的城市或地区会在发展过程中不断累积有利于自身成长的因素，旨在进一步集聚资源要素，促进区域内的社会经济发展。不同规模和不同能级的枢纽城市会产生不同程度的区域经济极化效应，规模越大、能级越高的枢纽型城市集聚要素资源的能力就越强；反之就越弱，尤其在枢纽偏好型高端产业当中表现得尤为突出，总而言之，在市场大环境下，枢纽的规模和能级同枢纽城市的资源集聚能力呈现正相关关系。

第四，产业融合性。在枢纽经济的发展过程中，三次产业之间以及同一产业不同行业之间都存在依托综合枢纽而形成的产业融合，并且互联网及大数据、云计算等新兴技术的发展，枢纽产业融合还催生出多种新型产业发展形态。例如，从事现代农产品种植及深加工、工业制造类企业借助交通枢纽开展 B2B、B2C、O2O 等电商业务，建设集产品设计、生产、储存、运输、信息、销售于一体的现代新兴产业体系，提高产业融合发展水平。

第五,产业辐射性。枢纽型产业辐射主要借助现代立体交通运输网络,以轴辐式辐射的空间形式为主,在大型企业的原材料及产成品运输网络当中,需要建立多个大型物流集散中心以保障轴辐式物流网络的畅通。后续存在于生产商、供应商和消费者之间的原料和产品配送问题则统一由集散中心负责。传统的轴辐式辐射网络存在难以形成规模效益进而导致运输成本相对过高的问题,需要加强枢纽建设,扩大枢纽规模、提升枢纽能级,打造现代综合性枢纽体系,充分发挥产业辐射带来的综合效益,为枢纽经济发展提供强大动力。

第二节 枢纽经济的基本功能与主要模式

一 枢纽经济的基本功能

第一,枢纽经济具有显著的"极化功能"。对周边地区人、资金、物流、技术、信息等要素的集聚能力是枢纽经济的一大优势,所以,这种强大的凝聚能力是推动区域经济发展、激发经济活力所必不可缺的关键因素,推动社会经济实现更高水平的发展,而资源要素一旦集聚就会快速被同化,融入城市或地区的现有资源当中,一起为区域发展提供强大动力。这种强大动力首先作用于第三产业,促进区域内餐饮、休闲娱乐、文化、金融等产业的发展,随之带动第二产业的发展,优化第一产业的生产空间。同步发生的是各类生产要素的流动,流向新的发展区域,打造创新型发展环境,优化产业结构、促进产业转型升级,为社会创造更多就业岗位,促进社会稳定发展。

第二,枢纽经济衍生出的"雪球效应"。新型综合枢纽是在传统枢纽经济的基础之上,利用现代产业体系以及铁、公、机等实体交通枢纽而形成的一种枢纽经济新业态。例如,枢纽同现代农业、制造业、生产服务业、现代高端服务业等产业以及文化、科技、信息、人才等要素的结合,实现枢纽经济的综合效益和发展水平的进一步提升。充分发挥传统枢纽和新型枢纽对资源要素的集散作用,实现中心城区同周边地区全方位、立体化的沟通和联系,建立相辅相成、互惠互利的合作关系,有效扩大枢纽城市的辐射范围,合理规划城市空间和产业布局,实现资源利用率最大化。实现产业结构的优化是枢纽经济最直接的作用。深入挖掘其打造经济发展新品牌的价值，充分发挥枢纽的极化和溢出效应，强化对资源要素的集聚和扩散作用，转化枢纽的交通或区位优势为产业和经济竞争优势，为城市社会经济发展增添新动能，实现经济稳定持续增长，推动社会全面进步。

第三，枢纽经济具有突出的"扩散效应"。资源集聚和扩散是城市所具备的最基本的功能，城市发展的枢纽经济既具有强大的吸引力，同时也具有一定的扩散力，即能为周边地区提供源源不断的人力、资金、技术、信息等服务。通过资源的合理配置，实现经济效益显著提升，服务于对外贸易和科教文化等现代服务产业，为区域产业结构的优化升级提供要素保障。枢纽经济同城市发展深度融合，产城互动、协同发展。同时，高水平的交通运输系统所拥有的强大辐射能力，可以促进城市规划布局更加科学合理，进而带动产业升级，实现社会经济繁荣发展。

第四，枢纽经济具有强大的"开放效应"。"开放效应"衍生于"扩散效应"，是它的延续和补充。基于战略性角度对枢纽经济的发展进行进一步的规划，坚持以开放促改革促发展，打造外向型经济发展新格局，拓宽经济发展空间。在经济学当中存在寰观、宏观、中观、微观四个层次，同样的"开放经济"也可从这四个层面进行分析：首先，在寰观层面上，依托"一带一路"建设，拓展经济发展空间，加强国际间合作，以国际化标准打造高水平的枢纽经济带，加强枢纽经济的要素集聚扩散能力；其次，在宏观层面上，依托国家出台的各类区域发展规划，加强对内合作，以枢纽为核心，扩大辐射范围，打造地区产业协同发展示范区；再次，在中观层面上，以枢纽经济区为依托，充分发挥开放平台的积极作用，突破空间格局和行政区划上的阻碍，加强合作，实现区域间的互联互通；最后，在微观层面上，以大型企业为依托，提高枢纽的综合服务能力，调整产业结构，优化产业布局，实现产业高级化。总之，要在国家开放发展战略的引领下发展枢纽经济，为经济发展提供充足动力，激发城市发展活力。

二 枢纽经济与产业创新

枢纽经济是高度集中于某一特定区域的经济现象，具有独特的交通枢纽优势，能为区域经济发展提供优质服务，促进枢纽升级，借助物流、信息流、商流、资金流以及人流等资源要素的集聚，促进区域交通与生产服务型产业协同发展，形成区域经济发展新动力，以枢纽经济为跳板推动区域经济高质量发展。①

（一）枢纽布局与城市产业布局协同发展

枢纽经济协同地区产业发展的需求，集中规划枢纽地区物流服务，突破产业和地域空间限制，针对劳动力、资金、技术、信息、物流等要素进行集中，弥补城市固有的资源要素短板，使地区产业原有优势和规模效益得到最大限度发挥。间接推动枢纽产业规模扩大，最终实现区域经济和物流枢纽融合。

主要表现在以下三个层面：一是物流产业规模化。立足枢纽城市产业结构和规划布局现状，积极参与全球物流市场竞争。在内部打通物流骨干网络，横向连接公路运输、铁路运输、水路运输、航空运输等各类枢纽，实现货物存储、集散、分拨、转运等功能。促进物流活动跨区域、跨行业实现规模化、组织化。二是扩大现有产业规模。通过物流中心的枢纽功能，盘活技术存量，拉动传统产业结构高级化，实现区域和国际交流的高效性和便捷性，各种生产要素随着地区枢纽的极化效应、运输路线的集散效应实现吸附和同化，同时通过市场竞争作用和循环累积效应，吸引各种相关企业迁入，逐渐形成规模效应，发展为产业集聚。三是培育衍生产业。借助物流枢纽的功能，聚集各类资源要素优势，注入新活力，大力发展以地区枢纽为核心、铁路交通为支撑的多式联运，开发与铁路联系紧密的新生特色产业，打造铁路沿线产业集群和物流品牌，提供港口交易服务、跨境贸易等新的服务功能，为现代产业体系重构和创新注入新动力。

（二）产业集群与枢纽要素集聚融合创新

通过物流枢纽打造低成本、高效率的物流供应链服务，推动枢纽经济区与腹地生产、运输和贸易大型企业的完美契合。通过产业链上下游分工和资源配置合理化实现产业和物流网络的联动发展，推动产业走向全球价值链中上游，实现区域经济高质量发展。

---

① 岳巧红、石婧：《港口枢纽经济发展模式与经验借鉴》，《产业创新研究》2019年第9期。

主要表现在以下三个方面：首先，以产业集群为基础形成物流枢纽网络，优化运输资源和路径，降低物流成本、提高运输效率、扩大辐射范围，形成产业发展新竞争优势，同时提高应对市场需求波动的速度和能力，延伸市场需求空间，延长现有产业链条，对地区产业发掘出新的经济增长源泉。其次，使产业网络和枢纽物流服务网络组织联动，让物流行业占据更多市场份额，开拓更大的发展空间。在产业联动的发展过程中，增加物流运输量的同时提高市场响应能力，及时响应市场需求，提升运输效率，提高物流运输服务水平，推动物流产业服务水平，优化行业资源配置。最后，物流业和第一、第二产业融合，合力促进区域产业结构升级，有效整合第一、第二、第三产业，延长产业价值链，扩大服务业规模。

(三) 枢纽要素集聚与产业形态整合创新

相关要素在枢纽集聚并广泛渗透到各行业，促进技术进步、结构优化、产业升级和模式创新，提升区域全要素生产率。枢纽经济的增长源泉将会是全生产要素、全流程重构后的新模式、新产业和新业态。一是产业发展新模式，比如，产业与金融交叉融合发展，形成供应链金融和融资租赁等产业新型模式；通过设施共同建设、产权共同拥有、利益协调等方式构建地区物流枢纽共享模式创新等。二是产业发展新形态。如物流业与互联网融合发展，推动枢纽经济平台发展，将地区内分散的物流业务需求资源向枢纽中心集合。三是培育新兴产业。依托区域物流枢纽的强势功能延伸产业链上下游业务，深化区域经济活动合理分工与紧密合作，促进枢纽经济和产业向供应链上游转型，催生新兴产业。

三 枢纽经济的主要模式

实践中的枢纽经济包括临空经济、临港经济、临轨经济等经济模式。将城市发达的交通网络和综合交通枢纽作为载体，发展临空经济、临轨经济和临港经济等新形态，打破单纯强调城市交通组织功能的传统思维，向扩大枢纽经济功能转变，进一步"锚固"城市创新发展要素和辐射带动周边城市集群发展，将成为带动整个区域协同发展的重要着力点。

(一) 临空经济的发展模式

临空经济是一种新型的、存在于机场及其周围地区的区域经济形态。近年来,随着技术不断进步,互联网、大数据、智能制造的发展改变了行业竞争、企业发展和布局的原则,形成了以数字化、全球化、航空化、时代化为核心的竞争性发展新体系。为了满足物流、经济活动对这种具备灵活性、高效率和可靠性业务的要求,我国一线城市,如北京、广州、上海等地区陆续将对时效性高度敏感的高新产业迁往机场周边。这些企业的集聚刺激了航空港货物吞吐量和旅客吞吐量的增加,空港经济发展初显规模,形成了具有较高影响力的产业优势和品牌知名度。[①]

临空经济这种枢纽经济模式的优势在于合理利用大型枢纽机场得天独厚的地理区位、强大的集聚和中转功能,以及航空经济区巨大的航空客货吞吐量,促进了要素的流动、重组和整合,进而吸引大量生产型和服务型企业入驻。发展枢纽经济的基础条件是有充足的货物运输需求和完善的航空网络作为支撑,这要求机场具备一定的枢纽地位,位于重要中转站或附近存在基地较大的航空公司。一般情况下,枢纽经济以第三产业为支柱,即餐饮、娱乐等生活服务业以及广告和物流等生产性服务业,同时跟随主导产业发展,最终实现地区经济的整体增长。

中国香港机场是世界上货物吞吐量第二大的货运机场,是枢纽经济的一个典型代表。香港利用其枢纽地位和充足的航空客货流,大力发展流动经济,带动本地服务业的发展。金融、贸易和旅游业已成为香港的支柱产业。据统计,2006 年香港航空运输业对当地的经济贡献高达千亿港元,约占 GDP 总量的 8.33%。其中,本地旅游社团安排外出游玩活动和出售机票产生的经济效应约为 40 亿港元,占地区 GDP 的 0.3%,通过乘飞机至香港的游客产生的经济活动效益约为 90 亿港元,占地区 GDP 的 4.24%。

与其类似,美国孟菲斯机场自 1973 年起,逐渐壮大并成为联邦快递的总部和中转中心。孟菲斯机场经过四十年的建设和扩张,已成为世界上货运量最大的机场,周围经济水平也随之不断提升。孟菲斯机场的旅客和货物吞吐量给孟菲斯地区带来了巨大的经济效益。据统计,2004 年孟菲斯机场的货物运输业务拉动地区经济增长约 95 亿美元,同时提供了 15 万个以上的工作岗位,旅客运输业务给地区带来了 10 亿美元以

---

① 曹允春:《临空经济》,经济科学出版社 2009 年版,第 9 页。

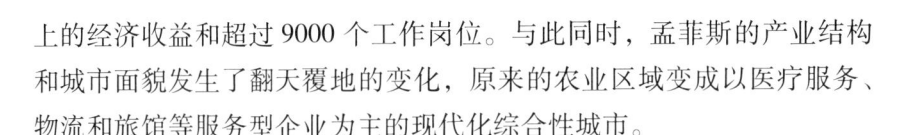

上的经济收益和超过9000个工作岗位。与此同时，孟菲斯的产业结构和城市面貌发生了翻天覆地的变化，原来的农业区域变成以医疗服务、物流和旅馆等服务型企业为主的现代化综合性城市。

（二）临港经济的发展模式

从发达国家著名港口城市的发展经验来看，港口型枢纽经济的发展模式可以分为四种类型：一是以航运经济作为主导，在区域内集聚航运高端产业，合理配置全球港口航运资源；二是以腹地经济作为主导，开展腹地货物运输业务；三是以临港经济作为主导，发展港区工业；四是综合上述其中两种及两种以上模式的复合发展型。

1. 航运经济主导型

（1）伦敦港。位于泰晤士河下游的两岸，从19世纪开始逐渐演化为区域内的商业和贸易中心、全球领先的运输中心，吸引了全球1/5的船舶管理公司常驻。伦敦港承担了全球1/5的航运保险和船舶融资、2/5的散货船业务和将近一半的油轮租赁业务。作为一个发展过程悠久的航运中心，伦敦港所在区域拥有全球规模最大、业务最多的劳合社保险机构（LLOYD'S），同时集聚了多个国家级航运组织，如国际货物装卸协调协会、国际海事组织总部和波罗的海和国际海事公会以及交易所等机构。存在着提供完善、强大的船舶租赁、融资、买卖、中介等金融和法律服务的服务业。据统计，伦敦有5000多家船舶经纪公司为物流提供集装箱、天然气以及邮轮等运输设备以及专业的融资租赁服务。在经济全球化时代，现代科学信息技术飞速发展，为伦敦传统物流业的发展带来了新机遇，出现了新的经济增长动力，信息咨询、船务代理、航运法律等航运配套服务逐渐成为伦敦港口经济区建设过程中不可或缺的部分。

（2）新加坡港。位于新加坡南部沿海地区，既是亚太地区最大的货运中转港，也是全球业务量最多的集装箱港口之一。其2019年的集装箱吞吐量达到3720万标准箱；货物吞吐量超过6亿吨。新加坡港凭借其优越的自然地理条件，开展国际集装箱中转业务，吸引大型船舶运输公司入驻。作为企业开展业务的基地港，其逐渐形成一个现代化、国际化的集装箱储存、租赁、中转及运输管理服务市场。新加坡是首个在亚洲地区建立金融期货交易市场的国际贸易中心，平稳有序的金融期货市场为国际风险管理活动的发展创造了良好的发展环境。新加坡航运金融中心开展了资金结算、海事保险、航运融资、外汇、资金管理、航运金融信息服务等多项现代航运业务。积极推动船舶运输中转业务的进一步扩大，同时吸引海外投资，打造新型转口金融平台，为航运金融提供高水平的现代化服务。新加坡港不断加大先进航运技术的研发力度，完善信息咨询与分析、航运经济、海事法律仲裁等国际航运配套服务，有效提升新加坡港作为国际航运枢纽的综合服务水平。

2. 腹地经济主导型

（1）汉堡港。作为欧洲第二、德国第一的集装箱港，汉堡港的交通便捷，可快速通过水路到达波罗的海地区。同时，便捷的水路交通也为东欧和中欧腹地提供了快速通道，并同东、西欧及东南亚的经济中心形成密切联系。面对广阔的市场，汉堡港实现了多种交通方式多式联运的优势互补。铁路运输方面，汉堡港拥有德国最大、最先进的换乘火车站。它是欧洲最大的集装箱铁路中转中心，70%以上的长途货物通过铁路运输到世界各地。在公路运输方面，汉堡港将区域内的城际公路网与城市公路网连接起来，实现了港口内所有码头和道路的高效联通。在水运运输方面，每年进出汉堡港的船舶近两万艘，转运散装危险品和集装箱货物。汉堡港凭借多式联运的中转功能和集装箱枢纽的突出地位，已成为辐射和服务欧洲腹地的重要源头。

（2）宁波舟山港。舟山港是中国境内吞吐量最大的原油和铁矿石中转中心，也是一个关键的集装箱远洋干线港口、液体化学品储运中心、煤炭、粮食储存和转运中心，是中国吞吐量最大的主要港口之一。据统计，宁波港与新疆、江西、四川等地20多个城市共同构建了铁路和海上联运网络。2018年，宁波港完成60余万标准箱的海铁联运。宁波港通过提高多式联运的优势，使腹地对于货物的集聚能力得到大幅提升，依靠"无水港"的优势打造海铁联运公共平台，为航运公司和物流企业开展业务创造有利环境。同时，宁波港还积极引进人才和先进技术，推动服务升级，开发"金融物流"和"批量转移"等新业务领域，为"一带一路"物流业务提供支持。

3. 临港经济主导型

（1）休斯敦港。休斯敦港是美国第二大贸易和能源运输港口，同时也是世界第六大港口。依托美国海湾石化中心，形成了美国石油工业发展的源头之一的石化基地。一条海渠沟通了墨西哥湾和休斯敦港，航道水深接近 12 米。港口区域位于从港口城市到海湾镇的 25 海里运河沿线，其余部分是炼油厂、化工厂、钢厂等工矿企业以及粮食、棉花出口公司等企业的专用码头。其他工业部门主要发展石化工业，辅以机械制造、钢铁制造以及石油开采设备和油轮配套石油工业。除此之外，还有部分的纺织品、化学品以及食品加工企业。休斯敦港口发展模式是一种以能源为基础、经济多元化发展的模式，在美国制造业城市排名中休斯敦居于首位。

（2）横滨港。坐落于日本东京横滨工业区的横滨港是日本著名的四大工业园区之一。经过多年的建设，横滨港区域形成了以造船、炼油、钢铁、化工为主的工业集群。横滨港是日本最大的海港和对外贸易港口。港口工业大部分是重工业和化学工业。机械、汽车、电器、金属原料提炼以及食品加工等行业为其提供将近 80% 的工业总产值。"二战"后，日本制定了许多港湾整治规划，对横滨实施大范围填海造地工程，横滨港先后得到多次改建，建设港口工业区以及配套专用码头，大力发展机械、钢铁、造船、化工、火电等港口产业集群，提升综合服务水平，获得全球竞争优势。除此之外，横滨港积极推进"未来港湾 21 世纪"发展规划，大力发展商务、会展、观光旅游等产业，充分发挥横滨湾的亲水功能和交通优势。横滨湾建设了综合楼、地标建筑以及大量造型独特的办公楼，计划吸引大型企业总部和机构进驻，促进现代服务业的进一步发展。

4. 复合发展型

（1）上海港。上海港依江临海，位于中国陆地海岸线中部，联通东西航道、南北航道及长江和沿海地区。经济腹地广阔，集散渠道畅通，承接上海大部分的外贸物资，实现的年外贸吞吐量占全国重要临海港口的 20%，2018 年的港口货物吞吐量居世界第二位。近代以来，上海港一直都是中国重要的对外贸易港口。港口的直接经济腹地主要是长三角地区，涵盖上海、江苏省南部以及浙江省北部大部分地区；港口的间接经济腹地涵盖江苏省北部、浙江省南部、江西、四川、湖南、湖北、安徽以及重庆等地区。长江流域支线为上海港提供大约 20% 的集装箱吞吐量，整个长江流域的经济发展为上海港的建设提供了有力保障。根据相关数据分析，上海港长江流域2017年集装箱中转量约为一千万TEU。同年7月，上港集团和13个长江流域港口航运公司共同建立了长江经济带航运联盟，共同促进长江航运资源最优分配和协调发展，并专注于构建一个散、杂货和集装箱等多种模式交互的交通系统。加强长江运输通道的海陆联运建设，打造绿色港口，完善航运体系，有效控制区域综合物流运输成本。

(2) 鹿特丹港。鹿特丹是欧洲最大的海港，也是亚欧大陆桥在欧洲的桥头堡，是世界上重要的外贸港口之一。美国运往欧洲的货物将近一半都需要经过鹿特丹转运，日本有近30%的货物需要经过鹿特丹最终到达西欧。在铁路运输基础设施建设方面，鹿特丹拥有两个成熟的运输服务中心和两个铁路化学品储藏中心，并且每天都有准时开往欧洲的集装箱班列。在公路运输方面，鹿特丹拥有完善的公路运输网络，在10小时以内就可以到达法国巴黎、德国汉堡以及法兰克福，比较远的北欧地区也在一天之内就可到达。在内陆运输方面，鹿特丹港已经建成完善的运输网络，涵盖莱茵河沿岸的多个集装箱港口。鹿特丹港充分发挥其产业集聚效应，吸引大量跨国企业进驻，共同构建港口工业综合体。作为世界著名的炼油基地之一，鹿特丹在港区内已经建成四个世界级的炼油厂，拥有六个原油码头、四家工业煤气生产企业、40多家化学品和石化企业，世界知名的埃索、科威特、壳牌等石油公司进驻港区。食品加工也是鹿特丹临港工业的重要组成部分，联合利华、可口可乐等著名的食品加工企业将由内陆地区运来的原材料进行再加工，借助港口将产品销往世界各国，鹿特丹港则为其提供储存、加工、贸易以及运输服务。临港产业的发展为鹿特丹国际金融、进出口贸易、信息咨询、货运代理、国际货运保险等配套服务业的发展带来了强大动力。

(三) 临轨经济的发展模式

临轨经济是基于城市轨道交通网络形成的一种新的经济发展方式。在临轨经济形态建设方面，加强轨道交通建设能够极大缓解交通运输压力，为居民出行提供便利，同时，轨道交通的建设有利于实现道路交通与城市布局、产业布局的互联互通。在创造新的经济增长点的同时，达到降低人口密度的目的；在经济区域，依托机场、港口、轨道交通的衔接，开展轨道交通建设，实现铁路、航空、港口经济的多方位、立体化发展。①

临轨经济的主要发展方式有以下五种：

第一种是以传统服务业为核心的发展方式，主要表现在为旅客及周边居民提供服务。这种传统服务产业历史悠久，发展速度相对较慢且发展质量较低，对周边的交通及环境会造成一定影响，普遍存在于成熟的商业街区以及老城区。

第二种是以现代服务业为主的产业发展方式，例如北京CBD。作为相对成熟的商务区已经形成集金融、商业、信息、文化于一体的现代高端服务业，北京也已经发展成为我国现代服务业的集聚地和重要的国际金融功能区。

第三种是以房地产为中心的产业发展方式，靠近市中心的住宅区能够充分享受到轨道交通带来的便利，具有准时、便捷、高效等特性，但同时它的价格高昂，使大部分有住宅需求的人选择住在城市边缘以及轨道交通沿线，因此，形成了以房地产行业为中心的发展方式。

第四种是以高精尖产品制造业为主的产业发展方式，充分发挥轨道交通安全、便捷的优势，吸引具有高附加值的产品集聚在轨道交通沿线及站点周边地区，规模不断扩大，更多高新技术制造业为了追求更好的服务质量也加入其中，最终发展成为这种现代发展模式。

第五种是涵盖多种业务的集群发展方式，这种发展方式的好处在于功能多样化、空间扁平化以及产业集中化。同样也存在土地资源浪费、制约城市发展质量和效率的缺点。

第三节 枢纽经济加速区域经济动能转换

一 我国区域经济发展新旧动能转换

（一）新旧动能转换的基本内涵及特征

梳理目前的研究成果发现，学者对新动能内涵的界定主要存在单因素说、双因素说以及多因素说三种观点。其中，支持单因素说的学者认

---

① 刘瑞等：《把临轨经济打造成首都经济新亮点》，《前线》2015年第7期。

为体制创新、技术创新和服务创新为推动新旧动能转换的主要因素，关键在于创新；支持双因素说的学者认为新动能的产生主要来自供给和需求两个因素，或者生产方式和产业结构；也有部分学者认为来自创新和消费两个因素。多因素说涉及的范围更广，改革、创新、制度、开放、消费等多种要素都可以成为新动能。

2017年1月20日，国务院办公厅发布了《关于创新管理优化服务培育壮大经济发展新动能加快新旧动能接续转换的意见》（以下简称《意见》），新动能的基本内涵有了官方定义。《意见》中指出，新动能是以技术创新为导向，以市场需求为引领，将新技术、新产业、新业态、新模式这"四新"作为未来发展的核心，实现资金、技术、人才、信息等生产要素快速流动，为经济发展提供强大推力，促进技术更新换代，实现产业高水平融合发展，推动要素成果的分享。另外，党的十九大报告中还指出："将我国建设成制造强国，加快发展先进制造业，实现互联网、大数据、人工智能同实体经济的融合发展，在中高端消费、创新引领、绿色低碳、共享经济、现代供应链、人力资本服务等领域培育新的经济增长点、形成新动能。"根据这文件可以看出新动能的基本形态以及产生的根源。[①]

从宏观上看，新动能是指能够促进社会经济发展新的动力和能量，但是深入发掘其本质能够发现，新动能的出现是以科学技术的创新发展为支撑，从而为经济发展提供新的动力，是一种先进生产力。科学技术的重大突破会带动产业和服务的发展，推出新产品、形成新的商业模式，进而发展成为新产业，从而影响当前的经济生产方式和产业结构形态，改变社会生产、生活方式。简言之，新动能就是以科技创新和高精尖科技人才为依托推动社会经济向高质量方向发展的能力。运用到产业结构调整和投入产出变化中，新动能主要体现在投入要素的构成发生改变以及要素质量的显著提升，进而催生出新产品、新产业；或者是优化传统产业结构，提高新要素的流入，改变现有的生产经营方式，优化产业结构，打破原来的运作模式，推动产业转型升级，实现经济高质量发展。

---

① 盛朝迅：《"十四五"时期推进新旧动能转换的思路与策略》，《改革》2020年第2期。

新旧动能的转换实际上是落后生产力被先进生产力取代的一个变化过程。优化升级旧动能并加大新动能的培育力度，借助新技术推出新产品，形成新的产业模式，进而产生新的产业形态，实现新旧动能的更新迭代，最终实现经济发展的动力由要素驱动转向创新驱动。

（二）新旧动能转换的动力源泉

根据供需因素分析，新动能的来源主要包括以下五个方面：全面深化改革、对外开放的扩大、生产要素提升、消费需求扩大、科技创新发展。

全面深化改革为新动能的产生和发展创造了良好的体制机制运行环境，全面深化改革主要是从影响新动能发展的领域和环节入手，激发市场主体活力，发挥好市场在资源配置中的基础性作用，提高社会的创新创业能力，加大对新兴产业的培育力度。在改革中提高和创新制度供给能力，积极寻求动能转换路径，有效提高区域产业竞争力。

扩大对外开放，提高我国的全球资源配置能力，其中包括资金、技术、人才、资源等。推进经济全球化和区域一体化的进一步发展，拓展我国对外合作空间，提高对外开放水平，发展开放型经济，整合产业链，提升供应链现代化水平，深入探索经济发展新动能。

要素支撑是新旧动能之间存在的最大差异，新动能的显著特征是新要素支撑。进入信息化时代，互联网、大数据已经成为经济发展的新要素，数字经济的核心在于将不同产业的运行数据进行收集和整理，并以数据产品的形态进行销售，为企业生产、科学研究和日常生活提供便利。大力关注社会经济发展以及高端人才培养，实现人口红利向人才红利的转变，为新动能提供了人才要素保障。加大新要素的培育力度并合理配置，推动要素合理流动，为动能转换提供支持。

消费需求逐渐扩大，市场需求带动经济增长是基本的经济理论。经济发展水平上升，居民人均收入提高，消费结构升级，市场需求扩大，推动新动能的形成和发展。其中，收入水平提高是消费结构发生改变的主要影响因素，消费者追求更高的生活质量，继而对产品质量和服务水平提出更高的要求。对于一般的物质需求会有所下降，从而催生休闲娱乐、医疗保健、文创艺术等服务类消费市场迅速扩大，多元化、差异化已经成为消费市场的主要发展方向，不断推动供给端创新，引领消费者需求。

科技创新是新动能发展的根本动力，可以从科学技术发明以及应用成果推广两方面入手。通过科技创新培育新动能，实现全要素生产率有效提升，转变经济增长方式。如今，新科技革命的核心领域不断取得重大成果，例如生物医疗、新能源、信息技术、新材料等，而一部分类似5G、立体打印、基因测序、人工智能等前端技术已经走入实践和投入生产，推出新产品、开发新产业成为经济发展的新动能。

（三）区域经济发展动能转换

近几年，国际贸易的发展环境风云变幻，我国经济结构和产业体系的缺点凸显，这也从侧面表明了我们亟须解决新旧动能转换问题。美国不断对我国加征关税，制造贸易壁垒，恶意挑起贸易争端，对此我国坚决抵制。我们也要从中总结经验教训：美国之所以敢在国际贸易领域中恶意挑起争端，是因为他们掌握着核心技术，而我国的经济结构和产业体系存在许多缺陷，导致我们在一些关键技术以及生产所必需的核心零部件供应上受制于人。所有问题的核心在于我国经济社会发展的新动能还不够强大，促进经济增长的新旧动能转换还没有彻底实现，经济增长的内生动力还有待加强。要加快动能转换速度，培育新的经济增长动力，更好地应对外部挑战，进而实现经济高质量发展。党的十九大指出，要继续实施创新驱动发展战略，加快经济发展方式转变，大力培育新兴产业，使国民经济发展水平得到大幅提升。

1. 打造经济增长新动力，实施创新驱动发展战略

创新驱动发展战略对经济运行效果有明显改善，经济高质量发展离不开创新。从2012年开始，我国用六年时间实现全社会研发经费支出翻一番，从1万亿元增长到2万亿元，在国内生产总值中，全社会研发投入所占比重从2012年的1.97%增加到2018年的2.18%，如表2-1所示。以全社会研发经费支出额来衡量，我国已成为世界第二大研发经费支出国，仅次于美国。

表2-1　　　　　　我国创新投入和产出变化情况

年份	规模以上工业企业中有R&D活动企业所占比重（%）	R&D经费支出占GDP的比重（%）	发明专利申请授权数（项）	规模以上工业企业R&D经费支出与主营业务收入之比（%）	R&D科技活动人员折合全时当量（万人/年）	技术市场成交额（亿元）
2012	13.70	1.97	217105	0.8	324.7	6437.07

续表

年份	规模以上工业企业中有R&D活动企业所占比重（%）	R&D经费支出占GDP的比重（%）	发明专利申请授权数（项）	规模以上工业企业R&D经费支出与主管业务收入之比（%）	R&D科技活动人员折合全时当量（万人/年）	技术市场成交额（亿元）
2013	14.83	2.09	207688	0.8	353.3	7469.13
2014	16.90	2.09	233228	0.8	371.06	8577.18
2015	19.20	2.10	359316	0.9	375.88	9835.79
2016	22.95	2.08	404208	0.9	387.81	11406.98
2017	27.43	2.12	420144	1.1	403.36	13424.22
2018	28.17	2.18	432147	1.3	438.14	17697.42

资料来源：《中国统计年鉴》（2012—2018）。

近年来，我国连续取得多项重大科研成果。北斗全球系统提前建成，嫦娥五号成功发射并从月面取样返回，大型水陆两栖飞机"鲲龙"AG600海上首飞成功，天问一号火星探测器将一次性完成"绕、落、巡"三大任务，世界首颗量子科学实验卫星"墨子号"搭载长征二号丁运载火箭发射升空，奋斗者号全海深载人潜水器成功完成万米海试并胜利返航，时速600千米高速磁浮试验样车成功试跑，大亚湾实验发现新中微子振荡新模式，华龙一号全球首堆并网发电成功，这些都标志着我国在一些领域已经进入世界科技前沿，这些都是基于创新驱动发展战略获得的重大科研进步，彻底转变了我国在核心技术和知识产权方面受制于人的被动局面。2012年，在全球的创新指数排行榜中，我国居于第34位，历经近十年的努力，跃升至2020年的第14位，在中等收入国家中居于首位。

自创新驱动发展战略实施以来，我国电子信息产业和装备制造业的发展水平得到显著提高，产品国际竞争力迅速提升。例如，在全球著名的智能手机品牌中，以华为、小米为代表的国产品牌，在国内市场份额超过80%，并且逐步向中高端市场迈进。智能机器人产业对于制造业发展具有重要意义，它已经成为《中国制造2025》的重点发展行业之一。2010年我国工业机器人数量仅30台/万人，经过8年的发展，已经提高到97台/万人，达到世界平均水平。高铁成为中国经济新名片，截至2020年我国高铁通车里程已将近3万千米，高速、重载、高原高寒铁路技术均居世界领先水平，高铁通车里程居全球首位。

2. 产业结构优化调整，新技术新产业涌现

我国三次产业结构持续调整。在 2012 年，三次产业增加值占国内生产总值比重分别为 10.1%、45.3% 和 44.6%，2018 年为 7.2%、40.7% 和 52.2%，到 2020 年为 7.1%、39% 和 53.9%，第三产业所占比重超过 50%，能够提供更多的就业岗位。第三产业从以批发零售、交通运输与仓储等为主的传统服务业快速转向高端服务产业，例如计算机、金融、法律、教育培训等，并且产业结构转变的步伐不断加快（见图 2-2）。制造业内部结构也在不断优化，对比全部工业增速，高技术产业和战略性新兴产业的增速更加突出，高出平均水平的 30%—40%。其中，2012 年战略性新兴产业增加值占 GDP 比重仅有 5% 左右，但是随着经济的发展比重有所提升，到了 2018 年已经到达 10%，成为引领经济发展的新动能。

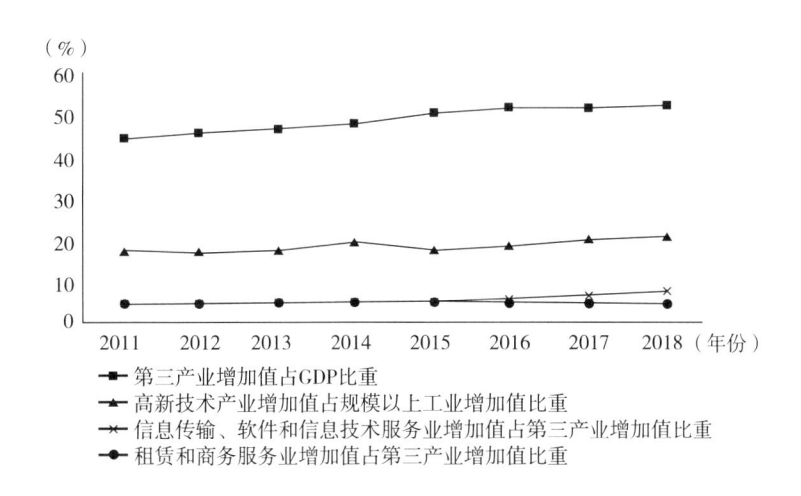

图 2-2 我国产业结构变化情况

资料来源：盛朝迅：《"十四五"时期推进新旧动能转换的思路与策略》，《改革》2020 年第 2 期。

3. 转变发展模式，坚持绿色环保集约高效发展

坚持绿色发展理念，从传统的粗放型经济发展方式转向集约型发展方式，增强低碳环保意识，加强技术创新，推动绿色发展。例如，地处长江经济带的主要省份一直坚持贯彻"生态优先、绿色发展"理念，

湖南省、湖北省、四川省、重庆市、贵州省都在绿色发展方面取得了显著的成就。

加大生态环境修复力度，开发绿色低碳技术，支持和鼓励节能环保产业发展，对传统制造业升级改造，发展清洁技术产业，注重节能环保。国家已经将黄河流域生态保护和高质量发展上升为国家发展战略，强调绿水青山就是金山银山的发展理念，生态环境保护放在第一位，坚持绿色发展。同时，国家还通过不断加大生态环境保护政策的改革力度，为美丽中国的建设提供制度保障，提高资源利用效率，改善社会生态环境，实现人与自然的和谐共生，保障国家生态安全，建设现代化发展新格局。以绿色发展为导向，促进经济的高质量发展，合理规划城市发展格局，加强城市生态环境建设，发展清洁能源，打造高端产业转移承接平台，推动智能制造等新兴产业的快速发展，加速新型城镇化建设。优化和完善政策制度环境，壮大发展新动能，助力经济高质量发展，促进产业结构优化升级，为现代化经济体系的建设奠定坚实的基础。

二 枢纽经济为区域经济发展提供新动能

（一）经济转型升级培育发展新动能的突破口

我国正加快培育新动能，推动新旧动能的转换，转变经济发展方式优化经济结构。新动能的来源包括两方面，一方面来自旧动能的优化升级，另一方面来自对新的生产技术、新的商业模式以及新业态等新兴产业的培育壮大。大力发展枢纽经济，充分发挥枢纽区域的辐射功能，合理利用互联网、物联网、大数据等现代信息技术，提升枢纽配置功能，合理配置资源，促进资源要素的集聚和扩散，创造更大的社会价值，将综合交通枢纽优势转化成产业发展优势、经济发展优势，将其打造成经济发展的新增长极。

（二）融入全球经济网络提升城市竞争力的新抓手

社会发展进入新阶段，我国不断扩大对外开放的规模，在国际分工体系中寻找自己的位置，依靠我国沿海地区的交通优势，走在区域发展的前列，实现率先发展。全球基础设施建设不断完善，互联互通体系加速构建，世界经济发展格局不断演变，全球产业布局面临更多调整。发展枢纽经济就是同全球经济网络深度融合，打破地理空间对区域经济发展的限制，借助交通枢纽节点打通外部通道，实现高效率、低成本的运输。根据交通枢纽的功能特点，完善枢纽设施功能，构建布局优化、资源互补的枢纽产业体系，保障地区经济转型升级顺利进行，提高枢纽城市在全球产业分工体系中的作用，巩固其枢纽地位，提高在国际市场中的产业综合竞争力。

（三）推进交通与经济深度融合发展的发力点

融合发展已成为促进经济发展、产业转型的重要手段。产业融合发展、区域协调发展的规模不断扩大。交通运输亟须转型升级，目的是为区域经济发展提供新动能，开拓新的发展空间，并且根据目前的经济社会发展要求，与经济社会进行深度融合发展。交通枢纽已不再是简单的客货中转换装（乘）的区域，更是资源要素高效集聚、扩散的重要平台，已经成为推动经济高质量发展的重要发力点。

第三章
枢纽经济的形成机理与竞争力评价

枢纽经济与其他经济模式相比具有独特的形成和发展过程。枢纽建设和功能完善是形成枢纽经济的基础,辐射范围不断扩大和各类生产要素不断集中是枢纽经济发展和提升竞争力的根本。通常情况下,枢纽经济都是从交通枢纽开始演化的,进而向要素枢纽和产业枢纽发展,最终形成枢纽经济。枢纽经济同制造业深度融合、协同发展是演进的最高阶段。在枢纽经济中,不同类型的枢纽在不同的发展阶段具有不同的竞争力。交通枢纽基础设施、综合交通体系、枢纽产业的发展和枢纽的辐射驱动能力等几个方面对于提升枢纽经济竞争力具有重要的影响。

第一节 枢纽经济体系与枢纽经济规律

一 枢纽经济体系

枢纽经济是指在交通基础设施便捷的基础上,利用交通枢纽的地理和经济优势发挥出集散功能,实现区域内资金、人才、技术、信息、物流等生产要素集聚的经济体系。具体表现为以一种运输方式为龙头,实现多种运输方式的融合。在这个系统中,收集、运输和配送功能起着首要作用。"枢纽经济"的效率和竞争力程度往往取决于与全球供应链的传输效率,同时对周边地区也有辐射作用。通过培育枢纽经济等新兴产业,以及开展跨境贸易、港口服务等创新服务功能,促进经济快速发展。

枢纽经济作为一种平台化、网络化的集聚流经济发展模式,通过新的经济集聚模式实现传统区域以外的发展。枢纽经济通过物流服务平台、交通枢纽、物流枢纽等资源集聚平台，实现产品、资金、人员以及信息等要素的集聚和扩散。以完善的交通运输网络为依托，各类资源在区域内有序分布，促进了区域经济和产业快速发展。随着互联网经济的不断创新和综合交通物流枢纽服务组织的不断加强，以城市为中心的枢纽经济发展呈现出新的发展格局。

枢纽经济主要是由三维构建的体系。第一维是要素维，第二维是空间维，第三维是时间维。（见图3-1）

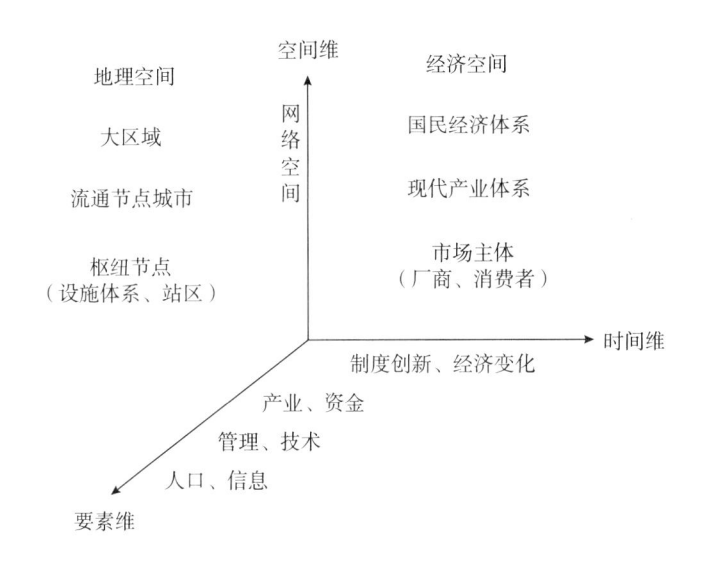

图3-1 枢纽经济体系

首先，在时间维度上，枢纽经济是新经济与传统经济发展的现象和形式。枢纽经济是新经济吗？我们的回答是：现在是新经济，发展起来以后可能不是新经济。因此，需要从信息技术、制度创新、经济体系发展变化等方面对时间维度进行解构，寻找在不同时间点上枢纽经济发展的主要内容。

其次，在空间维度上，枢纽经济是网络经济、站点经济以及城市经济的结合体，一层比另一层更微观、更具体。第一个层次是宏观，我们称为节点。例如，合肥是中国重要的物流和交通枢纽。第二个层次是在节点中有多个中心设施来形成系统。第三个层次是在具体的物流系统中，起着关键作用的物流设施，实际上就是站区。

最后，在要素维上，需要或者是希望聚集各种要素。有流动性比较强的要素，也有流动性比较弱的要素。比如说结算、物流服务的分拨等，这些要素属于流动性很强的要素。但是，像仓储设施就很难具有比较强的流动性，所以针对不同流动性的要素，我们怎么样在枢纽点上进行匹配和集聚，是一个值得研究的方向。过去我们研究网络枢纽，是基于它的载体和服务对象，处在一个相对静态的研究状态。比如说合肥要建一个多大的物流园区，共有多大的物流需求量？其实到这个发展阶段已经不是历史趋势外推的结果，而是我们有什么样的要素，将聚集什么样的资源，是一个无中生有的过程。我们既有的模型可能就算不出这个要素的聚集规模和聚集量，我们可能就需要用模式、用聚集手段来计算这个过程。

二 多维视角下的枢纽经济

根据国家发改委综合交通研究院汪鸣对枢纽经济的定义，枢纽经济的载体是信息服务平台和交通枢纽，是一种以集聚和扩散为特征的新兴经济发展方式，以优化经济要素在地区内合理配置为基本途径，从多方位提升城市发展水平。目前，同枢纽经济相关的研究还未建成系统的理论架构，但是可以确定的是，合理的研究应该是多方面、多角度、多层次对枢纽经济的内涵进行剖析和讨论。[①]

（一）交通经济视角

交通经济通常是指以运输工具为桥梁，实现生产、交换、配送以及最终消费等环节的有序衔接，促进社会资源要素的合理配置，使社会生产同市场需求相吻合，推动社会经济活动有序运行，促进区域经济健康发展。资源要素加速流动为地区经济发展提供充足动力，大规模的生产销售活动为其提供稳定的发展环境。生产销售活动同资源要素的流动密切相关，两个相互作用共同促进资源与市场的融合，推动社会经济发展。运输是沟通生产和运输的必要环节，也是客货流的重要集散渠道，同时也是生产和配送的关键环节。在资源要素流动过程中，交通运输起

[①] 李凯：《我国国际内陆枢纽竞争力研究》，硕士学位论文，郑州航空工业管理学院，2018年。

着至关重要的作用。也正因如此，具有明显交通优势地区的资源要素集聚能力更强，所形成的经济集聚区往往临近交通枢纽或交通运输干线。

基于交通运输经济视角可以看出枢纽经济内涵广泛，具有多种经济形态，依托枢纽城市形成的交通枢纽，同城市布局相结合而衍生出的经济发展形态能够涵盖更多种类的资源要素，依托交通枢纽形成的空港、陆港以及海港经济的枢纽辐射范围相对较小，仅限于临近交通枢纽的部分地区。传统枢纽建设与互联网平台展开深入合作，借助互联网技术形成复合枢纽经济新形态，具有线上线下、实体虚拟相融合的特点。

（二）流量经济视角

流量经济主要是指在一定区域内借助某些平台或条件，获得包括资金、人才、技术、信息等在内的外部资源，并聚集在这一区域内，对集聚于此的资源进行合理配置，进而带动产业及地区经济发展，并将随之产生和扩大的经济能量辐射到周边区域。各类要素通过合理有序的集聚和扩散使其固有价值得到充分发挥，资源的聚合与流动为区域经济发展规模的扩大和可持续发展提供源源不竭的动力。从流量经济的视角进行分析，可以看出枢纽经济的本质就是依托枢纽的集聚扩散能力带动区域产业集聚，促进产业链、价值链升级的经济发展模式，主要表现为流动经济与平台经济。

（三）城市经济视角

城市是服务业和工商业发展的基础条件，城市经济是指在城市当中的工商业以及服务业在城市区域集聚和整合所形成的区域经济形态。城市对资源要素具有强大的集聚力，包括资金、技术、劳动力、信息等要素。城市经济是城市开展生产、交通、服务、管理以及文化等活动的基础。交通经济和规模经济的一体化共同构成城市经济的一体化，城市是城市经济发展的核心载体和主要发展空间，具有集聚性、扩散性以及规模性的特征。基于城市经济发展的视角，枢纽经济注重多极化发展，突出特色枢纽基础设施和配套服务系统的建设，枢纽城市的经济发展要符合城市的层次和功能，例如推动服务型经济、创新型经济以及制造型经济的发展。

三　枢纽经济的分类

发展枢纽经济要打破原有发展模式下的空间限制，以更广阔的视角创新发展路径。基于全球城市网络体系，并结合其在全球产业链中的地位，发挥枢纽城市的功能和优势，形成各类枢纽经济发展新路径。充分发挥枢纽在社会生产中的引领作用，推动产业集聚和产业升级，提高企业价值，提升行业的整体竞争力，形成规模化经营，成为区域经济发展新的驱动力。

（一）内陆型枢纽经济

内陆枢纽经济通常是指在内陆地区，以国际枢纽和国内枢纽为依托，在对外贸易的过程中，集聚、转化国际国内各类资源要素，产生集聚、辐射全球资源的能力，促进大陆地区产业结构的调整和升级，拉动内陆经济区快速发展的一种经济模式。内陆枢纽经济是适应经济发展转向高质量发展阶段的需要，迎合拉动内需和促进消费升级的市场趋势。将内陆地区打造为集聚发展新高地，并加强同国际国内市场的互联互通，提高全球资源在内陆地区的集聚和融合能力。集公铁空于一体的综合交通枢纽是内陆枢纽型经济发展的基础和保障，使资源要素在国际国内之间快速流动，实现资源要素的快速集聚和有序转移，有效提高区域经济发展水平。

（二）开放型枢纽经济

通常开放型枢纽经济是指在建设和发展某一区域的过程中，依托国际化、高水平的综合交通枢纽，打通国内市场与国际市场，充分发挥自身资源的优势，集聚和吸收各类国际先进资源，积极参与国际分工和国际竞争，实现资源协同配置，提高经济发展效益。高级化的综合交通枢纽是开放型枢纽经济发展的基础，在开放型经济发展的过程中，通过对全球资源的合理配置，实现国内外资源的集聚和转移，促进全球经济要素有序流动，实现资源的合理配置，从而推动地区经济可持续发展。

（三）沿海型枢纽经济

沿海型枢纽经济主要指处于沿海地区的港口枢纽，通过交通便利的港口进入国内外市场，在国际商贸活动中负责资源的转移和收集，为地区经济创造健康发展的环境的一种经济模式。沿海型枢纽经济主要通过公路、铁路等交通运输线路联通国内市场，利用沿海港口枢纽的运输功能沟通国际市场，同时起到连接国际、国内市场的作用，成为两者互通的桥梁，实现国内外市场资源要素的流动，推动区域经济快速发展。

四 枢纽经济的发展规律

（一）通道规律

枢纽城市基础设施完善，交通便利，为企业获得各种生产所需物资提供便利，同时也便于供应链上下游企业之间取得联系，为企业将最终产品及时配送到周边地区的消费中心提供有利条件。同时，商贸流通业的发展环境良好，枢纽城市普遍具有极强的产业集聚能力，是相关经济要素集聚中心，而这些都是由交通通道发挥作用，对枢纽城市的发展产生的有利影响。[①]

与此同时，枢纽城市便利的交通运输环境，为异地产业获得枢纽城市的经济资源提供了充足的便利。若企业仅以获得枢纽城市的经济资源、要素以及占领市场为主要目的，则本地生产和异地生产就无法形成鲜明对比，甚至影响企业做出合理的选择。普遍存在的现象是交通条件良好的地区其市场竞争更加激烈，新进入的企业很难占据较高的市场份额，因此很难对生产性企业形成吸引力。相反，交通相对不便的城市对企业吸引力更强，更有利于生产性企业获得区域内大量的市场资源。因此，枢纽经济的通道作用有利于枢纽城市对内形成资源集聚、对外加强资源辐射，同时也非常容易造成区域内要素、市场及产业的流失，而在两种相反力量的共同作用下，两者会维持在一个相对平衡的状态。

（二）迭代周期规律

枢纽建设会带动地区产业发展，枢纽规模的扩大和能级的提升，会使产业发展水平和产业发展结构得到提高与完善，同样地，枢纽产业快速发展带动地区枢纽经济整体水平提升，区域内的枢纽建设也会得到质的飞跃，并再次推动社会经济发展。所以，枢纽城市的社会经济发展往往呈现出枢纽与产业迭代升级形成的产业循环规律。

郑州市是我国典型的枢纽型城市，图3-2展示了郑州市经济发展与交通运输产业发展之间的关系。在改革开放初期，随着郑州市经济得到快速增长，进入第一个交通发展周期。1985年前后，郑州市进入第二个交通发展周期，这得益于郑州北站的改造升级和铁路管辖权的改革扩大，郑州市作为铁路枢纽的功能逐渐发挥作用，铁路货物运输能力和

---

① 宫银峰：《关于我国枢纽经济发展的多维思考》，《中州学刊》2020年第5期。

周转量显著增加,带动了郑州市经济的发展。从 1990 年开始的五年里,是郑州市经济发展的第二个增长周期。在 2000 年,郑州市火车站已经发展成为我国客运量第二大的枢纽站点,郑州北站成为我国零担货运规模最大的中转站,带动经济快速发展。2005 年郑州市经济发展步入第三个增长周期。随着郑欧班列开通以及新郑机场再扩建,2010 年前后郑州枢纽城市进入第四个发展周期,以及步入国际化、现代化立体综合交通枢纽新时代,同时经济的发展也进入高质量增长阶段。由此可见,郑州市的交通枢纽建设同区域经济增长,经历了以 10 年左右为一个周期的跨越式发展,两者相互作用、交替上升。

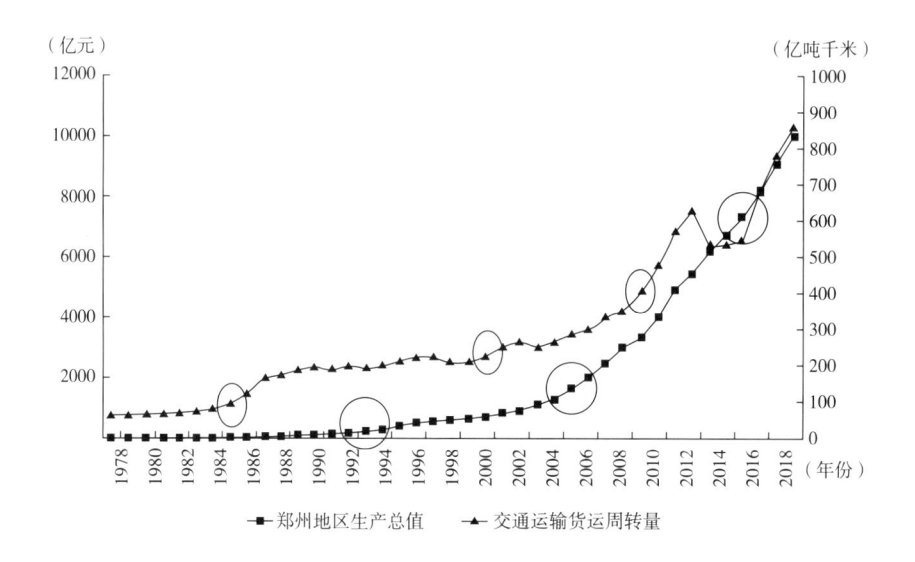

图 3-2 郑州市历年地区 GDP 和交通运输业货物周转量关系

资料来源:《郑州统计年鉴》(1979—2019)。

(三)经济外向度渐进性增强规律

枢纽城市与外部市场建立起的相互依赖的生存环境,枢纽经济对外部合作提出了更高的要求,合作范围拓宽、层次加深。同时在当前的制度政策环境下,从客观层面来看,经济外向度主要受交通枢纽规模、能级以及辐射能力的影响。在枢纽经济自身的驱动下,要求枢纽经济的规模和能力在合理范围内具有一定的前瞻性,交通枢纽辐射能力增强,影响范围扩大，区域经济外向度也将得到显著提升。

第二节 枢纽经济的形成机理

一 从交通枢纽到要素枢纽

发展枢纽经济，枢纽的建设是基础，功能的完善是关键，辐射的范围是根本，要素的集中是核心。通常情况下，枢纽经济都是从交通枢纽开始演化，进而向要素枢纽和产业枢纽发展，最终形成枢纽经济。枢纽经济同工业枢纽的深度融合、协同发展是演进的最高阶段。①

交通枢纽是实现各种资源要素相互联系的桥梁，是劳动力、信息、资金、科技等重要经济要素的关键汇合点，对枢纽经济的发展起着至关重要的作用。近年来，我国各省份大力支持交通枢纽建设，努力加快枢纽经济的发展和升级，以交通基础设施的不断完善促进区域高质量、一体化综合发展。参考国内外枢纽经济发展经验，加强综合交通系统建设，建设综合性的交通枢纽，促进枢纽经济发展已成为共识。

从20世纪80年代开始，我国的交通基础设施建设逐渐得到完善，经过近40年的发展，我国的高速公路运营里程、已建成的高速铁路里程以及内河航运通航里程均达到世界首位。其中，截至2018年末，中国高速铁路运营里程已达29000公里，约占世界高铁建成总里程的2/3；民用航空机场有437个，其中有22个2000万级以上的民航机场，10个3000万级以上的民航机场。

美国的孟菲斯地区充分利用航空物流集散中心的优势，大力发展航空型枢纽经济，逐渐成为区域经济发展的重要一环；成都市大力建设航空物流服务网络、国际铁路口岸、陆路物流服务网络、国际机场、航空客运"两港三网"运输服务网络，正成为内陆枢纽经济崛起的象征；陕西省加快建设国际航空枢纽等以西安为中心的高速公路网，大力支持国际陆路口岸建设，枢纽经济蓬勃发展。江苏省运用系统思维，突出问题导向，发挥特色优势，紧靠主要交通枢纽这个基本要点，加快建设并

---

① 高传华：《枢纽经济形成与未来发展趋势研究——基于要素集聚与资源整合理论的探索》，《价格理论与实践》2019年第1期。

形成高水平交通枢纽规划新格局，促进枢纽经济高水平、高质量发展。一般交通枢纽都处于两种或两种以上运输方式的交汇处，通达性和衔接度是交通枢纽追求的最基本的建设目标。便捷的交通有利于突破要素集聚、扩散的阻碍，实现以最小的成本达到最优的资源配置，畅通各类生产要素流动的渠道，提升各类要素流动的效率，减少要素流动成本。

要素枢纽的首要功能是承接转移经济要素的承载力，其次是吸引经济要素的能力。要实现从传统的客流和货物运输枢纽功能向实体经济要素枢纽功能的转变，地区枢纽要强化交通、信息、金融、市场等基础功能，大力发展现代服务业和战略性支柱产业。要素在枢纽内集聚，为产品、资源的运输和流通提供保障，同时为枢纽区域的发展提供创新驱动力，使枢纽经济的规模得到进一步的提升。

二 从要素枢纽到产业枢纽

随着社会经济的发展，我国交通枢纽的要素整合能力得到大幅提升，要素枢纽的功能开始发挥。2018年，我国民航客运量累计达到61171万人次，同上一年相比累计增长10.9%；货邮运输量738.5万吨，同比增长4.6%；飞机起降102.49万架次，同比增长10.9%；航线总数4206条，其中国内航线3420次，国际航线786条。北京首都国际机场的旅客吞吐量达到1亿人次，成为亚特兰大国际机场之后，全球第二个年旅客吞吐量超过1亿人次的机场。

除此之外，2018年，我国的快递业务量达到507.1亿件，同比增长26.6%，连续五年位居世界第一。2014~2018年，全国快递服务企业的业务量从近140亿件提高到500多亿件，平均每年增长38.06%。在航空运输方面，以郑州新郑国际机场为例，2018年航空货运量超过50万吨，居全国第7位，是2011年货运量的5倍，实现飞机起降超过20余万架次，比上一年增长7.1%；2018年航空客运量达到2733.5万人次，居全国第12位，是2011年的2.7倍，平均每年增长15.4%。郑州新郑国际机场多年持续保持中部机场"双第一"领先地位。

我国"一带一路"建设的持续推进以及双循环发展格局的构建，推动我国从"客场全球化"走向"主场全球化"，这就需要我们加强自身经济建设，为实现全球化提供充足动力，也意味着我国外向型经济的发展方式发生战略上的调整。2020年底，海南自由贸易港进口"零关税"政策落地实施,这一政策提出要进行正面清单管理,列入正面清单的原辅料商品可享受"零关税"政策,同时清单的具体内容也会根据海南的实际需要以及监管情况进行合理调整。2020年12月8日,海南省又发布了《中共海南省委关于制定国民经济和社会发展第十四个五年规划和2035年远景目标的建议》,提出在"十四五"时期,不断放大离岛免税购物、落地免签等政策的效应,加速"零关税、低税率"政策落地。对部分进口商品实行免收关税政策,落地实施"一负三正"四清单。这一系列措施标志着我国开放型经济的发展迈向更高层次,同时也是我国构建开放型经济新体制的第一次尝试,符合时代发展的主体,助力我国新发展格局的构建。①

纵观我国几十年的外贸发展历程,可以看出早期的外贸发展依靠出口,重点发展服务贸易,而现阶段的外贸进出口趋于平衡,注重服务贸易和货物贸易的协调发展。自从"零关税"政策实施以后,企业成本大幅降低,我国巨大的消费市场潜力逐渐得到释放,进一步凸显世界市场的作用,资源集聚效应更加显著。外向型经济的收益将不再包括关税收入,枢纽经济成为经济发展的新模式。世界各国的资源要素在我国集聚,包括资金、技术、人才、信息等,最终形成要素枢纽,实现互联互通,巩固我国在全球产业链供应链中的地位,促进产业链价值链迈向中高端,加快形成国内国际双循环发展新格局。

经济活动的集聚源于要素的集聚,工业化进程是经济要素流动最直接的表现形式,即参与社会生产,社会生产是实现枢纽经济快速发展的关键因素。枢纽产业是枢纽经济发展的实体基础,枢纽经济的稳定发展以枢纽产业健康发展为支撑,而枢纽经济发展的核心在于产业枢纽的建设,其中包括枢纽基础型枢纽产业、枢纽核心产业、枢纽关联产业以及引致产业这四种。加强产业枢纽的集聚能力,实施创新驱动发展战略,协调各类枢纽产业集群之间的关系,积极打造高端枢纽产业,构建综合产业枢纽系统。

三 从产业枢纽到枢纽经济

枢纽产业主要涵盖以下几个方面,包括基础型枢纽产业、核心枢纽产业、关联枢纽产业以及引致枢纽产业这四大类。交通枢纽型城市要借

---

① 张凡:《从海南自贸港零关税政策说起》,《中国贸易报》2020年12月10日第1版。

助资源要素的合理配置，发展具有枢纽优势的产业，最终实现从交通枢纽向区域枢纽经济发展。在枢纽经济建设中，既要注重产业枢纽的功能，又要注重生活、生态的功能；既要注重枢纽基础设施建设等硬性条件的完善，又要注重枢纽经济商业发展的软件环境改善。总之，枢纽经济的发展涵盖生产性服务业以及生活性服务业等多种类型。枢纽经济的发展规划要从被动承接产业转移，逐步转变为主动吸收现代产业，使现代产业扎根城市，成为城市经济增长的新源泉。需要注意的是枢纽经济的发展规划与进一步建设要遵循产业发展规律，加快产业集聚，不断提高产业发展能力。《郑州国际航空货运枢纽战略规划》于 2018 年由河南省人民政府和中国民用航空局联合发布。作为我国第一个以货物运输为重点发展方向的战略规划，在规划的具体要求中，提出要将郑州新郑国际机场打造为促进中原地区崛起的动力源泉。

在工业枢纽建设发展过程中，最先得到发展的是枢纽经济建设所需的基础设施产业，包括运输、存储、装卸、物流等主要类型。持续推进产业结构的转型升级，促进枢纽核心产业的深度融合，一些以枢纽为导向的制造业优先得到发展，进而拉动了枢纽相关产业的发展，如金融、旅游、娱乐等。枢纽产业的高级形态是现代高端服务业，包括产品设计和研发、信息咨询等。延伸枢纽产业链条、拓展枢纽功能，推动生产性服务业和生活性服务业的快速发展，枢纽区域逐渐发展成为集生产、生活、商业、文化及生态于一体的综合城市空间。在枢纽区位优势、主导因素和产业集聚的基本条件上，调整融合并形成新的经济形态。依靠经济枢纽的地理和经济优势，规划相应的产业发展布局，让资金、人才、技术积极集聚，把城市建设成为区域和国家重要的经济增长极，进而真正担负起国家中心城市的功能。

高铁和航空运输是我国国家中心城市综合交通枢纽的主要承载方式，一方面代表着枢纽对主干交通网络运行速度的要求，另一方面体现出中心城市对区域发展的辐射带动作用。根据综合交通枢纽流转速度快这一特点，在产业布局上，中心城市将对交通运输速度要求高的生产服务企业规划在交通枢纽周边地区，例如存在于航空港周边的航空物流、飞机维修等，临近高铁分布的大型物流与仓储中心，逐渐走向"速度经济"时代，产业集聚和产业升级吸引配套服务企业进入该区域，优化枢纽经济发展环境。

基于航空交通枢纽和高新技术制造业的快速发展，由航空运输带动的相关枢纽产业应运而生，例如总部经济、会展业、航空建筑业、技术研发业以及旅游休闲服务业等。根据这一发展路径，随着各种交通枢纽的建设与完善，我国包括陆港、空港、港口产业等在内的各类枢纽产业，逐渐趋向于同一个产业发展格局。当前，上海、广州、郑州等枢纽城市已经顺应这一发展规律，通过制订长期发展规划，推动枢纽产业快速发展。

其中，上海作为我国的国际航空大都市，同时也是临空产业发展的关键枢纽。浦东国际机场和虹桥国际机场为上海发展枢纽经济提供充足保障，这两大国际综合交通枢纽为区域枢纽经济体系的建设提供强大支撑，推动现代服务业和总部经济快速发展，促进产业链两端的高附加值产品升级，枢纽建设与枢纽产业的发展进入良性循环，互相补充、相互促进。上海是我国少有的对枢纽产业发展进行科学规划的地区之一，由上海市政府办公厅印发的《虹桥空港经济示范区发展规划（2018—2030）》明确指出，要将长宁区打造成空港产业园，经过枢纽建设和发展，目前，航空服务业已经成功发展为上海长宁区的三大支柱产业之一。

广州市是我国沿海地区最开放的中心城市之一，其发展成为开放型大都市得益于枢纽产业的发展和国际性综合交通枢纽的建设。广州着重打造国际综合交通枢纽体系，促进铁路、公路、跨国海运以及国际航运等交通枢纽全面协调发展，实现临港产业、临站产业、陆港产业以及空港产业的综合发展。近年来，围绕国家和地区发展目标，努力建成"一带一路"重要枢纽城市，建设粤港澳重要枢纽，发展国际交通枢纽，促进机场和港口发展。基于广东、香港、澳门的城市功能分工和现有发展条件，广州市在粤港澳大湾区中的城市定位是现代国际商务中心，主要开展国际商贸业务，促进枢纽国际化建设，提高区域产业国际化水平，带动枢纽相关产业发展。推动传统商业贸易转型升级，通过线上和线下融合发展，加强国际国内市场互联互通，提升和创新传统产业；加强国际会展中心建设，有效提高广州市所生产的产品在国际市场中的地位；打造国际贸易新业态，加快发展电子商务，开展物流行业融资租赁业务,将广州打造为国际商圈,提升广州作为枢纽城市的辐射力和影响力。

作为我国空港产业发展的典型区域,郑州航空港经济综合实验区的GDP增速连续多年位居全市第一,空港产业的快速发展以及新郑机场的扩建使郑州航空港经济综合实验区的整体发展水平得到大幅提升。2018年,全区手机产值达到3083.8亿元,同上一年相比增长7.3%。现代产业基地规模已经建成,并且确立了全球智能终端加工基地的定位,吸引了一大批知名企业入驻,例如,好想你枣业股份有限公司、郑州统一企业有限公司、卢森堡货运航空公司等。郑州市航空物流以冷链运输、国际快递以及电子商务为切入点,大力发展航空物流业,持续推进国际物流中心的建设。以新郑国际机场为中心,积极开展大型航空货运公司的引进与培育工作,为生物医药、精密仪器以及对外贸易等枢纽产业创造良好的发展环境。当前,郑州航空港经济综合实验区在加快发展生物医药、航空制造以及航空配套服务等临空产业,同时也在加快发展智能终端和新型显示产业,推动航空物流业实现高质量发展。

总之,便利性和通达性是交通枢纽追求的基本目标,为促进经济发展的资源要素集聚和转移提供保障,要素的流动为工业化进程提供充足动力,枢纽地区核心产业的集聚速度加快,进而带动相关产业发展。枢纽产业链的发展促进枢纽区域整体发展,进而形成枢纽经济,而枢纽经济发展到一定高度会同产业枢纽深度融合,两个相互促进,协同发展。

第三节 枢纽经济竞争力评价模型

一 枢纽经济竞争力评价指标体系

枢纽经济竞争力的评价并非单一的流程,而是全方位涉及枢纽经济发展的各个环节,现有关于枢纽竞争力评价的研究具有一定的参考价值,例如李艳伟和杨学兵在2017年提出[1]国际航空枢纽竞争力评估指

---

[1] 李艳伟、杨学兵:《京津冀航空枢纽国际竞争力研究》,《综合运输》2017年第39期。

数主要包括机场、航空公司、空域资源、综合运输、位置和方针等；王学东（2017）提出，对临空、临港经济区竞争力进行评价可从枢纽状况、开放功能、腹地经济、综合交通体系等指标入手。在枢纽经济中，不同类型的枢纽在不同的发展阶段具有不同的竞争力。因此，参照现有的研究结果，考虑到不同发展阶段不同类型的枢纽的不同特性，本节将选择4个因素作为第一级指标，交通枢纽基础设施、综合交通体系、枢纽产业的发展和枢纽的辐射驱动能力。根据特定影响因素选择第二个级别的指标，并设置一些具体的测量要点。具体评价指标体系如表3-1所示。

表3-1　　　　　枢纽经济竞争力评价指标体系

一级指标	二级指标	观测要点
交通枢纽基础设施	区位优势	地理位置、枢纽等级、连接枢纽数量等
	设施设备	基础设施、设计运载能力、车辆数等
	通达范围	里程（半径）、路网密度、航线网络等
综合交通体系	运量规模	旅客吞吐量、货邮吞吐量、客货运周转量等
	便捷度	多式联运、服务质量、用户满意度等
	成本优势	相对运输费用、物流仓储成本等
枢纽产业发展情况	产业规模	工业总产值、工业增加值、第二产业和第三产业总产值、第二产业和第三产业增加值、枢纽主导产业数等
	产业结构	第二产业和第三产业占GDP比重、枢纽主导产业占比等
	产业集中度	区位熵、集中度较高产业数、产业群数量、枢纽主导产业销售收入占比等
	产业关联度	关联产业配套程度、枢纽核心产业、关联产业、引致产业发展情况等
枢纽辐射带动能力	经济总量	GDP、进出口总额、旅游收入等
	带动力	枢纽外向功能量等
	辐射力	城市流强度等
	影响力	营商环境、人才吸引力、生活性服务业发展、与腹地经济协同发展情况等

（一）交通枢纽基础设施

交通枢纽基础设施这一评价指标主要包括区位优势、设施设备和通达范围。区位优势是由自然地理位置决定的，是其自然要素禀赋，也是交通网络中的关键节点。枢纽的基础设施不仅包括机场、港口、车站等综合交通设施，还包括通信网络、无线基站等信息基础设施。交通枢纽基础设施作为枢纽经济发展的前提和基础，它的竞争力体现在节点的区位和交通的可达性上。交通枢纽是交通网络的交汇点，其价值主要体现在运输网的密度和半径上，运输枢纽的竞争优势反映在大网络、大平台和大通道上。对于枢纽机场来说，还包括枢纽的连接数量、枢纽机场的核心容量、机场的容量等。综合运输枢纽可以通过高铁、车站数量、航空枢纽规模、国道干线道路等指标综合评价。完善的基础设施和独具特色的中心节点，是枢纽的基础竞争力和区域经济发展的动力源。

（二）综合交通体系

综合运输系统的竞争力主要包括运量规模、高密度连接性和成本优势，包括运营效率、服务过程设计、运输网络、服务质量、可用性和其他因素。综合交通系统能够基本保障旅客和货物的快速集散，是不同运输方式的便捷衔接。高效集散是综合交通体系的核心竞争力，与企业效率和政府效率密切相关。集散系统的建设也体现了交通枢纽的可达性和与腹地连接的便利性。

由于极化效应，交通枢纽作为要素资源的集散地，中心企业有集群的现象出现。一方面，生产要素主要汇集在各种资源集散地上。另一方面，本地区的天然资源、半成品、成品从其他地区转移的主要原因是资源集聚地的分配促进第二、第三产业急速发展。通过连续收集的具有辐射能力的经济元素，区域经济积累扩大，产业水平提高，开发状况也有所改善。

（三）枢纽产业发展情况

枢纽产业的竞争力涉及产业总量、产业结构、产业集中、产业关联、产业集成等。枢纽产业的可持续发展是不断培养枢纽优势，构建完美的枢纽产业系统。在通过运输中心分配要素资源的情况下，如果是单纯的交易和流通，其附加价值非常有限，对应的费用一般需要由中心区域来负担。

枢纽经济的竞争优势在一定程度上取决于枢纽地区和全球产业链、价值链和供应链之间的连接效率。以航空枢纽为例，除了基本的机场先行产业（航空物流、高端制造、现代服务产业等）的开发外，还需要充分发挥机场相关产业的前向和后向的相关效应，为合作提供平台的制造商、供应商、数据产业链的扩展，建立制造产业的供应链和集线器产业的消费供应链。另外，要积极培育集线器的主要产业和有利产业，实现产业的共生和整合，形成对集线器地区经济发展的强烈支持。

（四）枢纽辐射带动能力

枢纽辐射带动能力体现在枢纽区域与腹地经济的协调发展上，可以从区域的经济总量、辐射力、带动力、影响力等方面进行综合评价。

以郑州航空港经济综合实验区为例，2019年，郑州航空港经济综合实验区生产总值980.8亿元，同比增长10.2%；外贸进出口总额占河南省进出口总额的64.1%，占郑州市的88.7%。跨境电子商务产业继续实现翻番式增长，全年完成订单7290.1万单，完成货值70.6亿元，同比分别增长244.8%和196.8%。航空旅客吞吐量完成2913万人次，货邮吞吐量完成52.2万吨，稳居中部地区"双第一"。目前，郑州新郑国际机场已获得第五次航行权，236条航线首先形成了整个欧洲、美国和亚洲三大经济区的国际枢纽航线网络，成为中国第二个实现航空和铁路整合的机场。智能终端产业链集群的发展趋势已经越来越明显，铁路运输和高速公路转移首先形成了硬件到软件行业。从枢纽辐射推进能力的层面来看，为了提高枢纽经济的竞争力，要加强枢纽地区和区域经济的合作，促进产业和城市的集成化，创造良好的产业生态环境，把枢纽地区作为地区经济增长极。

二 基于AHP的枢纽经济竞争力模型

首先，中心经济竞争力的研究包括定量因素和非定量因素，这是一个多层次的多目标复杂系统问题。层次分析法（AHP）通过定量因子和非定量因子的组合，可以有效解决和操作多功能复杂系统问题。其次，层次分析法（AHP）是根据中心经济竞争力特性的评估指标系统，建立不同级别的评估指标系统。目标级别设定在基准级别，基准级索引被分割成不同的特定索引，形成复杂的多级结构。层次分析法（AHP）

根据层级结构逐步研究复杂问题，最终获得中心经济竞争力的各因素的影响。最后，层次分析法（AHP）是现代科学评估阶段系统科学理论方法的代表。成熟的应用程序中，AHP 是实用科学的，有很多实用经验，AHP 也表现出了很高的可靠性。[①]

（一）构造层次结构模型

在对中心经济竞争力深入分析之后，根据影响因素被分成几个不同的因素，然后根据各因素确定下一级的影响因素，各指标之间的关系是明确的。根据影响因素之间的关系，将研究对象分解成几个层次，形成整体的层次结构模型。在结构模型中，最上层是目标层，中间层是准则或子目标层。如果有太多的准则，它可以进一步分层，底层是方案层。在图 3-3 中展示出了简单的层次结构模型。在构建层次结构模型的过程中，要充分认识各种因素，确定反映指标的科学性、系统性和实用性，遵循突出重要指标、相对独立性和可操作性的原则。

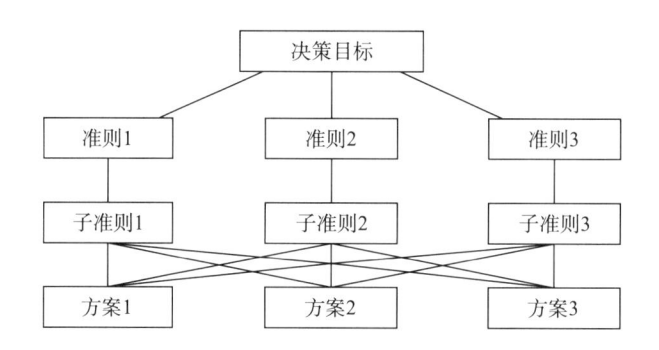

图 3-3　层次结构模型

（二）构造判断矩阵

根据客观事实，对模型中各层次因素的相对重要性进行比较判断，给出定量表示，构造判断矩阵。采用（1-9）EM 标度法对属于同一因素的同级因素进行比较判断。标度的含义如表 3-2 所示。

---

① 仝新顺、张排杰：《商丘市加快发展枢纽经济的战略分析与对策建议》，《时代经贸》2019 年第 1 期。

表 3-2　　　　　　(1-9) EM 标度法的标度含义

标度	含义
1	表示两因素相比较，重要性相同
3	表示两因素相比较，前者比后者略微重要
5	表示两因素相比较，前者比后者重要
7	表示两因素相比较，前者比后者明显重要
9	表示两因素相比较，前者比后者绝对重要
2，4，6，8	介于上述两相邻重要程度之间
以上各数的倒数	表示两因素相比较，后者比前者的重要程度

（三）层次单排序及一致性检验

对判断矩阵进行层次单排序计算，得到判断矩阵的最大特征值和相应的特征向量，即各影响因素的相对权重。和积法是解决这一问题的常用方法，其具体过程如下所示：

（1）将判断矩阵按列规范化，即：

$$\overline{u}_{ij} = \frac{u_{ij}}{\sum_{k=1}^{n} u_{kj}} \quad i, j = 1, 2, \cdots, n \tag{3-1}$$

（2）将规范化后的矩阵按列求和：

$$\overline{u}_i = \sum_{j=1}^{n} \overline{u}_{ij} \quad i, j = 1, 2, \cdots, n \tag{3-2}$$

（3）将 $\overline{u}_i$ 规范化，得到 U_i：

$$U_i = \frac{\overline{u}_i}{\sum_{k=1}^{n} \overline{u}_k} \quad i = 1, 2, \cdots, n \tag{3-3}$$

最大特征值为：

$$\lambda_{max} = \frac{1}{n} \sum_{k=1}^{n} \frac{(BW)_i}{W_i} \tag{3-4}$$

如果通过一致性检验，则特征向量为权重向量。如果未通过一致性检验，则需要对判断矩阵进行调整，并重新计算和检验，直到一致性检验通过为止。

对于任意判断矩阵 A，设有 n 个评价指标。若矩阵 A 完全保持一致，则最大特征根 $\lambda_{max}=n$；若矩阵 A 不完全保持一致，那么 $\lambda_{max}>n$，于是得到一致性检验指标 CI：

$$CI=\frac{\lambda_{max}-n}{n-1} \tag{3-5}$$

若 $CI=0$，则判断矩阵具有完全一致性，若 $CI>0$，则判断矩阵不具有完全一致性。

判断矩阵的阶数越高，其存在误差就越大，即一致性也越差，此时需要用到随机一致性指标 $R.I$，如表 3-3 所示。

表 3-3　　　　　　　　　随机一致性指标

阶数	1	2	3	4	5	6	7	8	9
$R.I$	0.00	0.00	0.51	0.89	1.19	1.25	1.35	1.42	1.46

随机一致性检验 $C.R$：

$$C.R=\frac{C.I}{R.I} \tag{3-6}$$

若 $C.R\leqslant 0.1$，就认为矩阵的一致性符合要求，否则需要对判断矩阵中的元素值进行调整，直到满足随机一致性检验条件。

（四）层次总排序

层次总排序就是总权重的计算，若上层 A 包含 n 个指标，A_1，A_2，$\cdots$，A_n，并且指标权重为 a_1，a_2，$\cdots$，a_n，下一层指标 B 包含 m 个指标，B_1，B_2，$\cdots$，B_m，对于 B_i 的层次单排序为 b_{1i}，b_{2i}，$\cdots$，b_{mi}，则层次总排序为：

$$w_i=\sum_{i=1}^{n}b_{ij}a_j, i=1, 2, \cdots, m \tag{3-7}$$

（五）枢纽经济竞争力评价模型

依据构建的枢纽经济竞争力评价指标体系，结合层次分析法最终构建的枢纽竞争力评价模型如图 3-4 所示。

根据研究结果和我国枢纽经济的形成与演变过程分析，枢纽经济的竞争力就是枢纽城市（地区）在基础设施、交通体系、枢纽产业和枢纽的辐射带动能力四个方面相互协调融合发展的综合能力。这四个方面

第三章 | 枢纽经济的形成机理与竞争力评价

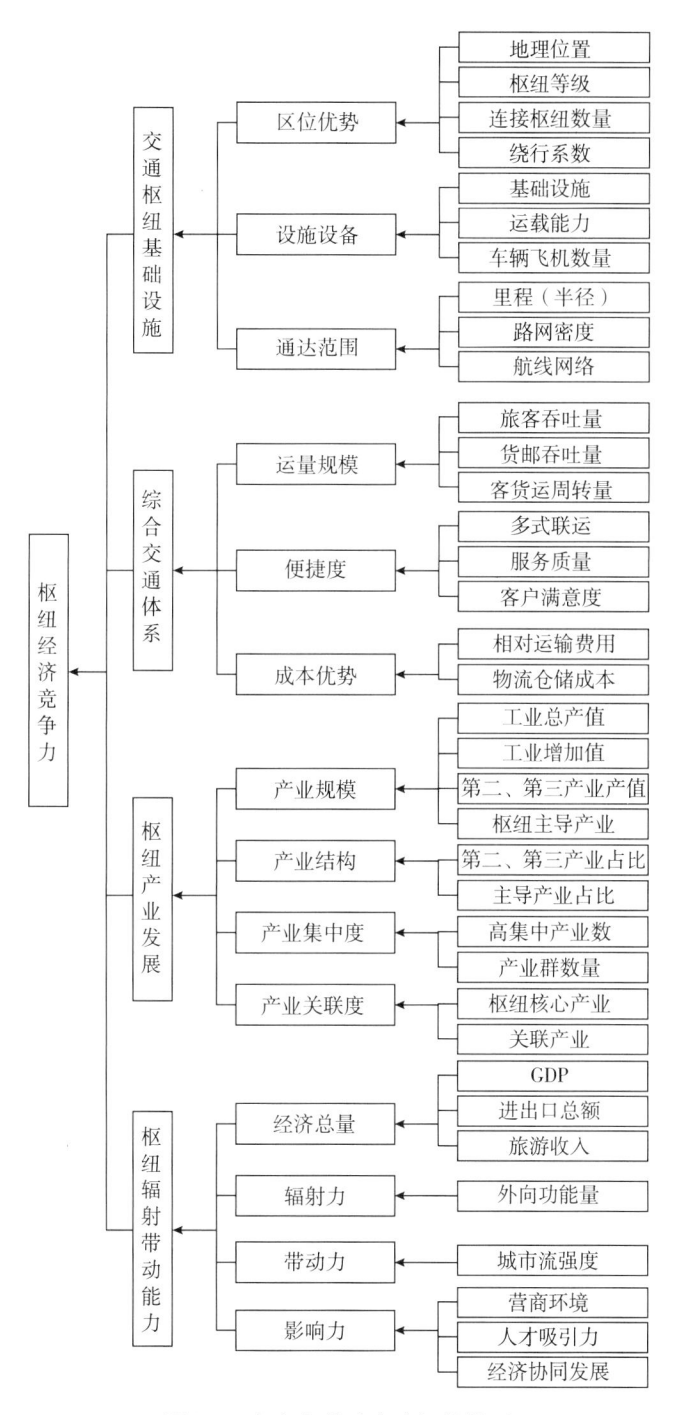

```
                          ┌─ 地理位置
                  ┌ 区位优势 ─┼─ 枢纽等级
                  │         ├─ 连接枢纽数量
                  │         └─ 绕行系数
       交通枢纽     │         ┌─ 基础设施
       基础设施 ────┼ 设施设备 ─┼─ 运载能力
                  │         └─ 车辆飞机数量
                  │         ┌─ 里程（半径）
                  └ 通达范围 ─┼─ 路网密度
                            └─ 航线网络

                          ┌─ 旅客吞吐量
                  ┌ 运量规模 ─┼─ 货邮吞吐量
                  │         └─ 客货运周转量
       综合交通     │         ┌─ 多式联运
        体系  ────┼ 便捷度  ─┼─ 服务质量
枢                 │         └─ 客户满意度
纽                 │         ┌─ 相对运输费用
经                 └ 成本优势 ─┴─ 物流仓储成本
济
竞                          ┌─ 工业总产值
争                 ┌ 产业规模 ─┼─ 工业增加值
力                 │         └─ 第二、第三产业产值
                  │         ┌─ 枢纽主导产业
       枢纽产业     ├ 产业结构 ─┼─ 第二、第三产业占比
        发展  ────┤         └─ 主导产业占比
                  │         ┌─ 高集中产业数
                  ├ 产业集中度 ┴─ 产业群数量
                  │         ┌─ 枢纽核心产业
                  └ 产业关联度 ┴─ 关联产业

                          ┌─ GDP
                  ┌ 经济总量 ─┼─ 进出口总额
                  │         └─ 旅游收入
       枢纽辐射     ├ 辐射力 ──── 外向功能量
       带动能力 ───┤
                  ├ 带动力 ──── 城市流强度
                  │         ┌─ 营商环境
                  └ 影响力  ─┼─ 人才吸引力
                            └─ 经济协同发展
```

图 3-4 枢纽经济竞争力评价模型

57

彼此相互作用、相互促进，共同推动枢纽经济的发展。基础设施是枢纽经济的发展基础，基础设施的完善程度直接影响着枢纽经济的竞争力。基础设施的完善离不开保障条件，地理位置、连接枢纽数量、通达范围等是综合枢纽的根本性保障。同样，完善的基础设施设备和优越的地理位置推进运输服务能力的提高和物流成本的减少，推动枢纽产业的综合发展。枢纽也离不开区域经济发展的反哺，枢纽的开发能提供市场需求、产业开发、物流开发等。为了达到地区经济开发的目的，集中地区内外的优质资源进行整合。市场的发展增加了需求，促进了产业的发展。产业发展提高了生产能力，增加了生产量，改善了物流需求，从而促进了枢纽体系的升级。枢纽体系的形成有赖于交通运输的发展，最终推动枢纽经济的进一步发展。因此，基础设施、交通体系、枢纽产业和枢纽的辐射带动能力之间联系紧密，相互促进，共同提升区域枢纽经济的竞争力。

第四章

综合交通枢纽：枢纽经济的物质基础

综合交通枢纽是区域交通运输网络的重要节点，是各种交通方式的交汇点和交通运输的过渡点，在现代经济社会发展中发挥着越来越重要的作用，是枢纽经济形成和发展的物质基础。综合交通枢纽不仅可以通过客货中转集散为旅客和货物流通提供便利条件，还可以综合运输中转、装卸仓储、多式联运、交通管理、信息流通、辅助服务等功能，兼顾运输产业和城市发展的实际特征，充分发挥为城市提供服务的作用。综合交通枢纽区域容易形成规模经济，为区域经济发展提供动力，实现"交通枢纽+商务中心+开放空间"的一体化发展。

第一节 综合交通枢纽分类与功能

一 综合交通枢纽的概念

（一）国外学者对于综合交通枢纽的定义

枢纽的概念源于图论和网络几何学。根据网络拓扑的研究理论，美国俄亥俄州立大学学者对交通枢纽做出如下定义："交通枢纽是使地区间联系更加方便、能在一系列出发到达点之间产生规模经济效益，使整体网络流输送成本降低的节点"。以是否包含枢纽为划分依据，从网络设计理论出发，网络被分为一般节点和枢纽节点两大类，其中一般节点占大多数，节点之间互不连接，但可以和枢纽连接；枢纽节点相对较少，且节点之间是相互连接的。

综合交通枢纽概念涉及多个学科，结合综合交通枢纽的实际功能和特点，不同学者从多个学科的专业视角出发，围绕综合交通枢纽的概念展开了广泛的研究。John D. Edwards[①]认为，交通枢纽是区域内部交通与区域外部客运站之间运输线路连接的中心，实现了区域内部交通与区域对外交通的一体化。这一定义只是单方面从外在形态上对综合交通枢纽进行了解释，而忽视了其作用和特点。Pradhan 等[②]认为，综合交通枢纽是各种城市交通方式在某一地点的聚集地和中转地，对城市的经济影响较大，体现了综合交通枢纽的作用。Jean. Paul Rodrigue 等[③]指出，综合交通枢纽是不同运输方式转换的空间节点，是客货流的集散地，是为旅客货流提供中转或转运服务的中转站，体现了综合交通枢纽的相关服务功能。此外，来自苏联的学者斯卡洛夫[④]在其著作中对交通枢纽的定义做出如下解释："交通枢纽是由固定设备（场站）和可移动设备（如搬运工具、装卸机械等）组成并通过多种运输方式连接而成的一个整体，能够在两条或两条以上的运输线路交汇处完成人、货运输的中转和就地作业"。其中服务于一种运输方式的枢纽称为单式交通枢纽，如公路枢纽、铁路枢纽、航空枢纽、水运枢纽等；而综合交通枢纽则是服务于两种及以上运输方式的枢纽。

（二）国内学者对于综合交通枢纽的定义

随着交通枢纽的发展，对综合交通枢纽的研究也更加深入且完善，其概念界定也更加明确。中国学者沈瑞光[⑤]基于交通工程的视角，将综合交通枢纽分为宏观与微观两大类，并指出宏观层的综合交通枢纽是区域之间相互连接的纽带，在推动区域交通协调联动方面发挥着重要作用，主要体现在跨区域人员和物资的转移和分配，有利于推动区域一体

---

① John D. Edwards, *Transportation Planning Handbook*, New Jersey: Prentice Hall, 1992, p. 37.

② Pradhan, et al., Effect of Transportation Infrastructure on Economic Growth in India: The VECM Approach, *Research in Transportation Economics*, Vol. 38 (1), 2013.

③ Jean, Paul Rodrigue et al., 《当代交通运输领域经典译丛：交通运输地理》，人民交通出版社 2014 年版。

④ ［苏］斯卡洛夫：《城市交通枢纽的发展》，刘统畏译，中国建筑工业出版社 1982 年版。

⑤ 沈瑞光：《城市综合交通枢纽客运需求预测方法与模型研究》，博士学位论文，哈尔滨工业大学，2013 年。

化发展；而微观层的综合交通枢纽的作用则是衔接区域内部交通与区域对外交通。这一观点从两个层面探讨了综合交通枢纽的概念，说法比较新颖，主要关注的是综合交通枢纽的基本功能和作用。张思家[1]认为，综合交通枢纽是城市综合交通网络中多种交通方式衔接交汇的中心节点，并且具备信息发布和流通功能，对于周边的人流和物流具有较大吸引力，在促进区域发展方面起着重要的作用。这一概念在分析综合交通枢纽的功能作用时还关注到了综合交通枢纽建设中的信息及相关服务，也提到了枢纽集聚资源的效应，对现实发展具有一定的指导意义。王允[2]同样围绕综合交通枢纽的作用和功能，提出综合交通枢纽是为城市中客货流集散和中转提供服务的场所，在城市综合交通网络中发挥着运输管理、装卸仓储、多式联运、换乘中转、信息流通和辅助服务六大功能，对带动城市经济的发展起到推动作用。上述定义细化了综合交通枢纽的功能，并且指出其在城市经济发展的作用，更接近我们现阶段的实际情况。

（三）我国政府对于综合交通枢纽的定义

综合交通枢纽是区域交通运输网络的重要节点，是各种交通方式的交汇点和交通运输的过渡点，由于它与人们日常的交通出行密切相关，因此越来越受到高度关注。除了国内外学术界在进行相关研究，我国政府部门也对综合交通枢纽的概念做出了相应的解读和界定。中国政府在《全国城镇体系规划（2006—2020 年）》中首次提出了"综合交通枢纽"这一说法，并指出要通过综合交通枢纽的建设来推动区域经济的发展，形成枢纽经济圈。国家发改委发布的《综合交通网中长期规划》中对综合交通枢纽的概念进行了明确界定，即"综合交通枢纽是在综合交通运输网络体系中的某个节点上形成的客货流集散转换中心"，并确定全国 42 个城市为综合交通枢纽。国务院发布的《"十三五"现代综合交通运输体系规划》，在一定程度上进一步完善了综合交通枢纽的概念，指出"综合交通枢纽是衔接多种运输方式、辐射一定区域的客、

---

[1] 张思家：《城市综合交通枢纽与邻接区协同规划评价指标体系研究》，硕士学位论文，西南交通大学，2016 年。

[2] 王允：《四川省交通枢纽经济溢出效应研究》，硕士学位论文，四川省社会科学院，2018 年。

货转运中心"的核心概念。

上述我国政府部门对于综合交通枢纽的定义体现了其特点和功能，但具体细节却有较大差异，通常会把各种交通方式交汇的网络节点或交通站点称为综合交通枢纽，缺少统一规范的表达，容易造成歧义和概念模糊，对于现实生活和实际工作也会带来不便。因此，有必要对综合交通枢纽的概念进一步加以界定。

综上所述，综合交通枢纽的一般定义为：两种或两种以上运输方式的干线交叉和交汇处，是各种运输设施和辅助服务功能的有机综合体，用于办理旅客和货物的运送、中转和到达。相比传统的交通运输，综合交通枢纽是更高级的发展阶段，其基本内涵包括：其一，综合交通枢纽是交通网络中连接两条以上干线的枢纽点，客流和货流应以此点为目的地和出发地或中转站；其二，综合交通枢纽的线路规划和设施设备都是以大城市为中心的。综合交通枢纽是城市对外交通辐射和连接的桥梁和纽带，不仅有利于推动综合交通网络的运转，而且对其依托城市的形成和城市未来的发展具有十分明显的促进作用。

（四）综合交通枢纽的定义内涵

对于综合交通枢纽概念的细化理解可以从下列几个方面入手[①]。

1. 城市节点与结点

交通规划中通常将交通网络按照区域进行划分，如国家交通网络、省级交通网络、市县交通网络等；或按照交通运输方式进行划分，如公路交通网络、铁路交通网络、航空运输网络等，依照由面到线、由线到点的层次结构，在交通网络规划中，通常将城市抽象为交通网络节点。在国家整体的交通网络中，一个城市体现为一个节点；在省级交通网络中，一个城市体现为一个或多个节点；在市县级交通网络中，一个城市体现为几十个节点；同时由于城市是多种交通运输方式的结合体，因此城市又体现为交通网络中的一个结点。

2. 城市结点综合交通枢纽

在整体交通网络中，一个城市体现为一个节点，多种交通运输方式在城市内部的汇集使城市成为交通网络中的结点。只有单一交通线路与

---

① 王雪标：《城市综合交通枢纽的分类与布局》，《综合运输》2008年第5期。

节点的城市属于单一交通枢纽城市，比如公路枢纽城市和铁路枢纽城市等；城市是一个整体，对外有两条及以上重要交通线路与城市相连且有相应的场站连通内部交通的城市，才能称为综合交通枢纽城市。根据以上对城市节点与结点的分析，综合交通枢纽的定义可概括为：由两种及两种以上交通方式、重要线路、车站等设施组成的位于综合交通网络交汇处的旅客和货物通过、到达和离开、换乘和重新装载的场所。

3. 交通枢纽与运输枢纽

不少研究中出现了交通枢纽与运输枢纽之分。交通枢纽通常被定义为一个有多条重要交通线通过和交叉，在交叉口处使交通车辆能够组织起来并前往不同方向的地区或城市，突出了该地区或城市在综合交通网络中的重要性；而运输枢纽主要是指为区域内客货集散、装卸中转等物流组织活动提供服务的场所，体现了其满足客货运输要求的作用。相比于交通枢纽，运输枢纽增加了对运输相关服务的要求。运输枢纽一定是交通枢纽，而交通枢纽不完全等同于运输枢纽，即交通枢纽还包括除运输枢纽以外的其他枢纽形式。综上所述，综合交通枢纽可以概括为一个包含线路、工具、站场、信息以及服务的系统，综合交通枢纽网络如图4-1所示。

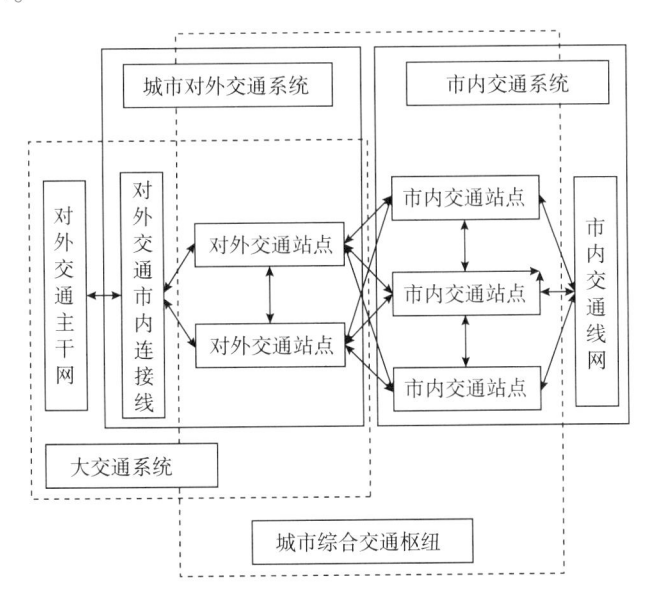

图 4-1 综合交通枢纽网络

二 综合交通枢纽的分类

（一）综合交通枢纽分类的相关研究

由于综合交通枢纽具有不同的作用，Neal Zachary[①]在研究过程中将其分为中心型、中转型和临近型三大类别，围绕不同类型分别阐述各类综合交通枢纽在城市交通网络中的作用。国内学者王雪标[②]综合考虑了枢纽的区位条件、功能特点、运转效率等因素，从国家、区域和地方三个层面对综合交通枢纽进行分类，按照枢纽的重要程度将其分为一般型、重要型和中心型三类。潘虹[③]以不同运输方式的组合为划分依据，将综合交通枢纽分为三类：铁路—公路综合交通枢纽、铁路—水路—公路综合交通枢纽、立体综合交通枢纽，并得出铁路—公路组合型的枢纽是现阶段最适合我国实情的结论。张赢[④]的研究中，按照不同的分类标准得到不同的分类结果，其中综合交通枢纽以不同的服务对象为依据被划分为一般型、货运型和客运型三类；又根据综合交通枢纽内各种运输方式的客货运量占总客货运量的不同比例，将其分为公路型、铁路型、港口型、机场型四类。综上所述，总结国内外学者对综合交通枢纽类型的划分如图4-2所示。

（二）综合交通枢纽层次分类

1. 划分依据

综合交通枢纽层次的划分主要结合枢纽城市的区位条件、交通能力、交通水平等方面进行。其中区位条件包括城市地位、经济发展水平及贡献力、城市人口数量、密度、人口对交通的需求等；交通能力包括城市客货的到发运量、过境运量、吞吐量、运输距离和流向等；交通水平包括城市交通线路数量、技术设备、管理水平、运转效率等。

[①] Neal Zachary, "Types of Hub Cities and Their Effects on Urban Creative Economics", *Cities and Knowledge Economy*, Ashgate, 2011, 26 (1): 232–241.
[②] 王雪标：《城市综合交通枢纽的分类与布局》，《综合运输》2008年第5期。
[③] 潘虹：《广州白云国际机场综合交通枢纽规划设计研究》，硕士学位论文，华南理工大学，2013年。
[④] 张赢：《基于层级模型的综合交通枢纽选址研究》，硕士学位论文，北京交通大学，2014年。

第四章 综合交通枢纽：枢纽经济的物质基础

```
                              ┌─ 国际性综合交通枢纽
                ┌─ 按影响程度不同 ─┼─ 全国性综合交通枢纽
                │                 └─ 区域性综合交通枢纽
综合交通枢       │                 ┌─ 货运型综合交通枢纽
纽层级分类 ─────┼─ 按服务对象不同 ─┼─ 客运型综合交通枢纽
                │                 └─ 一般综合交通枢纽
                │                 ┌─ 公路型综合交通枢纽
                │                 ├─ 铁路型综合交通枢纽
                └─ 按运输方式不同 ─┤
                                  ├─ 机场型综合交通枢纽
                                  └─ 港口型综合交通枢纽
```

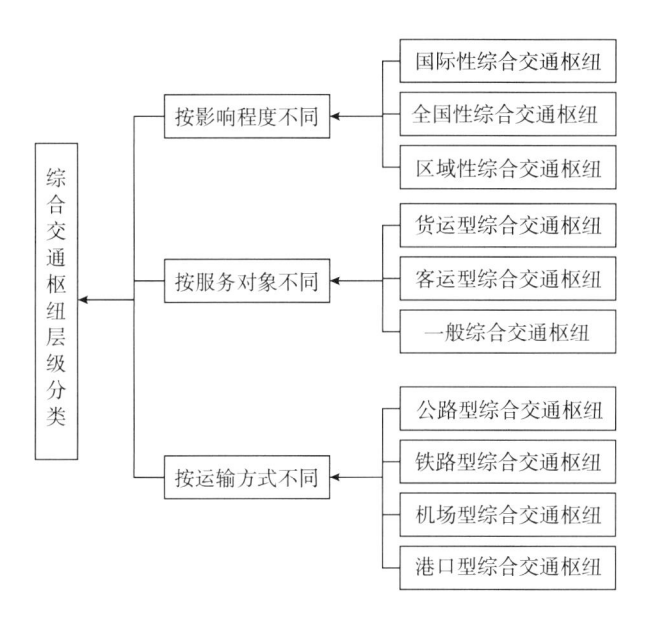

图 4-2 综合交通枢纽的分类

2. 层次分类

综合交通枢纽通常按照层次结构由大到小依次被视为国际性综合交通枢纽、全国性综合交通枢纽和区域性综合交通枢纽，其作用和影响不尽相同。

第一，全国性综合交通枢纽在综合交通网络中最为重要，其所在区域的地理位置在交通网络中也相当重要。国家综合交通枢纽通常是以省级经济政治中心、大型机场和港口城市为依托，发挥人员和物资的跨区域集散运输功能，具有强大的吸引力和辐射力，能够影响全国综合交通网络的合理布局和高效运转。

第二，区域性综合交通枢纽在综合交通网络中其次重要，通常是以省内主要城市、沿海港口和干线机场所在城市为依托，其地位和影响力低于国家综合交通枢纽，但高于地方综合交通枢纽，能够影响区域交通布局，辐射周边地区。

2021年2月，国务院印发的"国家综合立体交通网规划纲要"指出，建设综合交通枢纽集群、枢纽城市及枢纽港站"三位一体"的国家综合交通枢纽系统。建设面向世界的4大国际性综合交通枢纽集群、

20 个左右国际性综合交通枢纽城市、80 个左右全国性综合交通枢纽城市。

3. 综合交通枢纽站场分类及布局要求

（1）枢纽站场的分类。以运输体系为划分依据，综合交通枢纽站场通常可分为客运站场体系、货运站场体系以及支撑体系；以运输方式为划分依据，综合交通枢纽站场通常可分为公路客运站、公路货运站、铁路客运站、铁路货运站、港口客运站、港口货运站、航空港客货运转、管道货运站、城市内部交通运输站；以客货转换方式为划分依据，综合交通枢纽站场通常可分为公铁枢纽站、水陆枢纽站、综合枢纽站以及互通枢纽站等；以站场数量为划分依据，综合交通枢纽站场通常可分为单式站、复式站以及多式站；以站场规模为划分依据，综合交通枢纽站场通常可分为一级、二级、三级、四级、五级和简易站六个级别；以站场形态为划分依据，综合交通枢纽站场通常可分为独立站场、连通站场以及综合站场。

（2）枢纽站场的布局要求。从枢纽区域整体发展上看，枢纽站场的布局要围绕交通枢纽的建设进行，在允许开发利用的土地上进行规划，规划一般由人民政府提出并广泛地征求意见，组织调查论证其可行性，确定符合区域发展现状且可实施的方案，并在政府发展规划中实时追踪。

从枢纽城市与枢纽站场的协调互动上看，枢纽站场的布局要综合考虑以人为本，深入了解城市人口的交通需求与问题，秉承一切为旅客、货主、车主服务的理念，提供高质量的服务；保证枢纽站场与交通干线的匹配，充分考虑基础设施的最大化利用，重点处理好枢纽站场与城市交通系统衔接的关系，这是枢纽站场布局规划过程中最重要且难度最大的一个环节。

从枢纽站场内部运转的角度看，项目建设要严格按照技术标准要求实施，确保项目质量；内部建筑设计要充分满足人员物资高效流转的需求，尽可能做到人性化的布局设计，营造良好的经营环境，提供全方位的优质服务。

4. 综合交通枢纽的交通特性与衔接要求

（1）综合交通枢纽的交通特性。

①内部交通：只发生在枢纽区域内部的交通流转。

②对外交通：枢纽区域内的客货流通过综合交通枢纽的线路向外中转的外向交通。

③内外直达交通：综合交通网络涉及的区域与城市主体之间的交通运输。

④内转外与外转内交通：内转外交通是指枢纽区域内客货交通进入交通枢纽站场，直接疏散到区域外部交通系统；反之，则为外转内交通。

⑤外转外交通：区域外的客货交通进入区域内交通枢纽至站场，经过换乘、换装后再次进入交通线路至区域外部。

（2）综合交通枢纽的衔接要求。在分析综合交通枢纽发展的影响因素的基础上，归纳得到综合交通枢纽的衔接要求主要体现在以下四个方面。

①城市外围周边区域交通线路的衔接，其基本功能是满足城际交通运输服务的需求，线路是依托城市而不进入城市，实现交通线路便捷且对城市干扰较小，与城市之间保持一定的距离。

②城市内部交通和区域交通线路的衔接，其基本功能是推动中心城市与周边地区协调联动的一体化发展，比如城市进出口道路和公路干线的交通能力和强度相匹配，区域轨道交通设施在设施标准和运营方式上与城市地铁、轻轨的衔接等，都为扩大中心城市的辐射范围提供了基础条件。

③区域交通线路和枢纽站场的衔接，其基本功能是将区域交通线路引入枢纽站场，以更好地发挥枢纽站场在区域发展中的作用，二者衔接的关键是交通线路和站场的空间布局符合城市的实际情况。

④枢纽站场的衔接，主要包括枢纽站场与城市交通的衔接和不同站场之间的换乘衔接两部分。枢纽站场与城市交通衔接的基本功能是实现"旅客零距离、货物零缝隙"的中转和连接，由于站场向城市的集散运输必须依托城市内部交通系统，所以枢纽站场与城市交通的衔接形成了"大交通"的综合交通枢纽，这有助于站场在城市中实现集散运输功能。站场之间衔接的基本功能推动综合运输一体化，不同类型的站场作用方式不同，但其作用和目标一致。

三 综合交通枢纽的功能

(一) 综合交通枢纽功能的相关研究

综合交通枢纽是区域发展的新引擎,区域交通可达性的提高将提高区域的商业潜力,带动周边土地的升值。抓住综合交通枢纽建设的机遇,开发周边土地,建设大型综合设施,充分发挥其影响作用,实现区域经济发展和城市发展。综合交通枢纽区域由于其交通节点的功能,发展了经济节点功能,成为城市的副中心。综合交通枢纽能够促进城市经济区域化和交通相关产业的崛起,促进产业升级,从而促进整个城市空间结构的拓展和延伸。综合交通枢纽是城市区域的耦合体,交通枢纽的建设可以连接周边地区的城市街区,改善周边交通条件,提高区域的可达性,促进整个区域的共同发展。综合交通枢纽大多位于城市与外界联系的"门户地带",因此枢纽区域往往也是城市的"门户景观点",用来创造城市公共空间,展示城市形象。交通枢纽的建设和周边地区发展质量的提高,有利于城市营销,增强城市竞争力。

不同时期对于综合交通枢纽的功能认识不尽相同。在较早的一些研究中,关注的重点主要集中在其转运和集散功能上。随着综合交通枢纽的逐步发展以及理论研究的不断深入,后续相关研究开始关注综合交通枢纽的交通功能与城市功能的结合。杜丽娟[1]较早对综合交通枢纽的功能进行研究,指出综合交通枢纽的功能体现在城市服务、多式联运(实现多种交通方式连续运输)、客货集散(吸引和疏散客流)以及缓解城市内部交通压力四个方面。刘晨[2]从全新的角度提出综合交通枢纽是连接城市内外交通的平台,必须具备实现两种或两种以上交通方式的转换和实现城市内外交通的转换两大功能。谢静敏等[3]基于公共交通的视角研究了综合交通枢纽的功能,将其分为两方面,认为综合交通枢纽在内部具有连接多种交通方式和贯穿城市的功能,在外部具有连接城际交通并为其服务的功能,并得出综合交通枢纽的发展水平受制于城市交

---

[1] 杜丽娟:《城市综合交通枢纽设计研究》,硕士学位论文,长安大学,2008年。
[2] 刘晨:《综合客运枢纽对城市交通影响的分析》,硕士学位论文,北京交通大学,2012年。
[3] 谢静敏等:《城市综合客运枢纽站区综合评价》,《工程与建设》2018年第32期。

通能力的结论。冯晓敏[①]认为，综合交通枢纽是实现多式联运模式转换的重要场所，可以为客户提供"零距离"换乘、一体化衔接服务和多模式交通方式选择等服务。

综上所述，通过总结不同学者对综合交通枢纽功能的观点可以发现，综合交通枢纽不仅可以通过客货中转集散为旅客和货物流通提供便利条件，还可以综合运输中转、装卸仓储、多式联运、交通管理、信息流通、辅助服务等功能，兼顾了运输产业和城市发展的实际特征，充分发挥为城市提供服务的作用。

（二）综合交通枢纽功能的构成

综合交通枢纽的主要功能由建筑本身和周边交通设施承担。综合交通枢纽的功能组成如图4-3所示。

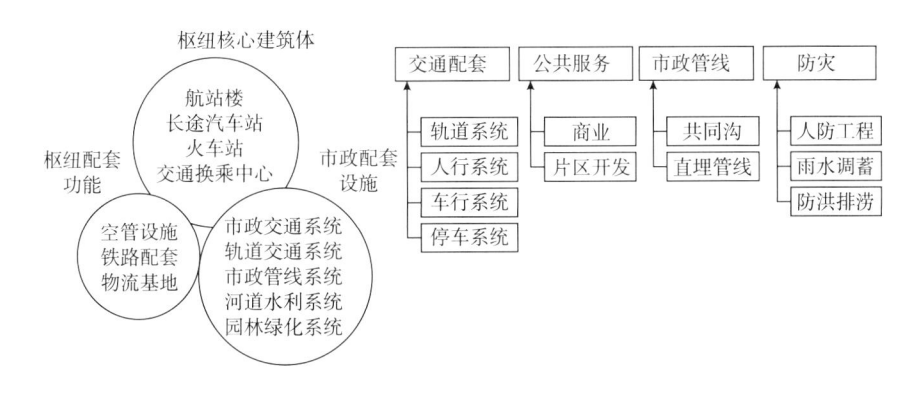

图4-3 综合交通枢纽的功能构成

1. 枢纽核心建筑体

枢纽是一个规模庞大且结构复杂的综合体，其功能包括交通功能和综合开发功能两大方面。其中交通功能的主要表现形式是客货流的集

---

① 冯晓敏：《城市综合交通枢纽与邻接区协同规划控制指标研究》，硕士学位论文，西南交通大学，2018年。

散,依托枢纽核心建筑体实现,比如枢纽站场、换乘中心及其设施;而综合开发功能的主要表现形式是商业服务,依托商业中心实现。如图4-3所示,枢纽的核心建筑体包括航站楼、长途汽车站、火车站、城市交通换乘中心等。

2. 配套设施及功能

枢纽的基本功能是实现与城市交通线路的连接,需要依托枢纽配套设施实现,如图4-3所示,枢纽配套设施包括轨道交通线路、物流基地以及相关的公共服务、园林绿化系统等。

综上所述,综合交通枢纽的功能大致可以概括为三个方面。首先,为人员和物资的跨区域流转提供集散和中转服务。综合交通枢纽作为城市对外关系的衔接节点,一般位于区域主要中心城市,对周边的人员和物资具有较强的吸引力和辐射力,通过交通枢纽可以实现客货跨区域运输的功能,为区域经济创造增长动力。其次,有效衔接各种运输方式和各个流向上的客货运输。依托现代信息技术和网络,通过信息交流和共享提高运输效率、降低组织成本,进而实现多种运输方式的一体化管理,提供全过程的运输服务,有利于交通运输的可持续发展。最后,为运输网络吸引和疏散客货流,促进运输业发展。不断增长的交通运输需求是交通运输业发展的基础,现代化社会经济高度发达、需求日益多样化,为满足客货运输的多样化需求,运输业正朝着综合化的方向升级。综合交通枢纽在整合各种运输方式上优势明显,能够吸引大量的客货流,现已成为交通运输业发展的重要支撑。

(三)综合交通枢纽的主要功能

综合交通枢纽作为内外交通与各种交通方式的连接点,可以将客货流从一个或多个方向分流到其他交通方式或方向[①]上。其主要功能体现在以下几个方面。

1. 运输衔接功能

综合交通枢纽的首要功能是组织运输,实现枢纽站场与不同运输方式的衔接,共同完成客货中转和集散,协调多种运输方式之间的合理分工,推动交通运输系统的高效运转与持续升级。

---

① 李晓:《区域综合交通枢纽性能分析》,硕士学位论文,华南理工大学,2012年。

2. 中转换乘功能

如上所述，综合交通枢纽的运输衔接功能的目的就是实现跨区域流转的客货流的中转和集散，为运输车辆与设备提供专门的调度场地，发挥地理位置和基础设施的优势作用，创造便利条件以实现人员和物资在多种运输方式之间的中转和换乘。

3. 站场作业功能

站场作业功能包括为主要交通参与者提供查询、购票、候车、检票、行李托运等服务的功能；向主要交通参与者提供相关交通费用结算和手续交接服务，提供收发、包装、卸货、组织调度等生产服务的功能。

4. 中介代理功能

中介代理功能体现在综合交易枢纽区域出现的运输代理，主要是在货运方面为货主和车辆提供服务，比如运输方案设计、运输路线规划、代理报关、报检、保险等服务。

5. 信息交换功能

综合交通枢纽不仅是人员和物资的集散地，更是信息的集散地。一方面，由于枢纽对于周边地区具有强大的吸引力，会促进人员集聚，人员的集聚会带来信息的集聚；另一方面，随着现代信息技术和通信工具的进步，依托互联网、大数据等技术手段，搭建电子服务平台，相关信息可以在平台上进行交流和共享，提高枢纽站场的运营管理效率。

6. 辅助服务功能

在提供以上几种功能的基础上，一些综合交通枢纽还会增加更多的辅助服务，比如在客运方面为旅客提供餐饮住宿、休闲娱乐、应急服务等；在货运方面提供仓储、包装、流通加工、信息服务等。

7. 发展导向功能

由于综合交通枢纽需要依托城市的基本特性，通常交通枢纽所在地区的周边会是城市未来发展方向，有较大的可能成为城市的副中心，这对于城市未来的发展和商业投资开发具有方向指引作用。

8. 经济效益功能

通过对综合交通枢纽概念、作用、特征以及功能的解读，可以发现综合交通枢纽区域极易形成规模经济，为周边地区经济的发展注入活力,实现"交通枢纽+商务中心+开放空间"的一体化发展,为城市发展创造经济效益。

(四)综合交通枢纽的发展效应

综合交通枢纽是区域交通和经济一体化发展的重要载体,其功能除了基本的交通衔接,还包括推动区域和城市经济发展,对促进区域协调发展具有积极作用。结合对综合交通枢纽功能的分析,分别从枢纽区域、中心城市、枢纽站区三个层次解读综合交通枢纽的发展效应,具体表现为枢纽区域的同城效应、城市产业发展的促进效应和枢纽站区的加速效应。

1. 枢纽区域的同城效应

同城效应的产生是由于城际快速交通的发展使城际通勤时间缩短,不同城市的人员可以快速高效地进入相同的城市工作或交易,人们的工作和生活可以在临近的两个不同城市间进行,得益于综合交通枢纽的发展,枢纽区域内的不同城市开始被视为不同的区域,进而借助综合交通枢纽实现跨区域的发展。

2. 城市产业发展的促进效应

随着综合交通枢纽持续升级及其功能的不断完善,对城市经济发展,特别是高技术、高附加值产业,具有越来越强的吸引力。产业发展重点转向有利于交通枢纽发展的制造业,推动中心城市产业结构进一步调整。

3. 枢纽站区的加速效应

综合交通枢纽兼具交通衔接功能与城市服务功能,城市内部区域的轨道交通与各类交通枢纽的衔接,使枢纽站场的平面客流可以垂直转换且无缝衔接,提高疏散效率,而且对枢纽内外的公共空间也有较大的影响。枢纽作为一种强大的城市公共空间要素,已经成为城市的中心或副中心,正在带动城市结构的改善和城市发展效率的提升。

第二节 综合交通枢纽的主要构成

一 综合交通枢纽组成部分

作为综合交通运输体系的重要组成部分,综合交通枢纽集公路、铁路、航空、内河航运、港口、管道等多种运输方式于一体，具有一定的区域辐射能力，能够推动不同区域的交通和经济协调联动发展。

推进综合交通枢纽建设，是提高综合运输效率和服务水平，降低物流成本的有效途径，优化交通运输结构、实现交通运输战略转型也是当务之急。因此建设综合交通枢纽也是资源集约利用、节能环保的客观要求，是解决现阶段我国综合交通枢纽规划设计、建设时机和运营管理不统一问题的重要途径。构建便捷、安全、高效的综合交通体系对于支持国民经济和社会发展、方便群众出行、增强国家竞争力具有重要的战略意义。

综合交通枢纽的建设与升级要符合其特点。首先，从地理位置上看，在多种交通方式衔接的区域或客货流集散的地区通常会规划建设综合交通枢纽；其次，从交通网络上看，交通枢纽位于区域内连接不同方向客货流的多条干线的交会处，在保障交通运输网络的畅通方面发挥关键作用；最后，从运输组织上看，交通枢纽能够提供交通运输及相关服务，比如客货到发、客货中转、客货联运、信息服务等。

综合交通枢纽的组成通常包括下列几个部门。

（一）交通运输部

交通运输是综合交通枢纽的基本功能，因此交通运输部门也是综合交通枢纽的基本组成部分。综合交通枢纽的运输分为两种类型：一是对外运输，比如公路、铁路、水路、航空等。对外运输的作用是将综合交通枢纽与城市外部区域连接起来。二是内部运输，比如城市轨道交通、市内公交、出租车等，内部运输的作用是确保对外运输到达枢纽后能够方便快速地到达城市内部目的地。

（二）设备管理部

综合交通枢纽设备包括基本的运输路线和站点，比如车站、机场、港口等，以及配套的各种设备，比如仓储库房。设备管理部的主要职能就是对这些设备的调度使用、维护保养、日常运营等进行管理与监督。

（三）信息管理部

综合交通枢纽的功能发挥需要各类信息支撑，信息管理部的主要职能就是对各类信息进行集中后上传下达，促进信息交流，拓宽信息传递通道，保障信息安全，以提高枢纽信息化水平和服务质量，改善综合枢纽的整体运行效率。

（四）技术管理部

技术管理部的主要作用是为交通枢纽的高效运转提供相关技术和方法的指导，在保证其基本功能实现的基础上，以规范的标准和严格的要求推动枢纽功能升级。

（五）人事部

综合交通枢纽中的人事部不同于企业中的人事部门，这里的人事部主要是为枢纽提供服务的保证，通常指枢纽内部员工，包括上述各个部门的所有人员，人事部的主要职能是通过对人员的管理和补充来保障交通枢纽服务能力。

二 综合交通枢纽地区的规划设计

（一）圈层理论

圈层是整合综合交通枢纽的重要切入点，不同的圈层规划设计的重点也不尽相同，而且圈层的结果并非单一固定的，没有明确的界限来划分不同的圈层。由于不同范围内的交通主导因素不同，根据综合交通枢纽的范围可以将整个区域划分为核心圈层、中心圈层和外围圈层。在核心圈层中，关键要点是换乘空间的布局和交通流线的组织；在中心圈层，关键目标是打造人性化的公共中心；在外围圈层，规划重点是发展路网系统及其相关区域功能和确定合理的土地开发强度。

（二）触媒理论

触媒理论强调在通过枢纽区域的开发实现城市功能集聚的过程中，要把交通枢纽作为城市的新元素加以重视。由于枢纽区域通常具有综合交通、城市节点和生活中心等特征，因此枢纽区域通常也是城市用地的高峰区域。站点为大量城市人口的日常通勤提供保障，从区域交通节点延伸到城市公共交通换乘枢纽，对城市发展具有重要作用；优越的区位条件和网络交通条件，能够大量吸引城市商业和高端服务业的集聚与发展；枢纽周围高强度的商业开发和公共功能与便捷的交通彼此相互促进、共同发展。

（三）TOD 理论

TOD 理论最基本的原则是以公共交通供给和通达性的改善来促进周边的土地更加集约地利用。例如，在交通枢纽站点布局更紧凑的基础上，开发一些高强度、向外圈层逐渐减少、强调土地和建筑综合利用的综合功能，采用地下与地上一体化的城市发展模式，创造以公共交通为导向的新环境。此外，它还需要有方便行人的枢纽吸引力。但由此循环，交通供给水平和通达性的提高会导致周边土地的高强度开发，土地利用密度随之升高，交通需求也会越来越大，这将导致大量交通需求的整体增加，从而对其枢纽和城市的发展产生较大压力。

三 综合交通枢纽的性能

（一）性能概念

交通运输功能是综合交通枢纽功能中最基本的也是最重要的。发挥交通运输功能可以通过枢纽实现区域内人员和车辆的快速流转。因此，综合交通枢纽的性能表现为：一是能够满足行人的交通特性要求；二是能够满足车辆的交通特性要求；三是能够通过枢纽实现行人与各种交通方式之间的充分有效连接，从而达到行人与车辆共同移动的目的。

（二）性能体现

综合交通枢纽的性能主要通过下列几个方面体现。首先，枢纽内基础设施的建设以满足用户的基本需求为目标，提供便捷的交通条件，营造良好的服务环境，方便旅客、货主、车主等相关人员通行和中转。其次，在交通配套设施的配置方面，依托完善的基础设施，各种运输方式表现出强大的运输能力，进而能够满足枢纽内的各类交通需求，交通配套设施的作用是辅助运输能力的增强，比如为各种运输方式提供行车和停车空间等。再次，基础设施与配套设施的衔接要高效无缝，虽然基础设施与配套设施都具备提供交通运输相关服务的功能，但是二者的侧重点和作用方式不同，如果不能衔接一致就会限制其功能的发挥，甚至阻碍交通枢纽的发展，因此要持续关注双方的密切衔接。最后，组织引导枢纽内人员和车辆的协调一致，综合交通枢纽的功能实现需要相应的信息资源，通过信息的传达及共享避免人车之间的交通"瓶颈"，提高枢纽的性能。

（三）性能影响因素

从以上对综合交通枢纽性能的分析可以看出，人和物是枢纽中的两大主体。人狭义地指交通行人，物即各类交通方式及其设施。这两大主体是影响枢纽性能的关键因素。从行人的角度来看，其特征、需求量、需求服务水平是枢纽性能改进需要重点关注的内容，与之相关的服务能力和水平是衡量枢纽性能的重要标准；从交通方式及其设施上看，影响枢纽性能的要点主要包括各类交通方式的运输能力对于行人需求的满足程度、基础实施与交通方式的匹配程度、各类运输方式之间的衔接效率等。

第三节　综合交通枢纽的形成与发展

交通枢纽是交通运输系统中各种运输方式衔接的中心，因此交通枢纽合理布局对于交通运输系统整体运输效率和区域经济发展水平的提高具有重要影响。由于其重要作用，在社会经济不断进步和交通条件不断改善的现实环境下，全国各地开始关注综合交通枢纽并且兴起了交通枢纽建设的热潮。基于此，对于综合交通枢纽的研究也变得火热起来，我国学者将研究视野主要集中在综合交通枢纽的特点、作用和功能、枢纽规划与城市发展的关系、交通枢纽区域交通流线组织和设施布局、交通枢纽地区的规划设计、交通枢纽建筑群设计开发等。我国学者主要关注的是更贴近现实的综合交通枢纽的规划布局以及枢纽与城市经济发展之间的关系，而缺少理论上对于交通枢纽演变规律和发展机制的探索。

与之相反，国外学者对交通枢纽演变规律和发展机制的研究较早。早在20世纪80年代便开始关注枢纽机场的地位和作用，提出并探讨了枢纽轴—辐式网络的概念及理论机制，取得了重要的理论研究成果。例如，在研究机场布局规划理论中提出的航空网络"轴—辐式"发展模式，对航空枢纽空间的发展影响深远。随后，我国学者金凤君等完善了"轴—辐式"空间模型，奠定了交通枢纽空间发展模式研究的理论基础。区域间不同的自然条件、交通条件以及社会经济条件，会产生不同的交通枢纽空间形态和发展模式。本节通过梳理中国历史上交通枢纽的演进轨迹，总结其形成条件，研究其空间布局与演变，最后展望未来发展趋势，全方位解读综合交通枢纽的形成与发展。

一　中国交通枢纽的历史演进轨迹

历史上交通枢纽的演变主要是受当时城市和道路交通发展的影响，

中国最早的陆路交通枢纽形成于秦汉时期,后经过了两千多年的发展形成了现在的枢纽网络。不同历史时期由于城市和道路交通发展的差异形成了不同的交通枢纽体系,表 4-1 根据我国的实际状况,分析了秦汉至南北朝、隋唐、宋代至辽金、元明、清朝、民国至今各个时期交通枢纽的演变。①

(一) 秦汉时期

公元前 221 年,秦始皇统一中国后,对驰道和直道进行了大规模的修建;汉朝沿袭秦朝的道路修建基础,继续拓展以京都为中心、四通八达的交通网络,全国性的交通网络开始形成。这一时期的交通枢纽形成的关键动因是优越的地理位置和发达的经济市场,如长安、洛阳、咸阳、建康、平城、邺城等政治、经济、文化中心发展成了全国性的综合交通枢纽;邯郸、临淄、成都、番禺(今广州)等手工业发达、商业繁荣的名城,逐步形成了地方交通枢纽。

(二) 隋唐时期

隋唐时期,社会政治经济发展速度大大提高,推动道路交通空前繁荣,以长安、洛阳为中心,形成了连接其他重要城市的道路交通网络。长安和洛阳在整个交通网络中居于关键战略地位,是中心枢纽;在其连接的其他主要城市中,大量的支线、局部道路以及连接线形成了仅次于长安和洛阳的交通枢纽,比如水路交通枢纽开封、水陆交通枢纽成都、丝绸之路交通枢纽凉州、政治军事经济中心幽州、通往北疆的交通枢纽太原、岭南经济中心、海上交通口岸广州、国际贸易港扬州等。

(三) 宋至辽金时期

从宋朝到辽金时期,道路交通网络的中心和辐射范围随着政权势力的转移而发生变化。北宋的道路交通布局以汴梁为中心,分别连接西京、南京和北京,构成了四通八达的网络;南宋时期由于政治中心的转移,道路交通中心也转至临安,辐射范围成了临安周边的主要城市并持续扩散,内陆物资集散逐步向苏州、温州、桂林、宜春、醴陵等地延伸,同时沿海港口日益发达,形成了广州、杭州、泉州、明州"四大海口";辽金时期,东北交通大发展,主要交通枢纽包括辽阳、大同、

---

① 丁金学等:《交通枢纽的空间演进与发展机理》,《地理科学进展》2012 年第 31 期。

临潢、大定、析津等，交通网络能够方便快速地通达各县，会宁和燕京成为当时的全国交通枢纽。

（四）元明时期

元朝统一后，中国道路交通得到进一步的发展，以大都为中心、通达各地的交通道路网络应运而生。各省中心地区成为当地的交通枢纽，比如汴梁、成都、杭州、武昌、甘州、中庆、龙兴、奉元、高丽等地区，在全国交通网络中发挥重要节点的作用，支撑交通网络的稳定。同时，公路交通的发达，带动了农业、手工业和商业的发展，增加了水陆交通运输的需求，扬州、济南、泉州、大同、芜湖等商业城市由此成为当时的主要交通枢纽。

到了明代，道路交通进一步发展完善，先后形成了以南京、北京为中心的全国道路网，而地方交通枢纽一般是当时的地区行政中心，比如开封、西安、济南、太原、武昌、杭州、福州、成都、南昌、广州、桂林等。

（五）清朝时期

清朝的道路网络以北京为中心，通过官道主干线向四面八方辐射，通达各省，再通过省区的道路支线连接省内各个城镇和地区。交通枢纽大多形成于交通干线与支线的交会处，比如杭州、南昌、武汉、长沙、成都、南京、济南、太原、开封、西安、兰州、沈阳、吉林、齐齐哈尔等，这些枢纽城市大多已发展成为我国现阶段的综合交通枢纽。与此同时，清朝商业运输的不断繁荣还在商业地区形成了一批交通枢纽城市，如天津、苏州、扬州、张家口、汉口等。清朝在交通枢纽的发展过程中起着承上启下的关键作用，不仅是古代交通的鼎盛时期，也是现代交通的兴起源头。

（六）中华民国时期

1912—1949年，我国开始在中央的统一规划下修建公路，对于道路交通的重视程度进一步提高，发展程序更加规范、标准更加严格，随着技术进步出现的铁路、航空等新型交通工具，推动了现代综合交通枢纽的形成。基于清代的交通发展基础，中国的交通枢纽在经历了多年的持续发展后，少数因军事、政治等因素衰退，其中大部分地区的交通枢纽还在继续发展。由于交通区位优势的变化，一些新的交通枢纽应运而生，新旧交通枢纽的协调发展，为中国交通枢纽形态的空间格局奠定了基础。

表 4-1　　　　　　　交通枢纽发展的历史特征与驱动因素

历史时期	发展特点	分布特征	驱动因素	
秦汉至南北朝	因城而生、因商而盛	据点培育	城市	自然
隋唐	自然基础、经济主导	零星分布	自然	经济
宋朝至辽金	政治引导、商水并驱	线状分布	政治	经济
元明	城于省府、兴与交通	点轴分布	城市	交通
清朝	扮路发展、初具规模	面状分布	城市	经济
中华民国	继承发展、不断新生	形成网络	经济	交通
中华人民共和国成立至今	科技赋能、降本增效	多式联运	科技	经济

综上所述，早期的交通枢纽形成与发展主要依赖于城市政治地位和自然条件，通常是在自然条件优越的政治经济或文化中心形成交通枢纽，受政治因素的影响很大，例如国都的迁移和政局的变化都导致道路交通枢纽的变化。交通枢纽的发展，形成了枢纽和经济之间的相互作用，不断加强了经济和交通因素对交通枢纽的影响，交通枢纽随着经济贸易的发展向外延伸、形成网络。

二　交通枢纽的形成条件与空间演变过程

（一）交通枢纽的形成条件

交通枢纽的形成和发展是各种条件和因素相互作用的结果，先后经历了从无到有、从简单到复杂、从低级到高级的循序渐进的形成和发展过程。任何一个交通枢纽的形成都有赖于一定的基础条件，不同的条件和因素相互作用的变化也会导致枢纽的性能和空间节点的重要性发生变化。我国交通枢纽的形成过程和发展特点表明交通枢纽的形成主要包括以下几个基本条件。

1. 自然条件

自然条件是交通枢纽形成和发展的基础。自然条件包括但不限于地理位置、地形地貌、水文条件等。比如陆路交通枢纽大多位于平原、高原、盆地的中心位置，或是连接山脉两侧广大地区的重要崖口山前平原，与人类主要聚集区的政治经济中心共生，有利于经济发展和交通干线交会；水运枢纽一般在主要通航河流或沿海地区形成，有利于港口建设和衔接陆路交通干线。

2. 交通条件

交通条件是交通枢纽形成和发展的推动力。交通枢纽一般位于交通走廊的中心，位置特点是连接相邻区域的走廊，由于多条干线在此交会形成枢纽。交通枢纽是交通网络的中心点，具备交通网络基础的发展条件与功能，交通网络中的干线数量、线路走向、衔接与换乘效率影响交通枢纽的发展程度和等级状况，其中交通干线的数量体现运输能力水平，线路走向体现其客货集散的方向与能力。

3. 社会经济条件

社会经济条件是交通枢纽形成和发展的拉动力。交通枢纽与城市经济互联互动，在人口规模、经济总量、供需水平、经济往来等方面相互促进并不断发展。其中人口规模和经济总量反映了城市和区域腹地的交通运输需求和供给量，大规模的人口通常会推动经济总量的增加，经济总量的增加进而产生大量的客货流，提升区域交通运输供需水平，为交通枢纽的建设奠定动力基础；经济往来体现了城市区域对外经济的主要流向，经济往来和相互联系在一定方向上的相对集中有利于形成大型交通枢纽。

以上每一项形成条件又分别包含多个具体的影响因子，每个影响因子对交通枢纽的形成和发展的影响程度不尽相同，具体如表4-2所示。在交通枢纽的形成发展过程中，多种影响因子和交通枢纽之间相互作用，从而形成不同类型的交通枢纽空间形态。

表4-2　　　　　　　　交通枢纽形成的影响因素诊断

影响因素	影响因子	影响程度
自然因素	地理位置	☆
	地形条件	☆☆☆
	水文情况	☆☆☆☆
交通因素	交通线路数量	☆☆
	路网密度	☆☆☆
	交通通达性	☆☆☆
	客货运输量	☆☆☆☆☆

续表

影响因素	影响因子	影响程度
社会经济因素	GDP	☆☆☆
	工业产值	☆☆
	人口数量	☆☆☆

（二）交通枢纽的空间演变过程

1. 交通枢纽的空间布局演变阶段

交通枢纽的形成条件对其空间演变有着深刻的影响。交通枢纽的空间演变直接反映了区域社会的发展条件，二者相辅相成，共同发展。交通枢纽的发展经历了一个漫长的演变过程，从最初的单一模式交通枢纽到多模式综合交通枢纽，再到交通枢纽网络。如图4-4所示，其形成和发展可分为四个阶段。

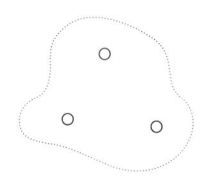

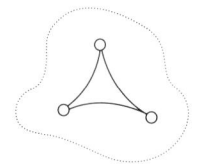

（a）交通枢纽据点培育阶段　（b）单式交通枢纽形成与发展阶段　（c）综合交通枢纽形成与发展阶段　（d）交通枢纽系统化阶段

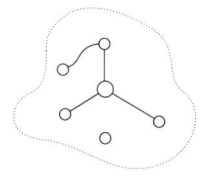

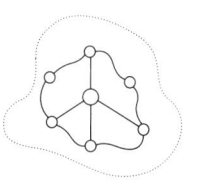

图 4-4　交通枢纽体系空间演变

资料来源：丁金学等：《交通枢纽的空间演进与发展机理》，《地理科学进展》2012 年第 4 期。

（1）交通枢纽节点培育阶段。优越的自然条件和交通区位优势是城市发展的基础，城市的发展是促进交通枢纽形成的基础，在这些地方经济增长极首先出现，经济增长极又会吸引大量的人员和物资在周边集聚，因而逐步发展成为区域经济中心，为交通枢纽的形成奠定基础。

综观中国历史交通与经济发展的时空结构，鸦片战争后，中国被迫对外开放广州、厦门、福建、宁波、上海五大口岸，其临近沿海港口城市纷纷开始发展轻纺产业，区域经济中心开始形成；解放战争后的一段时间里，中国的发展依赖于从苏联引进先进的工业技术，工业技术发展基地集中在铁路和内河运输重要节点区域，大量工业企业的建立带来了新的经济增长极，例如郑州、洛阳、西安、武汉、沈阳、哈尔滨、长春等，这些地区的经济发展为交通枢纽的形成打下了坚实基础。因此，这一阶段属于交通枢纽的培育阶段，结合图4-4可以看出，这一阶段的枢纽节点是彼此独立且分散的。

（2）单一交通枢纽的形成和发展阶段。虽然前一阶段的交通枢纽是独立分散的，但也已经具备交通枢纽的基本功能。随着城市经济增长极的动力升级，区域经济中心会向外辐射为经济圈，并沿交通线路持续向外扩散。由于各种交通方式及其带来的资源要素在经济中心集聚，区域经济中心的交通能力和通达性逐步增强，交通枢纽的雏形随之初步形成。

通过交通枢纽发展的实践证明，这一时期的交通枢纽之间的联系是单一的，只是道路将其连接起来的简单形式，图4-4中的第二个发展阶段就是初期的单一交通枢纽。由于这一时期的城市数量少、规模小，且大多形成于沿海地区，城市之间的距离远，交通需求量也有限，因此运输方式比较单一，导致不同的交通枢纽彼此之间没有太多的联系，因此呈现出如图4-4所示的单一联系且无序状态。

（3）综合交通枢纽的形成和发展阶段。在城市规模不断扩大、交通发展趋于成熟的背景下，区域交通主轴线已发展成为复合交通通道，新的交通方式的出现和城市交通需求量的增加，单一的交通运输方式不能满足经济社会发展的需要，便产生了对综合交通枢纽的需求。依托原有的区域经济中心形成的单一模式的交通枢纽逐渐成为不同模式交通线路的交会点，使枢纽规模进一步扩大，综合交通枢纽不断涌现，其功能也更加完善。由于早期的综合交通枢纽存在各运输方式之间协调性差和衔接不紧密的问题，所以后续发展的交通枢纽的发展方向正是无缝连接、"零距离"换乘。结合图4-4中的第三个发展阶段，在综合交通枢纽形成与发展时期，单一交通枢纽开始引入新的交通运输方式和设施，交通枢纽之间的联系变得复杂起来，综合交通枢纽在空间上并存。

（4）交通枢纽系统化阶段。交通枢纽的系统化体现在枢纽内部功能综合化和区域层次结构合理化两个方面。经济全球化与一体化的发展趋势，使综合交通枢纽顺应经济发展需要逐步朝着综合化、立体化的方向转变，成为物流、资金流、信息流的集散地，是为客货运输提供全方位服务的中心和物流基地；同时交通网络的进一步发展，使经济带沿着主要交通线进一步延伸，城市发展不再局限于边界范围，枢纽的交通功能与经济功能进一步融合。

结合图4-4，交通枢纽依托所在城市和交通干线，强化其吸引力和辐射力，辐射范围进一步延伸，不同枢纽的服务范围出现重叠，不同层次的交通枢纽在功能上可以相互补充，层次结构体系更加合理有序，枢纽联系更加复杂，基本可以实现全方位地覆盖与联系，综合交通枢纽系统化趋势日益明显。

总而言之，通过对综合交通枢纽从枢纽节点的培育到单一交通枢纽形成，再到综合交通枢纽出现，最后进入交通枢纽系统化阶段一系列空间演变过程的梳理。综合交通枢纽的形成和发展遵循的基本规律可以概括为：由小规模到大规模、由单一交通方式到多种交通方式、由一般功能到综合功能、由独立空间组织到统一空间组织，环环相扣，循序渐进。

2. 交通枢纽生命周期模型

作为社会产业的重要组成部分，交通枢纽不仅遵循上述基本发展规律，而且符合一般产业的生命周期模型，以下从生命周期理论出发，对交通枢纽的演变过程作简要分析。

如图4-5所示，交通枢纽从出现到衰落经历了漫长的发展历程，大致可以划分为五个阶段，分别是启动阶段、雏形阶段、快速发展阶段、成熟扩张阶段和消融衰落阶段。其中，启动期对应前文所述的交通枢纽节点培育阶段，雏形期对应第二阶段的单一交通枢纽形成与发展，快速发展期对应第三阶段的综合交通枢纽形成与发展，成熟扩张期对应最后第四阶段的交通枢纽系统化，而消融衰落期是交通枢纽的后续发展阶段。结合图4-5来看，在A点处，交通枢纽初步形成，容易受各种因素影响提前进入衰落期，交通枢纽夭折于启动阶段；在B点处，交通枢纽已经初具雏形，需要良好的发展条件提供动力支持，否则将会导致枢纽功能无法正常实现，难以进入下一阶段；在C点处，交通枢纽在快速发展期可能遭遇突发性事故或自然灾害而地位骤降；最后的D

点是一个交通枢纽发展的终点,在经历了前面四个阶段后,枢纽功能得到完全发挥,最终走向自然衰落,曲线 D 代表了交通枢纽的完整演变过程。

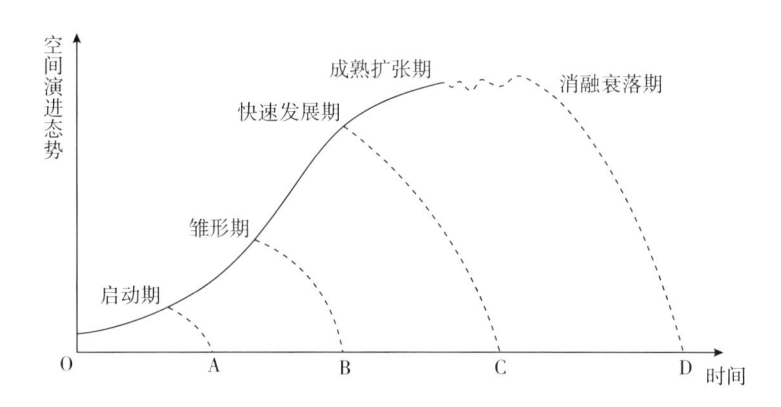

图 4-5 交通枢纽生命周期模式

资料来源:丁金学等:《交通枢纽的空间演进与发展机理》,《地理科学进展》2012 年第 4 期。

三 交通枢纽的主要发展模式与基本布局形态

(一)交通枢纽的主要发展模式

交通枢纽是一个动态发展变化着的地理空间实体,其发展模式推动着枢纽区域的空间布局与演化,依托不同的地理位置条件和城市发展水平,会产生不同的交通枢纽,因此也会有多种不同的交通枢纽发展模式。在实际发展过程中,交通枢纽的发展模式主要包括下列几种。

1. 传统发展型

交通枢纽最早是在城市中心由经济发展推动形成的,借助城市发展的驱动力而发展,因此,传统的交通枢纽与经济中心相辅相成。在经济发展最快的地区交通枢纽发展水平和效率也会相应较高,这些地区形成和发展交通枢纽的条件比其他地区优越,传统模式发展起来的交通枢纽大多是大型综合交通枢纽,在交通枢纽中所占比例较高。

2. 交通方式引导型

当一个地区原有的运输方式发生变化,或者出现新的运输方式时,特别是当新的运输方式比原来的传统运输方式更重要时，就很可能形成一个新的交通枢纽。例如，在某一地区原有运输方式的基础上增加公铁水或航空运输中的一种或多种，由于多种运输方式的交会可能会带来新的交通枢纽出现，这类新的交通枢纽发展模式就属于交通方式引导型。在交通方式引导下发展起来的交通枢纽在空间上主要位于交通发达的沿海地区和铁路干线地区，且都是综合交通枢纽。

3. 交通干线引导型

当交通干线上有新的分岔点出现时，就可能形成一个新的交通枢纽。例如在铁路、公路干线上出现一个新的分岔点，就可能随之出现一个新的交通枢纽。这个新的交通枢纽发展模式就属于交通干线引导型，它与交通干线的发展密切相关。在交通干线引导下发展起来的交通枢纽在空间上主要位于主要交通干线的交会区域，其中大部分是单一模式的交通枢纽，层级较低且服务范围有限。

4. 运输干线等级引导型

当运输干线交通能力大幅度提高时，原有干线和支线的交通量也会增加，运输干线地位提高带来交通升级，新的交通枢纽也随之出现。这类新的交通枢纽的发展模式即属于运输干线等级引导型。顾名思义，这种交通枢纽的形成与发展依赖于原有线路节点的基础。

5. 经济发展引导型

多种因素作用于区域经济的发展会促使新的经济增长极出现。由于不可预知因素或突发性状况可能会带来新的经济中心，当新的经济增长极和经济中心出现时，区域经济流向和交通运输方向的改变便会形成新的交通枢纽。这类交通枢纽就属于经济发展引导型的交通枢纽，在空间上大多位于经济发达和资源丰富的地区，经济发展动力强大才能有利于新的经济中心出现。类似于传统发展型的交通枢纽，经济发展引导型的交通枢纽的形成与区域经济的发展息息相关，但又不同于传统发展型，经济发展引导模式强调在已有经济和交通发展的基础上出现新的经济中心，从而产生新的交通枢纽。

（二）交通枢纽布局的基本形态

经历不同的演变过程和发展模式的交通枢纽，其结构形态也存在差异，不同层次的交通枢纽在空间上是相互关联的。如图 4-6 所示，交通枢纽的结构形态在演变过程中逐步由无序走向有序，大致包括下列四种类型。

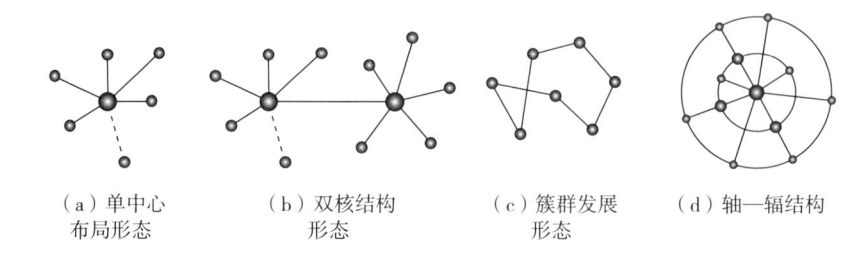

(a) 单中心布局形态　(b) 双核结构形态　(c) 簇群发展形态　(d) 轴—辐结构

图 4-6　交通枢纽的空间形态

资料来源：丁金学等：《交通枢纽的空间演进与发展机理》，《地理科学进展》2012 年第 4 期。

1. 单中心布局

单中心布局的交通枢纽就是在某一地区内存在的一个等级层次较高的综合交通枢纽，称为主枢纽；在其周边形成层次等级较低的交通枢纽，即次枢纽。主枢纽对次枢纽有较强的吸附能力，次枢纽都与主枢纽紧密相连，依靠主枢纽而存在，但次枢纽之间的相互联系相对薄弱，如图 4-6（a）所示。这种布局形态主要存在于经济欠发达且交通需求量有限的地区，比如我国的中西部城市，通常以省会城市为主枢纽，周边经济和交通较发达的地级市为次枢纽，比如以西安为中心的关中地区枢纽布局就是典型的单中心布局形态。

2. 双核结构

"双核"即两个中心，从图 4-6 中的（b）来看，交通枢纽的双核结构形态是以两个等级较高的综合交通枢纽为中心（主枢纽），多个服务于枢纽中心的低等级交通枢纽（次枢纽）环绕四周，其中两个主枢纽处于同一等级，彼此之间的交通联系极其发达，同时和单中心布局形态一致，每个主枢纽周边的几个次枢纽只与这一个主枢纽联系密切。这种双核结构的布局形态主要存在于一定距离内两个经济较强的中心地区，如成渝地区的交通枢纽布局就是双核结构的典型代表。

3. 簇群发展

相对于前两种结构形态而言，簇群结构更加复杂，如图 4-6 中的

(c) 所示，在这种布局形态下的一级和二级交通枢纽没有区别，在空间上分布均匀，主要存在两种类型：一是各个规模相同的交通枢纽在空间上有各自的优势服务区域，这种形态多形成于经济和交通条件相近的城市枢纽之间；二是各个功能不同的交通枢纽在空间上有各自的优势服务对象，这种形态多产生于不同运输方式的交通枢纽之间。这种布局的交通枢纽主要存在于发展条件相近的连片地区，或者交通方式多样的地区，如东北地区。

4. 轴—辐结构

轴—辐结构形态是交通枢纽空间布局的一种高级形式，这类交通枢纽大多存在于经济发达地区。如图 4-6 中的 (d) 所示，类似于单中心布局，在轴—辐式结构中心也有一个大型的高级综合交通枢纽，多个不同级别的低层次交通枢纽均匀分布在枢纽中心周围；不同于单中心布局的是，每个次枢纽不仅与中心枢纽联系紧密，而且次枢纽彼此之间也有便捷的交通联系，枢纽间相互联系更加紧密，结构层次更加分明。轴—辐结构布局的交通枢纽大多形成于经济和交通发达的地区，比如以上海为中心的长三角地区、以北京为中心的京津冀地区和以广州为中心的珠三角地区，这些地区的交通枢纽布局形态都是轴—辐结构。

四 综合交通枢纽的发展趋势

(一) 交通一体化

交通一体化的主要特征是运输和中转设施高度集约化、组织管理一体化和多式联运。高度集约的交通换乘需要通过提高换乘便利性来提高枢纽的换乘效率；在枢纽内部，集中了不同交通方式的相应管理部门，多个部门之间的合作对提高枢纽的运行效率至关重要；而多式联运是由交通组织模式进一步集约化的枢纽集疏运系统。

(二) 衔接便利化

为适应社会发展的需求，综合交通枢纽正朝着便利、快速、可靠的方向发展。衔接便利主要体现在从一个枢纽站换乘到另一个枢纽站的便利性上，快速主要体现在交通枢纽站之间连接的高速性上，可靠主要体现在出行时间的可靠性上。

(三) 布局集约化

集约化主要是指土地资源和市政设施的集约。综合交通枢纽不仅可以为社会提供高效优质的交通服务，而且是一种节约能源和土地资源的地产集约利用模式。此外，综合交通枢纽共用市政设施，从规划层面可以节省大量建设成本。

（四）枢纽综合开发

一方面，枢纽综合开发的特点是功能互补，提高枢纽质量，建筑体内部商业满足了旅客需求的多样化，保证了枢纽的正常运营，提高了枢纽的服务质量；另一方面枢纽综合开发可以促进周边土地的开发，提升土地价值，集聚整合各地区资源优势，提高区域土地利用率，实现土地集约开发。

由于综合交通枢纽自身交通功能的改善和发展，必然会带动周边地区交通条件的改善，便利的交通和大量的乘客使交通枢纽及其周边地区具有巨大的商业价值，交通枢纽设置的周边地区必然会形成高密度的商业区。

第四节 物流园区转型国家物流枢纽

一 物流园区的分类与功能

（一）物流园区的定义

随着经济与科技的发展，物流行业作为国民经济的支撑力量，正呈现出蓬勃的发展态势。为了支持我国物流业的蓬勃发展，物流术语的规范是基础条件，中国物流与采购联合会、中国物流技术协会、中国物品编码中心、国家质量监督检验检疫总局、国家标准化管理委员会联合起草发布了国家标准《物流术语》（GB/T18354—2006），首次对物流中心、配送中心、物流园区、物流基地等物流节点设施的概念进行了明确。其中，物流园区被定义为"为了实现物流设施集约化和物流运作共同化，或者出于城市物流设施空间布局合理化的目的而在城市周边等各区域集中建设的物流设施群与众多物流企业在地域上的物理集结地"。

（二）物流园区的类型

国家质检总局和国家标准化管理委员会发布的《物流园区分类与基本要求》（GB/T21334—2008），将物流园区分为四种类型：货运服务型物流园区、生产服务型物流园区、商贸服务型物流园区和综合服务型物流园区。随后各物流园区的发展实践有了新的内容，为适应新的变化，国家质检总局和国家标准化管理委员会发布了《物流园区分类与规划基本要求》（GB/T21334—2017），调整了物流园区的分类和功能。通过对相关文件资料的研究，物流园区的类型基本可分为下列五类。[①]

1. 货运服务型

货运服务是物流服务的首要职能，货运服务型物流园区是以交通枢纽为依托，具有可实现大宗货物运输的物流配套设施。通过两种及两种以上运输方式，可以实现多式联运，为跨区域的货物提供中转服务的物流园区。

2. 商贸服务型

商贸服务型物流园区是依托大型商圈、批发市场等经济中心区域形成，为商贸活动主体提供仓储、运输、包装、配送等基础物流服务和电子商务、融资保险、会展经济等配套服务，能够满足一般商品贸易物流需求的物流园区。

3. 生产服务型

生产服务型物流园区是与工业园区或大型制造企业相邻，为制造企业提供采购供应、库存管理、物料计划、准时配送、产能管理、协同加工、信息服务、金融保险等一体化供应链服务，能够满足制造企业物资供应、产品销售等物流需求的物流园区。

4. 口岸服务型

口岸服务型物流园区是依托于港口形成的、能够为进出口货物提供报关、报检、国际采购、国际中转、国际转口贸易等服务，满足国际贸易企业物流需求的物流园区。

5. 综合服务型

综合服务型物流园区是具有两种或两种以上运输方式，能够实现无缝衔接的多式联运，能够提供至少两种或两种以上的货运枢纽服务、商务服务、生产服务和港口服务，以满足城市和地区的物流需求的物流园区。

[①] 《关于印发全国物流园区发展规划的通知》，《国际商报》2013 年 10 月 18 日 B02 版。

(三) 物流园区的功能

物流园区是一定规模的物流功能区的集合，既具有基础功能，又具有增值功能。"互联网+"战略的实施和新技术手段的应用，促使物流园区的发展纷纷转向对功能创新的追求。物流园区的功能可以概括为以下三个方面。

1. 物流服务功能

物流服务功能是物流园区的基础功能，包括基础物流服务功能和增值物流服务功能两方面，基础物流服务功能体现在物流园区能够提供货物的仓储、集散、中转、分拨、配送等基本服务。增值物流服务功能体现在物流园区提供的流通加工、展示交易、金融保险等增值服务，物流园区在为客户提供物流服务的同时也在不断完善自身的发展与升级。

2. 信息服务功能

物流园区是现代物流发展的产物。现代物流的发展有赖于互联网、大数据、云计算等现代信息技术和手段。物流园区通过构建高效的信息平台和系统，能够为供需双方提供及时完善的信息服务，为客户提供专业的咨询服务，促进客户对行业的了解，推动物流行业的有效发展。

3. 社会服务功能

社会服务功能是指物流园区可以通过集聚效应整合城市细小而散乱无序的物流资源，以资源集聚加速产业集聚，从而提高区域辐射和带动作用，优化城市交通布局，促进城市经济发展。

二　我国物流园区的发展概况

中国物流与采购联合会、中国物流学会于2018年开展的第五届国家物流园区调研发现，我国物流园区在发展过程中呈现出以下几个方面的特点。

（一）物流园区整体建设初具规模

相关调查数据显示，截至2018年，我国各类物流园区共有1638家，相比于2015年的1210家，增长了35.37%。其中运营中、在建以及规划阶段的物流园区分别有1113家、325家、200家，占总量的比例分别为 67.9%、19.8%、12.2%①，图 4-7 反映了 2006—2018 年多次物流园区调研的数据结果。

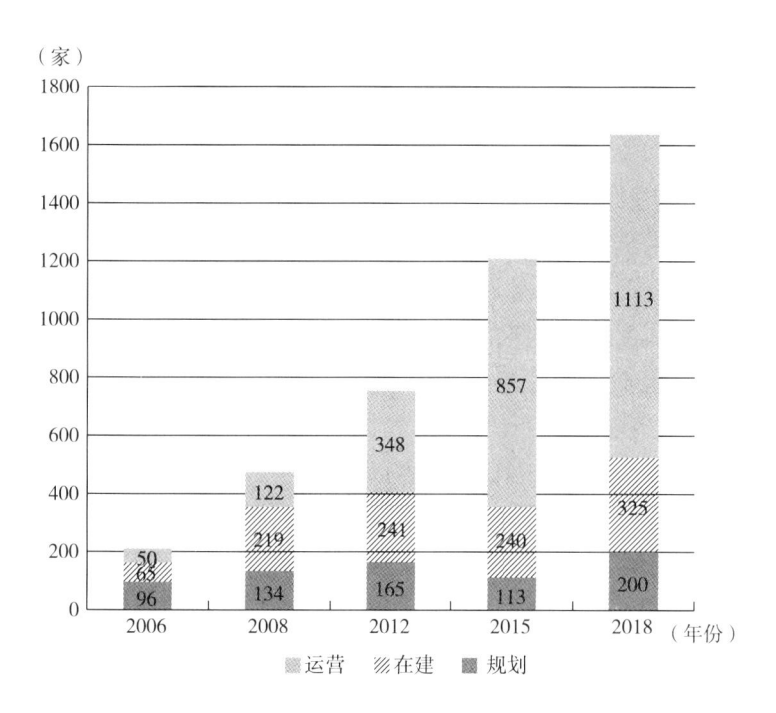

图 4-7　我国物流园区建设状态情况

(二) 物流园区的空间分布更加均衡

从华东、华中、华南、华北四大经济区域来看，物流园区在空间布局上正在加速形成跨越东西、连接南北的物流园区网络。其中率先改革开放的东部地区，物流园区规划建设起步较早，以物流园区的建设促进了地区经济快速增长，现有大部分的物流园区已投入运营；随着近年来经济的快速增长带来的物流需求持续升温，华中及西部地区的物流园区规划建设的速度大大加快，规划和在建的物流园区数量分别占 16% 和 23%。

---

① 《第五次全国物流园区（基地）调查报告（2018）》，http://csl.chinawuliu.com.cn/html/19889161.html。

（三）物流园区示范工程深入推进

国家发改委等三部委联合下发《关于开展物流园区示范工作的通知》，通知指出要在全国范围内建成100家具备完善的基础设施、丰富的服务功能、良好的经济效益和突出的社会贡献的示范性物流园区，以示范物流园区和优秀园区经验的总结和推广，带动国家物流园区的发展和升级。

三　从物流园区到物流枢纽

早期物流园区和物流枢纽的概念比较混乱，但随着物流行业的完善成熟，二者被更加明确地区别开来。对于物流园区的定义为"为了实现物流的共同运作，按照城市空间合理布局的要求，由统一的主体建设和管理、为众多企业提供物流基础设施和公共服务的物流产业集聚区"；而物流枢纽是一个承载着货物储存、转运和配送功能的物流设施集群和区域性物流活动运行组织中心。以上定义体现了物流园区和物流枢纽共有的规模化、多功能化和社会化服务，但是并没有数量的概念，例如规模如何衡量、功能范围如何界定、服务区域的大小。因此，物流园区和物流枢纽又可以统称为物流节点。具体区别来看，物流园区规模大，可以容纳多个物流中心，并有统一的管理机构来解决公共事务问题。其服务范围广，服务行业多，一般承担着城市之间的货物流通，需要连接两种以上的运输方式，以方便多式联运；物流枢纽强调物流设施集聚、货物流通规模大、服务功能全面的特点，承担着国家之间、地区之间的货物集散功能，集水路、铁路、公路、航空、管道等多种运输方式于一体，转换便利。

为进一步发挥物流园区的作用，提高社会物流运行效率，降低实体经济物流成本，国家发改委和交通运输部发布了《国家物流枢纽布局和建设规划》（以下简称《规划》），评选出了一批国内优秀的物流园区，并正式提出了物流枢纽和国家物流枢纽的概念。《规划》指出，物流枢纽是集货物集散、仓储、配送、中转等功能于一体的物流设施群和物流活动组织中心；国家物流枢纽是辐射范围更广、集聚效应更强、服务功能更优、运行效率更高的综合性物流枢纽，在全国物流网络中扮演着关键节点、重要平台和骨干枢纽的重要角色。

从我国物流园区发展现状分析，我国物流园区的发展态势是良好的,已成为国民经济快速发展的有效支撑。现实发展有力地证明了近二十年来对物流园区的种种质疑、指责和阻挠都是偏见和误解。

未来物流园区将进入精细化管理阶段。高质量的经济发展需要高质量的物流园区,比如,人们对蔬菜水果新鲜度的高要求带来的快速分拣和配送,因城市扩张需要而产生的物流节点布局的优化调整等。在精细化管理阶段,需要优化物流业务模式,创新物流服务标准,改进物流业务流程,完善基础设施网络,发展和应用互联网、大数据、人工智能、云计算等先进技术。此外,绿色物流也是物流园区发展的必然趋势,要加大绿色物流园区建设力度,适应严格的绿色物流标准要求,为清洁能源的利用提供条件。

在我国经济规模持续扩大和经济质量不断提高的背景下,有必要规划建设全国性的物流枢纽。中国一年的货运量高达370亿吨,煤炭产量36亿吨,铁矿石进口10.7亿吨,钢铁产量10亿吨,原油进口4.2亿吨,天然气进口6857万吨,快递400亿件,这些产业的发展都需要全国物流枢纽提供支撑。

四 国家物流枢纽建设案例:重庆国际物流枢纽园区

国家发改委、交通运输部联合下发了《关于做好2020年国家物流枢纽建设工作的通知》(发改经贸〔2020〕1607号,以下简称《通知》),《通知》中显示2020年国家物流枢纽建设名单共有22个物流枢纽入选,其所在地和名称如表4-3所示。

表4-3　　　　　　　2020年国家物流枢纽建设名单

所在地	国家物流枢纽名称
北京市	北京空港型国家物流枢纽
河北省	唐山港口型(生产服务型)国家物流枢纽
内蒙古自治区	满洲里陆上边境口岸型国家物流枢纽
吉林省	长春生产服务型国家物流枢纽
江苏省	苏州港口型国家物流枢纽
安徽省	芜湖港口型国家物流枢纽
山东省	济南商贸服务型国家物流枢纽
河南省	洛阳生产服务型国家物流枢纽

续表

所在地	国家物流枢纽名称
湖北省	武汉港口型国家物流枢纽
湖南省	岳阳港口型国家物流枢纽
广东省	佛山生产服务型国家物流枢纽
广西壮族自治区	钦州—北海—防城港港口型国家物流枢纽
重庆市	重庆陆港型国家物流枢纽
四川省	遂宁陆港型国家物流枢纽
贵州省	贵阳陆港型国家物流枢纽
云南省	昆明商贸服务型国家物流枢纽
陕西省	延安陆港型国家物流枢纽
青海省	格尔木陆港型国家物流枢纽
新疆维吾尔自治区	阿拉山口陆上边境口岸型国家物流枢纽
大连市	大连港口型国家物流枢纽
青岛市	青岛商贸服务型国家物流枢纽
深圳市	深圳空港型国家物流枢纽

相关国家物流枢纽区位优势突出，空间布局、建设和运营等基础条件良好，区域分布比较均衡，其中东部地区7个，中部地区4个，西部地区9个，东北地区2个，涵盖了《国家物流枢纽布局和建设规划》中的6种国家物流枢纽类型。2019年至2020年，国家发改委、交通运输部共建成45个国家级物流枢纽，覆盖全国27个省（区、市），加快构建"通道+枢纽+网络"的现代物流运营体系，为促进形成以国内大循环为主体、国内国际双循环的新发展格局提供了有力支撑。

其中，重庆国际物流枢纽园区作为中欧班列、西部陆海新通道的始发站、全国首批物流园区示范点、四届优秀物流园区、重庆唯一的一级铁路物流基地，已被正式批准为陆港型国家物流枢纽。该物流枢纽主要由枢纽站场、多式联运、分拨配送和国际贸易设施组成，形成了如图4-8所示的"4+3"功能布局，服务于长江经济带、全国乃至亚欧，已成为西部最大、国际知名的国际多式联运枢纽中心和陆港型国家物流枢纽。

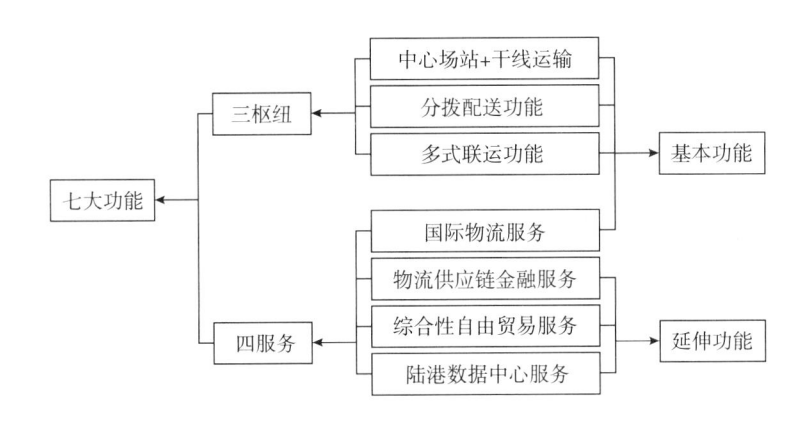

```
                    ┌─ 中心场站+干线运输 ─┐
         ┌─ 三枢纽 ─┼─ 分拨配送功能     ─┼─ 基本功能
         │         └─ 多式联运功能     ─┘
七大功能 ─┤
         │         ┌─ 国际物流服务      ─┐
         │         ├─ 物流供应链金融服务 │
         └─ 四服务 ─┼─ 综合性自由贸易服务 ─┼─ 延伸功能
                   └─ 陆港数据中心服务  ─┘
```

图 4-8　七大功能布局

重庆是"一带一路"、长江经济带、西部陆海新通道、成渝地区双城经济圈等国家战略交会之地，是西部地区唯一具有规模化铁路、公路、水运、航空多式联运资源条件的国家中心城市。为进一步落实习近平总书记提出的关于重庆的"两点"定位、实现"两地""两高"目标和发挥"三个作用"的重要指示，重庆陆港型国家物流枢纽对区域集聚辐射、网络互联互通、产业高质量发展转型、枢纽城市功能优化、内陆改革开放水平提升等方面进行了精准谋划。

在具体实施过程中，结合重庆市新时代经济发展的需求，采取相应措施来完善枢纽渠道网络体系、建设国际物流组织运营中心、集中发展外向型产业等，国际物流枢纽园区本身的产业与城市的融合、营商环境的优化等在长期工作中将继续推进。目前，重庆陆港型国家物流枢纽重大项目 72 个，总投资 789.2 亿元，其中有设施整合升级项目 56 个，总投资 599.3 亿元，约占枢纽项目总投资的 76%，包括枢纽扩容升级、区域配送组织设施、多式联运组织设施、国际物流组织实施等；设施补短板类项目 16 个，总投资 189.9 亿元，约占枢纽项目总投资的 24%，包括供应链和金融服务、智慧物流枢纽等。

重庆国际物流枢纽园区将承担以铁路为核心的国际多式联运主通道建设，发展国际铁海联运、国际铁路运输和国际铁路列车中转，建设亚欧一体化的物流组织中心，并结合珞璜片区港口航运影响因素，将专业平台公司与市场主体联系起来，构建开放式的物流枢纽运营联盟。在市政府有关部门的指导和统筹规划下,公路、铁路、水路通道建设融合为一体,区域资源优势互补共享,实现物流信息联动、货物贸易互助,加强金融服务合作以推进国家物流枢纽的建设与完善。

以中欧班列(渝新欧)、西部陆海新通道、长江黄金水道等干线通道运输效率的提高为基础,2035年重庆陆港型国家物流枢纽将全面建成亚欧国际多式联运枢纽中心,实现枢纽干线运输到港和到港始发规模占50%以上,跨境班列年开行1万班以上,集装箱年吞吐量突破150万标准箱,拉动"一带一路"经济增长,发挥重庆在新时期西部大开发中的支撑作用。此外,以规模化、组织化、网络化、智能化为重点,枢纽会进一步提高多式联运转运效率,加快提升物流业质量和效率,构建成渝双城经济圈应急物资物流网络。以枢纽为中心,连接欧洲、中亚、东盟经济体,推动电子信息、汽车、装备制造、国际贸易深度融合,推动成渝双城经济圈产业国际化,推动企业深度参与全球产业链分工。

第五章

现代物流体系：枢纽经济的发展载体

现代物流体系是枢纽经济形成和发展的载体。现代物流将运输、装卸、加工、仓储、配送、信息等多个环节有机结合，具备服务一体化、信息网络化、管理现代化、装备智能化、电商物流协同化等特点。现代物流体系以现代电子通信技术和其他关联技术为依托，通过智能化、电子化的现代化管理手段，把物流作业的各个环节整合到物流系统中，操作规范，运行合理，为企业和居民的生产生活提供物流保障和相关配套服务。我国当前的物流体系正处于快速的转型升级阶段，正朝着运作一体化、发展集约化和管理专业化的方向发展。

第一节 我国物流体系的发展现状

一 传统物流与现代物流的差异

（一）定义上的区别

商品流通需要物流业为其提供最基本的物质保障。传统物流包括运输、仓储、装卸、分拣、搬运及包装等多个环节，是沟通生产和消费之间的桥梁。其中运输、装卸搬运、加工包装和管理等基本过程，在产品流通中起到纽带的作用。现代物流则在传统物流的基础上，借助互联网和物流信息技术，对物流运输的全过程进行科学管理，有效提高物流运输的安全性、准确性和运输速度，使库存成本得到有效控制，整体效益得到了显著提升。综合来讲，现代物流就是将运输、装卸、加工、仓储、配送、信息等多个环节有机结合的新兴服务产业。但是，现代物流业也存在很多需要改善的问题，例如对原材料质量的把控、在制作过程中的产品运输、库存和信息，包括后续的产品配送问题、运行效率和经济效益之间的平衡等。

现代物流业代表着企业的服务水平，是企业在市场竞争中获胜的法宝，是国家经济发展的重要影响因素。以生产方式为标准，可以将现代物流业划分为交通运输业、加工配送业、仓储业、包装业、信息业等。其中仓储业是指通过货物存储场地而开展的运输货物存储业务。根据仓库作用，可以将其分为生产性仓库和流通性仓库两类。根据仓库储存的货物种类和数量可以将仓库分为综合性仓库和专业性仓库。配送业属于现代流通产业范畴，指专门提供小批量、近距离的货物运输服务。配送是根据客户的需求，对产品进行分拣、加工、包装、组配和分装等，然后将产品送达客户指定的地点，配送属于物流流程的末端，同消费者产生直接联系。因此，在物流发展过程中配送环节的受重视程度不断提升。物流信息业是基于科学技术水平的提升以及物流信息一体化的逐步完善而发展起来的，现代物流信息业大体上可以分为物流软件的研发和物流咨询服务这两个方面，其中，物流软件是借助物流管理系统的软件和硬件为物流业的发展提供有力的支撑；物流咨询服务则是为政府、工商企业或第三方物流公司服务，根据客户的需求，为其提供物流运作全过程的供应链管理方案和产业发展规划等。

（二）特征上的区别

进入互联网时代，电子商务蓬勃发展，推动着物流业不断发展。现代物流业以客户为中心，不断提升客户满意度、满足客户需求的同时花费最低的成本是物流业发展的核心目标。传统物流的主要特征表现在基础设施相对落后、物流运作流程单一、信息化水平低以及缺乏标准化管理这四个方面；而现代物流的发展在很大程度上已经弥补了这些缺点和不足，将系统化和精益化思想融入物流管理过程当中，具体有以下基本特征：

第一，服务一体化。作为保障供应链系统顺畅运行的关键因素，物流服务一体化建设至关重要，现代物流服务趋于成熟，系统运行的核心从生产商最终流向消费者，企业要在保证客户服务体验的前提下，提高对物流成本的控制，实现达到满足客户全面业务需求的目的。①

第二，信息网络化。借助互联网技术，实现将核心物流信息在企业内部的共享，基本信息在企业间或行业内互联互通，同时借助网络全程检测和控制物流活动，确保配送网络畅通和安全，提高物流活动的透明度。

第三，管理现代化。现代化的管理手段包括管理方式和管理技术，其一是更新管理手段和组织方式，其二是充分利用现代化技术。具体实施要求是在遵循市场运行的客观规律的前提下，通过现代化的管理思想和管理方法，对各个物流环节进行有效管理，以保障企业的经济效益。

第四，装备智能化。是指在物流运输、装卸、搬运、包装、加工和仓储等物流基本活动过程中加入智能化的装备。传统的物流市场对智能技术的运用相对较少，而随着信息化水平的发展，现代物流对于技术的接纳显著提升，实现物流运输、仓储、搬运等过程的自动化、机械化，同时在物流信息系统建设的过程中大量运用 GPS 卫星定位系统、RS 遥感技术、RFID 无线射频技术、GIS 地理信息系统、EDI 电子数据交换系统等先进的信息技术，对物流活动进行分析和管理，保障物流系统的有效运行。

第五，电商物流协同化。电子商务同快递物流已经形成深度融合发展的局面，现代物流企业可以借助互联网建设电商平台和信息系统物流服务平台，对市场数据进行收集和分析，进而加强对物流服务全过程的监督和管理，增强客户的服务体验。现代物流的发展是要对物流市场实行精准化管理，对客户需求进行详细划分，即用户需求细分化。它是一个由于差异化的消费需求促成多个不同子市场不断出现的过程，我们可以将产品属性、行业类别、用户规模、地理位置、服务方式和利润回收周期等作为划分的标准。最终是要对有相似需求的客户群体进行快速定位，并以为客户提供有针对性的高效物流服务为目的。精准化管理就是将"精""准"的管理理念运用在物流企业的管理过程中。"精"是指

---

① 丁媛媛：《现代物流业转型升级的对策研究》，硕士学位论文，江西理工大学，2015年。

精细、简化、可操作性高，化繁为简，缩短工作周期、降低耗资和风险程度，有效提高企业的管理质量；"准"则是指量化、定位清晰，将企业运行管理中存在的责任归属、行动方案、解决措施等企业发展的影响因素细化，使每个决策都有据可依。国民经济的管理是由"粗放"向"精准"，而传统物流向现代物流的转型升级亦是如此，精准化管理是现代物流业的重点发展方向。

二 我国物流产业的发展现状

我国物流企业普遍具有"小而散乱"的特点。运作成本过高，行业发展质量较低，物流服务模式局限等供给侧结构性问题仍是制约我国物流业发展的主要因素，当前物流行业改革转型迫在眉睫。[①]

（一）物流业务量发展迅猛，现有物流能力无法支撑

物流行业是社会基础性服务行业。根据近十年的数据统计，我国物流业总额逐年增加，从2008年的89.9万亿元增加到2019年的300万亿元（见图5-1）。特别是快递行业，呈现爆发式增长，在2014年实现快递业务量达到100亿件之后的三年里每年增长数量翻一番，连续四年

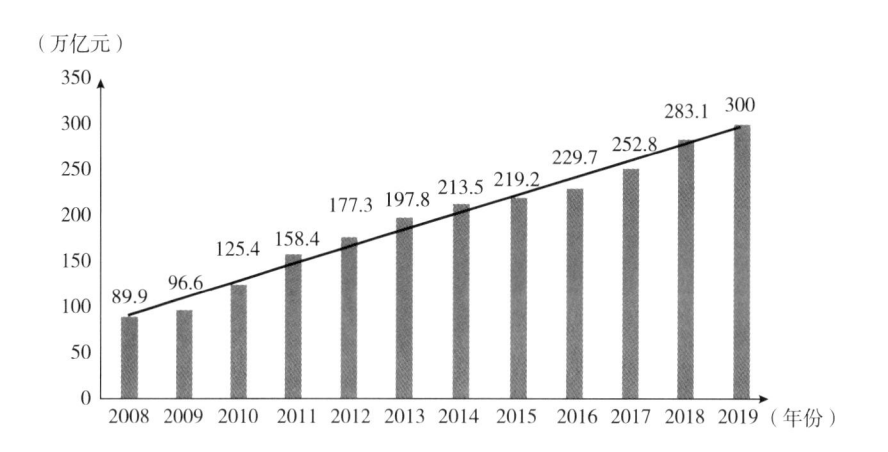

图5-1　2008—2019年全国社会物流总额

资料来源：中国物流与采购联合会。

---

① 郭丽燕：《共享经济模式下现代物流业的转型升级探析》，《莆田学院学报》2018年第25期。

的快递业务量居全球第一。快递业务量的激增也从侧面说明了我国物流业务量快速增长的事实,值得注意的是市场在不断扩大,但是发展速度逐渐放缓。

从 2017 年开始,增速减缓的态势更加明显。究其原因,高速增长的背后,物流业面临着诸多的成长压力,当前物流业的发展已面临供需矛盾拐点,需要进行改革,进一步转型升级,才能继续为国民经济发展提供支撑和保障。

(二)社会物流总费用逐年攀升,成本居高不下

长期以来,我国的社会物流总费用一直呈现增长态势,我国物流总成本从 2006 年到 2016 年的十年时间就从 3.8 万亿元增长到了 11.1 万亿元(见图 5-2)。我国的社会物流总费用要远远超出欧美等发达国家。根据现有的数据统计分析,从 2006 年到 2016 年,我国的物流成本占 GDP 比重有所下降,但平均比重依旧很高,美国平均比重为 7.94%,我国达到 17.4%,是美国的 2 倍有余。这个数据相当于美国 35 年前物流发展水平。衡量物流发展水平的一项重要指标就是物流成本占 GDP 的比重,物流成本占 GDP 比重很高,除了与产业结构有关,究其根本原因,也与我国当前物流行业散、乱、差,物流效率低下等问题紧密相关。目前,我国物流行业的发展已经进入战略机遇期,要加快供给侧结构性改革的实施。

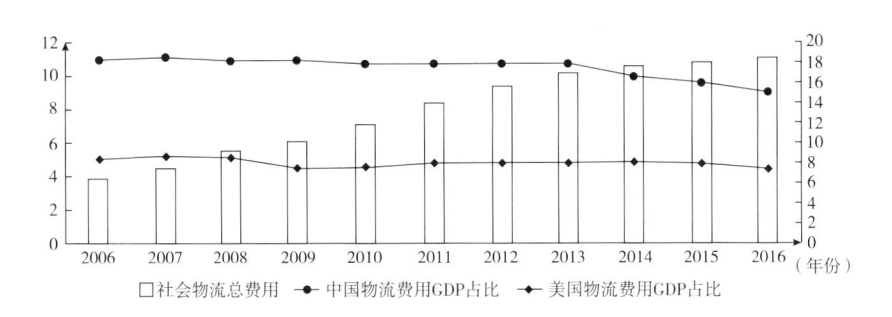

图 5-2 2006—2016 年我国社会物流总费用及中美物流总费用 GDP 占比

资料来源:郭丽燕:《共享经济模式下现代物流业的转型升级探析》,《莆田学院学报》2018 年第 4 期。

（三）面对多样化和碎片化的需求，现有物流模式难以耦合

随着互联网新经济的发展，大宗货物的市场需求逐渐缩小，同时，日常消费商品的需求大幅提高，从而激发了快递物流等生活性物流运输的潜力。由互联网经济带动的物流需求增长，呈现出小批量、多频次的显著特征，更加注重提供个性化、专业化以及服务的灵活性，不再依靠传统的以规模化取胜，而物流企业间的同质化竞争造成市场利润空间大幅缩水。在复杂的市场环境下，现有物流模式难以耦合时代需求。当前如何抓住"互联网+"机遇，推进现有物流模式的多样化、个性化发展，成为物流业转型升级的一个核心问题。

（四）物流资源浪费与紧缺，成为行业巨大痛点

当前，我国物流业面临着产能过剩与资源紧缺的双重矛盾问题。物流基础设施存在大量的重复建设、盲目投资等问题。在仓储方面，我国企业产品库存率高达10%，与发达国家不超5%相比，我国的产品库存问题极其突出，造成了仓储社会资源的严重浪费。在物流运输方面，信息的不对称和物流资源的分散直接造成中国公路物流运行效率低下，返程空载率高成为阻碍行业发展的重要因素，制约着我国这个万亿市场的快速发展。如何整合优化，提高物流设施设备的利用率，是我国物流业发展亟须化解的一大关键难题。

第二节 我国物流体系的转型升级

一 我国物流产业转型升级的必要性

当前我国的经济已经转向高质量发展阶段，处在经济结构优化、发展方式调整的战略攻关期。同时，"十四五"规划是全面开启社会主义现代化建设的关键期，注重实体经济的发展，促进经济体系优化升级，推动现代化产业新体系建设。物流供应链的优化升级和创新发展是经济体系建设的重要部分。通过物流业的转型升级，优化物流系统的组织结构和技术结构，更新发展观念，改善系统运作模式，使物流产业发展水平得以在原有的物质、技术和管理基础上得到显著的改进。从宏观角度出发，物流业的转型升级需要国家发展战略、政策环境的支持；从微观角度来看，物流设施设备和物流信息技术的配备是不可或缺的，同时，

要结合现代管理模式和物流经营理念，为物流产业营造更好的发展环境。

物流业转型升级的影响因素包括两个方面：物流需求因素（内在因素）和发展支撑因素（外在因素）。在这些复杂因素中，能够对转型升级实现定量描述和分析的关键指标有以下四个：一是货物运输量，货物运量大代表货物运输的总价值高，也从侧面证明了运输业的发展前景广阔。物流业的发展离不开交通运输业的稳定，货物运输市场需求越大，物流业的发展状况就更为乐观。二是物流业增加值，它是影响一个国家或地区物流业发展水平的重要因素，物流业增价值越高，物流业的发展状况就越好，这也是一个地区进行物流业转型升级的重要前提。三是货运周转量，它是判断货物运输效率高低的指标，货物运输的周转量越大，代表着货物周转频率的提高，说明地区物流产业的发展欣欣向荣。四是社会物流总额和社会物流总费用，这两者代表着一定时期内的物流需求规模大小，数值越大说明规模越高，市场上的物流需求也就越大，也在一定程度上反映着物流业的发展状况。

现在是转型升级的关键时期，同时，加快转型升级是促进物流业发展的不二之选。转型升级不仅能达到促进经济发展这一根本目的，也一定程度上满足了物流业平稳持续运行的需求，为物流人才的就业问题提供了解决方案。

二 物流产业转型升级的不同研究视角

近年来，随着研究的不断深入和实践中的经验积累，众多学者对物流业转型升级展开研究，研究的具体内容主要从四个视角出发：产业集群视角、产业联动视角、供应链与价值链视角以及现代科学技术应用视角。

（一）产业集群视角

产业集群视角主要是指从横向角度研究企业，从集群发展问题细化至企业集群，以促进物流产业的转型升级。相关学者针对物流产业进行纵向研究时发现，如果把同一价值链和供应链上的物流企业聚集在一起，那么物流产业就更容易形成规模效益，物流运行效率也会随之提升，产业的转型升级也将更容易实现。

Doug Leduc[①]在对美国的供应链系统进行综合分析以后,对物流产业集群的概念进行了阐述,认为物流集群就是不同投资类型之间的平衡。同时作者还表明物流产业集群会影响物流业的发展,物流供应链的发展战略也是一个重点发展方向;邓爱民、张春龙(2012)[②]从全球价值链的宏观视角出发,以湖南省为例,基于物流产业集群对物流产业的转型升级进行分析,研究了全球价值链中我国物流产业集群的地位,以及全球价值链对我国产业集群的影响,如何提升我国物流产业的运行模式和发展路径等问题;姜爱月[③]从全球价值链的视角,指明物流产业集群的升级要确定发展的思路和发展的方向;戴志敏等[④]基于1990—2010年中部地区六个省份的数据,借助相关理论和模型,对各个省份物流产业转型的演进过程和升级顺序进行探讨,认为中部地区的物流业同经济关联的产业已经形成初步的集聚态势,但是不匹配的态势普遍存在,中部地区省份需要提高对物流产业转型升级的重视程度。

中国物流与采购联合会在2018年对全国物流园区(基地)开展了第五次调查活动,调查的对象为各类物流园区,共计1638家,其中67.9%正在运营中。从调查结果中可以看出,中国物流业以园区经济作为主要发展形式已经初具规模,物流园区已经成为物流业借助产业聚集实现转型升级的一种重要手段。

我国各个产业普遍进行转型升级的过程中,产业集群是其中的一项重要形式。在产业集群的视角下推进物流业转型升级,主要的开展方式就是进行物流园区的建设。在具体的方案实施中要重点关注以下四个方面:一是物流园区的运营方式问题。当前我国部分区域物流园区的建设进程过快,园区建成后因各种原因闲置,与最初的建设规划相违背,经济效益低,要认识到长期、持续且稳定的盈利才是经营物流园区所追求的最终目标。二是企业对于物流园区建设的态度问题,我国物流园区的

---

① Doug Leduc, "Logistics Cluster Holds Great Promise for Fort Wayne", *Area Economy*, 2004(12): 52-59.

② 邓爱民、张春龙:《全球价值链下物流产业集群升级研究——以湖南省物流产业集群为例》,《情报杂志》2012年第4期。

③ 姜爱月:《全球价值链下我国物流产业集群升级研究》,《物流技术》2013年第32期。

④ 戴志敏等:《中部地区物流产业集聚及演进分析》,《经济经纬》2013年第6期。

建设和规划基本都是由政府组织，企业的主动性相对较差。因此，深入探究企业的参与意愿，分析影响其做出决定的因素，从而提高企业入驻物流园区的积极性，这也是决定园区成败的关键。三是物流园区的管理问题，应该将重点放在物流园区的运营管理方法上，积累经验，为其他园区的建设和发展提供值得借鉴的经验。四是物流园区建设及使用过程中的碳排放问题。在行业碳排放排名中，物流产业位居前列，而物流园更是整个物流行业碳排放最聚集的区域，物流行业的转型升级需要采取相应的措施，控制园区建设的碳排放问题。

（二）产业联动视角

物流业作为第三产业，需要依赖其他具体的产业形态来运行，仅靠自己是无法发展的，需要通过合作实现运行价值。同样地，物流产业的转型升级与相关行业的发展紧密相关。基于此，相关学者进行了一系列的分析。首先，学者针对农业和物流业的联动发展进行研究，刘江鹏[1]提出，把农产品物流链分为三种模式，即以区域为中心的物流链、供应链一体化物流链以及分段式物流链，并且从物流链运行模式的提升路径出发，对农产品物流运输转型升级展开研究；张晓林[2]从全产业链的发展入手，发展壮大专营农产品物流运输的龙头企业，从而为农产品物流产业的升级提供支持。还有部分学者从商业视野出发，探讨商业物流的转型升级问题，提出要在外贸制造业出口受阻，"外销转为内销"背景下，对浙江省的商贸物流流通业转型升级，从而缓解企业产品销售的困境，转嫁产品销售压力。研究人员认为，商贸物流处于物流增值链的上端，是连接生产与消费、实现产品交换的核心过程，加快了其转型升级的速度，从而带动流通产业的现代化服务水平和运作效率的提升。

其次，学者针对制造业和物流业开展关联性研究，以促进产业的转型升级。绝大多数的物流业务都得益于制造业的发展，所以物流业和制造业的产业联动发展是研究的主要部分。盛朝迅、徐从才[3]提出，消费

---

[1] 刘江鹏：《基于供应链整合的农产品物流模式研究》，《物流工程与管理》2010年第32期。

[2] 张晓林：《全产业链视角的农产品流通产业升级》，《中国流通经济》2013年第27期。

[3] 盛朝迅、徐从才：《大型零售商主导产业链：动因、机制与路径》，《广东商学院学报》2012年第27期。

者的价值可以通过物流产业的创新来实现，物流创新作为未来价值创新的重要发展方向，需要得到更多的关注，可以通过加强流通制度创新、促进流通技术创新、提升流通组织创新等手段，实现物流业和制造业的协同发展以及转型升级。朱艳新、彭永芳[①]主要关注钢铁企业的发展问题，传统钢铁企业要转变发展思路，实现以物流业务为主导的差异化发展，开发流通加工、运输配送、物流金融以及集成供应链等增值类服务业务，以达到钢铁行业和物流行业转型升级的目的。袁平红[②]认为，我国东部沿海地区制造业的升级需要物流服务为其提供新的发展动力，而物流产业的服务升级又能够促进我国东部沿海地区的制造业升级。

在我国发布的《物流业发展中长期规划（2014—2020年）》当中，产业联动发展是一项重要内容，同时也是国务院发布的《物流业调整和振兴规划》当中的关键项目。我国目前物流业同其他相关产业联动发展的现状不容乐观，物流产业的作用无法充分发挥。综合前文的分析和探讨，以后的研究可以重点关注以下两个方面：一是加强物流业同服务产业的联动研究。在我国物流业行业中，企业规模不大，普遍以中小企业为主，资金相对匮乏，企业面临的融资压力较大。所以，加大有关物流业同金融保险等服务业联动发展的研究力度，能有效提高物流企业的服务水平，促进产业的转型升级。二是开展物流业同相关产业联动发展的匹配度研究。不同的地区和产业之间会存在差异，产业联动需要因地制宜、因时制宜，要同地区经济发展现状和产业目标紧密结合，寻找促进物流业与相关产业联动发展的动力，为企业决策制定和政府政策规划提供参考。

（三）供应链与价值链视角

此类研究主要是从企业纵向的角度入手，认为企业应该凭借价值链或者供应链的整合来实现自身的转型升级。许多学者对供应链进行研

---

① 朱艳新、彭永芳：《供应链视角下钢铁流通企业核心竞争能力的提升》，《经济问题探索》2013年第5期。
② 袁平红：《沿海地区以流通服务驱动制造业升级的问题研究》，《商业时代》2013年第5期。

究，认为供应链网络的优化有助于物流业转型。Greg Parlier[①]主要研究美国军方的战略物资供应网络，认为优化物资供应网络的效率能够提高美军的作战能力；Daniel Bitts 等[②]表明，供应链效率提升的重点应该是供应链节点的优化，同时也是物流效率提升的关键；蒋杰[③]通过研究得出物流企业应该转换发展视角，从物流服务商的角度向供应链服务商转变，确定自己在供应链中的定位，有针对性地制定转型发展战略。在 2011 年之前，国内的研究大部分属于定性研究，部分学者通过对东部沿海五个地区的企业开展问卷调查，用实证的方式得出了金融危机所造成的影响与外贸型物流企业供应链战略转型的关联分析路径系统图，并对影响外贸型物流企业向供应链战略转型的因素进行了系统性研究。

价值链与供应链协同发展，Gereffi[④]最早从全球商品供应链的视角出发，对全球价值链的概念进行阐述，认为物流产业的转型升级需要全球范围内的信息流动和资源转移分配做支撑；我国学者也从价值链视角对物流供应链展开讨论，认为控制了价值链就相当于在市场竞争中掌握了主动权。对于价值链在企业转型升级中的具体应用研究，王滨啸[⑤]基于全球价值链理论进行分析，得到我国物流产业进行转型升级的各种模式，并且针对物流产业集群、物流企业、政府等多个主体，提出了物流产业转型升级的发展规划。同时，相关研究人员指明，物流业的业态创新需要多方扶持，重点关注企业物流向第三方物流的转型升级发展过程，建立简化的物流业态指数，改善宏观管理环境。

根据现有的供应链和价值链相关研究，可以看出大部分学者主要关注两个方面：一是基于价值链和供应链网络，对线路规划和网络节点建

---

① Greg Parlier, "Enabling a Transforming Army at War: Analysis to Improve Logistics Network Efficiency and Effectiveness", *Proceedings of the 2004 Winter Simulation Conference*, 2004.

② Daniel Bitts, et al., *Joint operation logistics transformation and training*, Spring Simulation Interoperability Workshop, 2007.

③ 蒋杰：《物流服务商向供应链服务商的战略转型》，硕士学位论文，武汉理工大学，2007 年。

④ Gereffi G, "International Trade and Industrial Upgrading in the Apparel Commodity Chain, *Journal of International Economics*, Vol. 48, No. 1, January 1999.

⑤ 王滨啸：《基于全球价值链的物流产业转型升级研究》，《物流技术》2011 年第 30 期。

设问题展开研究，寻求布局规划的最优解，实现利益的最大化。但是，我国物流业发展面临的一大难题就是末端配送问题，这也是阻碍物流业顺利转型升级的关键因素，解决物流节点建设和网络末端的线路规划问题将是未来研究的重要方向，化解这一难题也能为我国物流业的转型升级提供有效的解决思路。二是对企业的物流业务外包问题的相关研究。物流外包作为物流业转型升级的一项重要措施，是指第三方物流企业从事物流业务的专业化经营。在实践当中，无论是在企业自营物流还是外包都有相当多的成功案例，所以，可以将研究的重点放在为企业提供物流自营或外包的选择方法上，以更多的案例供企业借鉴，以便快速做出适合自身的决策。

（四）现代科学技术应用视角

物流产业最本质的属性是技术属性，根据西方发达国家的经验来看，无论是从宏观层面还是微观组织层面来看，现代物流业都由技术推动发展这一显著特征。刘向东等[1]认为，我国物流业的转型升级受到技术和资本两种因素的推动。高煜、曹大勇[2]指出，技术驱动是主要因素，特别是技术信息化的发展成为我国物流业转型升级的主要表现，所以，我们要更加重视流通技术的创新，加大我国流通产业对外开放的力度，构建新型专业化流通组织形式等一系列措施，提高物流业转型升级的效率。何景师等[3]强调，在技术创新过程中的协调发展，以技术融合发展促进产业融合发展，必然会带动物流产业发展方式的转变和升级，同时，这也是传统物流向现代物流发展的核心动力。魏际刚[4]对20世纪中期到21世纪初的物流技术变迁进行归纳总结，得到了重大技术应用可以很大程度上促进物流业发展的结论，因此推断技术创新就是物流业转型升级的关键，物流业转型升级的重要时期是促进转型升级的核心生产力，同时，还从多个方面对物流技术创新未来的发展方向进行了

---

[1] 刘向东等：《中国流通产业增长方式的转型——基于流通增长方式转换模型的实证分析》，《管理世界》2009年第2期。
[2] 高煜、曹大勇：《我国流通产业转型的内涵与方向》，《经济纵横》2011年第3期。
[3] 何景师等：《基于技术融合的物流产业增长方式转变和升级》，《生态经济》2012年第6期。
[4] 魏际刚：《转型升级的路径思考：物流技术创新及制度激励》，《物流技术》2014年第2期。

论述。

除此之外,还有部分学者认为,物流业的标准化建设同产业的转型升级相关性很强,所以,为了尽快实现产业转型升级,物流行业的标准化建设是一项重要工程,相关研究人员提出物流业的转型升级离不开标准化器具和能力装备的推广和普及,物联网的快速发展为我国物流产业转型升级奠定了良好的技术基础,营造了良好的技术环境。我国可以在以物联网为基础的现代物流体系之上,合理运用电子商务系统、用户智能服务系统、物流管理与智能调度系统以及物流实时感知系统,构建新型智慧物流体系,转变传统物流成为智能、互联、可视的智慧物流,实现物流的专业化、信息化、个性化、智能化发展。

综合前文学者的分析,研究主要集中在为促进产业转型升级,现代技术装备、信息化手段、物流产业和电子商务结合等手段在行业发展中的应用问题。现代物流早已成为复合型发展行业,协调物流同信息流之间的关系是物流业未来的一个重点发展方向。因此,综合来看未来的研究可以侧重以下两个方向,一是加强关于物流信息平台建设方向的研究,特别是集成平台的搭建以及电子商务与物流公共服务的研究,组织构建跨地区和跨行业的智慧物流公共信息服务平台。二是开展有关物流新技术的开发与应用方面的研究,包括无线射频识别技术、移动信息服务、车辆跟踪定位技术、可视化技术、智能交通、移动信息服务和位置服务等。同时,加大云计算、地理信息系统、物联网、大数据、商品服务追踪等技术的研究力度,将这些技术同物流业进行有机结合。

三 物流产业转型升级对国民经济的影响

(一)物流产业的转型对国民经济的运行效率产生影响

根据相关的数据分析可以看出,物流产业的转型要从物流产业运行效率的提升入手。物流产业转型通过提高产业集聚水平,扩大企业规模,对物流的运输网络重新进行规划,规划的关键目标就是物流运行效率的提升。商品作为物流的服务对象,90%以上都是工业产品。物流的运输效率很大程度上代表了商品流通的速度,因此,借助产业转型实现物流效率的提高,也必然会带动商品流通的效率,最终对国民经济的发展产生推动作用。国民经济的运行效率大致上可以分为生产效率、消费效率以及流通效率，而物流效率会对国民经济运行中的流通效率产生直接影响。

（二）物流产业的转型对国民经济的发展质量产生影响

物流产业作为社会经济发展新增长点，是国民经济的核心部分，物流产业转型发展的结果会对国民经济的发展水平产生直接影响。同时，作为商品流通和产品交换的通道，物流产业的发展水平直接关系到产品交换和商品流通的质量。例如，在快递配送过程中，服务水平的提升会影响消费者对商品的整体评价。产品的交换和流通是国家经济发展的重要内容，是影响国民经济发展的关键因素，它的运行质量会对国民经济的发展产生最直接的影响。

（三）物流产业的转型对国民经济的运行内容产生影响

商品的流通和交换离不开物流这个纽带，商品只有在生产出来之后，运送到消费地才能进行消费。物流是商品实现交换的必要条件，是连通生产与消费的桥梁。在交通闭塞、物流无法辐射的地区，商品的流通就会受到阻碍，产品的交换也就无法进行，消费也就更无从谈起。物流产业的转型必然会引起物流通道的调整，某些地区的物流线路可能会增加，也可能进行修改，甚至取消部分地区的物流线路。在一个原本没有物流线路的区域，经转型增加物流线路以后，造成的结果就是这个地区的商品交换将大幅提升。如果转型后地区的物流线路被取消，那么该区域的商品交换就会随之减少。国民经济的重要组成部分涉及商品交换，而物流则是实现商品交换的前提，所以物流产业的转型同国民经济的运行和发展紧密相关。除此之外，作为国民经济发展的重要影响因素，物流产业服务内容的扩充，也会对国民经济的运行内容起到一定的作用。

（四）物流产业的转型对国民经济的市场格局产生影响

作为社会经济发展的重要影响因素，物流产业的市场格局会对国民经济的市场格局产生一定的作用，在物流产业转型升级之前，物流市场的发展是完全竞争市场，但是在转型升级之后，物流市场就变成了寡头垄断市场。寡头垄断对市场也未必全是负面影响，它有利也有弊。它的好处在于规模较大且资金实力相对雄厚的企业可以通过技术改进来提高企业的生产效率，从而获得更多收益；它的弊端在于企业对市场的话语权过大,可能会诱使违反市场运行规律的事情发生,例如商品定价过高,会直接损害消费者的利益。

四 物流产业转型升级的方向:发展多式联运

想要实现现代物流业的转型升级就必须加大多式联运的发展力度,同时这也是延长物流服务链条所必需的条件,是企业提升自身核心竞争力的关键。党的十九大报告指出,我国经济目前正处在转变发展方式、优化经济结构和转换增长动力的战略攻关期,现代化经济体系的建设是跨越关口必须满足的前提条件,同时也是我国发展的战略目标。坚持质量第一、效益优先原则,供给体系质量的提升是当前供给侧结构性改革的重点发展方向,提升我国经济发展质量,推动我国产业迈入全球价值链中高端。[1]

我国已经成为世界第一大货物贸易国、第一大工业国、全球第二大经济体以及拥有全世界最大的消费市场,有着广阔的发展前景。但是其中也存在一些不容忽视的问题:我国的经济发展质量还不够高,运行效率过低,全要素生产率有待提高,整体竞争力相对较弱。市场需求的变化以及在全球价值链低端竞争中优势逐渐减少,促使我国转变经济发展方式,必须由高速增长转向高质量发展,提升我国在国际市场中的地位,获得更大的话语权。最近几年,我国的物流运输不断发展,社会物流需求逐年提升,社会物流总额不断增加,从2007年的75万亿元增长到2017年的253万亿元,到2020年超过300万亿元。从物流市场规模来看,世界上最大的物流市场在中国,公路、铁路和港口的货运常年位居世界第一,但是运行质量总体不高,运输效率有待提高。

多式联运的发展有助于高质量高效率发展的实现。多式联运最突出的优势就是运输中间环节的减少,在很大程度上缩短了运输时间,有效控制物流运输成本,使各种运输方式的优点得到充分发挥,有效利用现有的运输资源,减少资源浪费。作为低成本且高效率的运输资源组织方式,多式联运对我国经济走向高质量发展具有不容忽视的作用。随着经济的高速增长,国际贸易规模不断扩大,"一带一路"进程加速,在国

---

[1] 任兴洲:《多式联运在新时代的角色定位》,《中国远洋海运》2017年第12期。

际舞台上发挥着越来越重要的作用。国家制造业的发展逐渐由沿海向中西部转移，因此物流运输逐渐呈现大范围、长距离、宽半径的发展特征，对于多式联运的需求将逐渐扩大，未来的发展空间也将更加广阔。多式联运和交通物流的发展不仅需要硬件设施的保障，同时也需要信息互联、软件服务体系和标准化提供有力支撑，以保证经济高质量发展的实现。

根据党的十九大报告可以看出，我们要坚持创新，创新是引领发展的第一动力，为现代化经济体系的建设提供战略支撑。多式联运要通过创新实现发展，这是新时代赋予其的要求。多式联运实际上就是创新组织模式。最近几年，创新发展无车承运物流模式，企业没有运输车辆也可以借助组织和资源整合的力量开展物流服务业务，这就是一种模式创新。资源合理整合所产生的效益是巨大的，所以，组合资源和整合资源的创新所获得的效益，有时可能比一个具体的发明还要大。因此，多式联运在商业模式方面的创新应该受到更多的重视。

在有关技术的创新方面，我国的交通运输部门针对多式联运发展技术政策展开研究，目的是总结其他国家的发展经验，根据我国的国情制定出符合社会发展实际并且具有前瞻性的多式联运技术政策体系。创新可以从多方面入手，技术政策层面的创新也是相当重要的。党的十九大报告指出，要在包括现代供应链、人力资本服务、共享经济、中高端消费、绿色低碳、创新引领等多个领域内培育新的增长点，创造新的动能，参照国际标准，发展和完善现代服务业，提高服务水平。

作为现代服务业的关键组成部分，多式联运是以达到货物整体运输的最优化效益为目标的联运组织形式。不同于过去的仅依靠公路、铁路、水路、航空等一种运输方式且互不联系的传统操作，多式联运将公、铁、海、空等多种运输方式有序组合，给物流运输领域的发展带来了革命性的突破。在完善现代供应链方面，多式联运具有天然的供应链发展优势，多式联运的核心就是通过供应链管理思想，实现对多式联运系统的计划、组织、指挥、协调与控制的目的。所以，在多式联运的发展过程中，需要借助现代供应链管理思维促进其发展和完善，为交通物流的发展带来新支持，形成促进物流领域发展的新动能。

在生态环境保护中，多式联运发挥着不可替代的作用。人与自然和谐共生是我们需要不断坚持的准则，生态文明建设是中华民族永续发展的千年大计。多式联运的独特优势在于运力大、运输成本相对较低且废弃物的排放相对较少，是一种更为绿色、安全、环保的便捷运输方式，在市场上的认可度很高。大力发展多式联运就是对绿色发展理念的实践，同时也是生态环境保护的有效措施。在国家生态环境保护的新常态下，多式联运企业也要遵守新的规则制度，实现多式联运系统更加科学的组织和规划，各种运输方式之间协同发展，加强责任体系建设，提升标准化水平。

在全面开放新格局的建设中，多式联运发挥着重要的作用。党的十九大报告强调，要将"一带一路"作为建设重点，坚持引进来和走出去同步发展，遵循共商共建共享的治理原则，加大开放合作力度，加强创新能力培育，形成东西双向互济、陆海内外联动的开放格局。同时，赋予自由贸易试验区更大的改革自主权，不断探索推进自由贸易港建设的新路径，创新对外投资新方式，加速培育竞争优势，促进国际产能合作。

"形成陆海内外联动"发展格局是对多式联运提出的新要求。陆海联动要求运输过程要符合陆路和海上多种运输工具的整合和衔接要求，进行多式联运的合理规划。"东西双向互济的开放格局"就是要坚持沿着以开放促开发的思路，在西部地区打造多个新型开放经济增长极。这也对多式联运的发展提出了新要求，通过发展多式联运，打破由行政区划和传统体制形成的局限。加强东西互动，缓解发展不平衡造成的各种矛盾，随之也创造出了新的发展机遇，对多式联运也提出了更多的新要求。多式联运涉及的对象和过程更多，因此它对法律和责任体系、体制机制、国际化水平有更高的要求，区域自由贸易区在先行先试上拥有更大的自主权。同样地，自由贸易港拥有更高的开放度、更大的自由度，这都为多式联运发展创造了有利的环境。我国目前拥有21个自贸试验区，每个区域的发展规划各具特色，自由贸易港建设也在不断推进中。同时，多式联运也要时刻关注国家相关政策规划，把握时机，将试验田的利用率达到最大，创造更高质量的开放环境，顺势而为，提高多式联运的发展水平。

五　物流产业转型升级案例：河南省甩挂运输发展

（一）甩挂运输发展现状

甩挂运输是多式联运有效开展的基础，大范围地推广和普及甩挂运输和多式联运等高效的运输组织方式，通过多种运输方式实现运输流程之间的紧密衔接，大幅提升联运转换装置的运输效率，完善物流集疏运体系，有效降低物流成本，提高物流作业效率，进一步改善物流专业服务能力，实现物流一体化运作、网络化经营，进而实现物流业高质量发展。

甩挂运输作为一种较为先进的道路运输方式，其发展水平在很大程度上会影响物流产业今后的货物运输方式。甩挂运输是指利用牵引车将挂车甩留在目的地，再拖挂其他装满运输货物的挂车返回出发地或者驶向新的配送地点的运输方式。挂车在运输的过程中不具备移动能力，必须由牵引车拖挂，带动其移动。一台牵引车一般需要配置多台挂车，牵引车与挂车之间没有固定的搭配，根据货物运输需要进行即时组合。

甩挂运输实际上就是由一辆具有动力的牵引车，后面拖带两个及两个以上的挂车，按照预定的配送计划完成运输的一种货运方式。在配送过程中，当某一挂车到达送货目的地之后，就可将挂车和牵引车分离，将挂车留下用以服务，牵引车则根据分配的任务前往下一个配送点。这种运输方式最显著的特征是灵活方便，这也是它独特的优势，能够有效减少牵引车在途等待时间和挂车的装卸时间，显著提升道路及车辆的使用效率，从而大幅度提升运输效率。①

甩挂运输在国外很早就已经开始推广并用于实际生产。大约在1940年，加拿大、美国等发达国家开始发展甩挂运输。我国在1970年开始尝试甩挂运输，并将山东的一些城市作为试点区域，但因受到各种因素的影响，尝试最终以失败告终。直到2010年底，我国交通运输部才开始再次尝试发展甩挂运输，选取一些城市作为试点地区。因此，我国真正意义上的甩挂运输始于2010年，从那时起甩挂运输的相关推广工作逐渐开展，但是进展一直比较缓慢。

经过十几年来的建设，满足甩挂运输条件的场站数量已经达到满足

---

① 高鹤：《交换箱甩挂运输与传统甩挂运输对比研究》，《智能城市》2020年第6期。

基本需求的程度,并且还呈现逐年增长的趋势。已开通的甩挂运输路线可以辐射全国大部分的省市和乡镇地区,并且甩挂运输在长途干线试点运输线路上的货运实载率实现了大幅提高。与传统的货物运输相比,甩挂运输的单位运输成本明显下降,而且在运输环节的节能减排方面也可以达到预期的目标。虽然我国的甩挂运输总体呈现相对较好的发展态势,但是同甩挂运输发展较早的西方发达国家相比,我国的甩挂运输起步比较晚,而且整体发展速度较为缓慢,在公路货物运输中使用甩挂运输实现货物周转的比例不大。几种简单的甩挂运输组织模式如表5-1所示。

表 5-1　　　　　　　　　　甩挂运输组织模式

组织模式	示意图	特点及适用条件
一线两点两端甩挂		特点:调度方式简单;单线使用,牵引车利用率低。适用条件:装卸点固定、货运量较多的工作场地
一线多点沿途甩挂		特点:挂车使用率高,各客户点时间要协调好。适用条件:货源稳定、装货点集中以及卸货点零散
多线一点轮流拖带		特点:节约装卸时间,一车多挂,一旦出问题会导致多条线路瘫痪。适用条件:货源充足,配送中心的设施条件要求高

续表

组织模式	示意图	特点及适用条件
循环甩挂		特点：操作简便，循环使用，受其他节点影响。适用条件：货运周期稳定
网络型甩挂		特点：要求高度的信息实时化。适用条件：网状运输网络，无超长运输

资料来源：高鹤：《交换箱甩挂运输与传统甩挂运输对比研究》，《智能城市》2020年第1期。

交换箱灵活性强，虽然它的外形与集装箱非常相像，但与集装箱不同的是它拥有可以折叠的四条支柱。交换箱甩挂运输车到达送货目的地的时候，可以通过自动升降装置，将交换箱脱离车辆底盘，省去货物装卸的时间，可以直接拖带装有其他货物的箱体继续运输。同时，借助统一规格的交换箱，可以有效提高货物的装卸效率，同时便于运输车辆及交换箱的维修。如若车辆出现故障，可直接将交换箱卸下，清晰地展现车辆底部的零部件，大大降低了运输设备的维修成本。另外，交换箱对场地设备的要求较低，其还可以作为一个小型的"中间仓库"，暂时存放货物，可以节省空间租用费用，达到降低运营成本的目的。促进多式联运的发展，传统的多式联运使用的都是标准的集装箱，装卸时需要专业的大型吊装设备等，而交换箱不需要专门的设备就可以实现自装卸，使得在转换运输方式时可以实现快速对接，对降低物流成本效果显著。

（二）河南省发展甩挂运输的优势

河南省位于我国中部地区，地理条件优越，是全国重要的食品、物流、纺织、能源等产业基地，经济总量长期位于全国前列，制造业规模不断扩大，市场广阔，货源充足，为甩挂运输创造了良好的发展环境。同时，河南省具有较为完善的陆路运输网络，在全国高速公路网、铁路运输网以及航空运输网络中发挥着重要的枢纽作用，在我国交通运输体系中具有不可替代的作用。在国际运输发展中，从郑州出发的中欧班列联通了我国中部地区和欧洲大陆。同时，结合郑州国际航空港和郑州国际陆港的货物集散作用，使河南省的甩挂运输同世界联系起来，实现内外通达，为河南省甩挂运输发展创造了广阔的发展空间。截至2019年底，全省公路通车总里程达到27万公里，居全国第4位；高速公路通车总里程达到6967公里，居全国第5位，而且近年来的高速公路总里程仍然在不断增加，具体统计数据如图5-3所示。

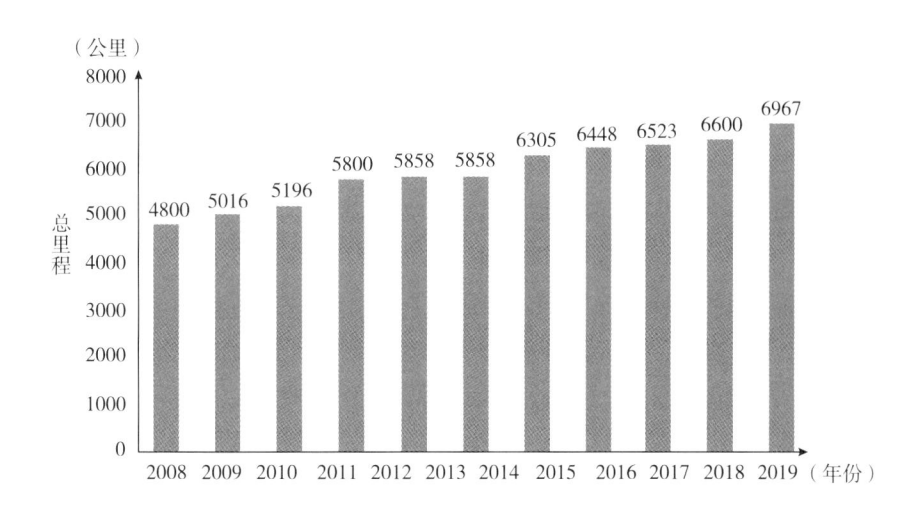

图 5-3 2009—2019 年河南省高速公路通车总里程

资料来源：《河南统计年鉴》。

除此之外，于2019年10月前开工的河南省高速公路"双千工程"也在稳步推进。该工程计划投资达到1144亿元，总共建设里程约1000公里，将新建成15条高速公路，计划在2022年完工并全部通车。甩挂运输的发展需要良好的道路条件提供支持，未来河南省交通运输条件的进一步完善又为甩挂运输创造了更好的道路发展环境，甩挂运输发展速度也将得到质的提升。

国家出台的甩挂运输发展政策为河南省甩挂运输发展创造了良好的政策环境。表5-2展示了国家颁布的甩挂运输相关政策，对这些政策的研读可以发现，作为一种先进的货物运输组织方式，甩挂运输在国家发展中的作用逐渐得到重视。除表5-2展示的政策之外，还有一些政策也涉及河南省的甩挂运输发展。例如，2010年11月，国家发展改革委员会和交通运输部联合发布了《甩挂运输试点工作实施方案》，确定并公布了12个全国首批甩挂运输试点省份（单位），河南省就是其中之一。2013年7月，郑州交通运输部门确定了26个首批甩挂运输试点项目及站场名单，其中包括许昌万里运输（集团）有限公司甩挂运输项目、新乡市新运交通运输有限公司甩挂运输项目、郑州市交通运输有限公司甩挂项目进入试点项目名单，周口综合物流园区公路货运枢纽、新乡南环货运站等河南省物流节点进入试点名单。通过国家和地方颁布的这些政策可以看出，河南省甩挂运输发展受到了国家相关部门和地方政府的高度重视。

表5-2　　　　　　　国家颁布的甩挂运输相关政策

时间	单位	政策
2012年12月	交通运输部	《第二批甩挂运输推荐车型公示》
2013年7月	交通运输部	《交通运输部确定首批甩挂运输试点项目及站场名单》
2015年1月	交通运输部	《第三批甩挂运输推荐车型公示》
2016年7月	交通运输部	《综合运输服务为"十三五"发展规划》
2018年10月	交通运输部	《推动道路货运高质量发展必须以创新为引擎》
2019年3月	交通运输部和国家发改委等24部门	《关于推动物流高质量发展促进形成强大中国市场的意见》

资料来源：吴鹏升等：《河南省甩挂运输发展对策研究》，《中国储运》2020年第7期。

除此之外，河南省为落实国务院办公厅发布的《关于进一步促进道路运输行业健康稳定发展的通知》，已经连续多年对甩挂运输试点企业实行针对甩挂运输车辆通行费用的相关减免政策，最大程度上给予企业发展甩挂运输业务的支持，推动了河南省甩挂运输的发展进程。河南省多家运输企业入选国家甩挂运输试点项目和站场建设，具体名单如表5-3所示。

表 5-3　　　　　　河南省甩挂运输试点项目企业及站场

企业	项目	站场
郑州市交通运输集团有限责任公司	甩挂运输项目	郑州干线公路物流中心、郑州货运西北站
新乡市新运交通运输有限公司	甩挂运输项目	新乡小店物流园区、新乡南环货运站
许昌万里运输（集团）有限公司	甩挂运输项目	郑州货运南站、周口综合物流园区公路货运枢纽
河南长通运输有限公司	甩挂运输试点项目	河南长通运输有限公司甩挂运输站场
焦作市交通运输（集团）有限公司	甩挂运输试点项目	焦作市交通运输（集团）有限公司甩挂运输站场
河南省安阳安运交通运输有限公司	甩挂运输试点项目	安运现代物流园甩挂运输站场
信阳市弘运运输集团有限公司	甩挂运输试点项目	信阳市弘运运输集团有限公司弘运物流园甩挂运输站场

资料来源：吴鹏升等：《河南省甩挂运输发展对策研究》，《中国储运》2020 年第 7 期。

以长通物流作为案例，因为开展甩挂运输业务，企业效益和规模得到大幅提升，成为河南省首家入选国家甩挂运输项目试点的民营企业。2013 年长通物流在郑州发起并且成立了中物流联盟，在河南、河北、湖北、山东、山西、陕西、安徽七个省份之间实现了挂车的无阻碍互换。打造了以郑州为核心且服务范围达 1000 公里的 36 小时配送网络。到 2018 年之前，该联盟的员工就达到了 18000 人，拥有 8000 多台运输车辆，甩挂运输线路 60 余条，发展前景向好。

（三）发展对策建议

深入解读国家政策，落实各项补助。各个单位应该根据国家颁布的相关政策，组织学习，贯彻领悟其中的深层内涵，并将每项政策落实在细微之处，切实运用在从事甩挂运输企业的发展中，不禁锢于标准的细微差距之处。正如前文中举例的长通物流企业，仅从企业自身的发展需求来看，它是完全不需要购买大型牵引车辆的，但是根据需求仅购买中型牵引车又无法享受相关的购买优惠政策。在实际运用中，企业购买 LNG 新能源甩挂运输车型以响应国家颁布的节能减排政策，但是车辆加装气瓶导致车长不符合规定，经常受到路政部门和营运部门的罚款，这些都在一定程度上限制了河南省从事甩挂运输业务的企业的发展。所以，相应的管理部门应该因地制宜、因时制宜，根据地区实际情况制定优惠政策，企业为地区的甩挂运输发展做出贡献，政府就应酌情给予补助。长此以往，才能推动河南省甩挂运输高质量发展。

合理利用空铁联运优势，充分发挥集散作用。整合铁路运输和甩挂运输的现有资源，并将郑州国际航空港的建设发展同甩挂运输结合起来，最大程度上发挥航空港和铁路运输节点的枢纽作用及辐射作用。除此之外，还可以将甩挂运输运用于郑州国际陆港的建设当中。将国际陆港、空港以及火车站作为甩挂运输的货物出口和货物来源通道，打造服务于国际市场的河南省甩挂运输业务，同时充分利用其货物集散作用，形成规模效应，实现河南省甩挂运输集约化发展。

促进企业间高效协作，建立伙伴关系共同发展。促成河南省从事甩挂运输业务的企业之间形成紧密合作关系，例如许昌万里运输（集团）有限公司、长通物流公司以及新运交通运输有限公司等。这些开展甩挂运输业务的企业通过某个项目形成通力合作关系，企业之间互相信任，形成互信机制。

通过构建统一的站场标准和车辆标准，实行标准化统一管理，企业间建立挂车互挂机制，不同的企业站场之间实现车辆信息共享，促成行业融合发展，向着"一家企业"的目标有序推进，以这种方式运行就可以实现企业挂车、牵引车和场站利用的最大化，缓解运行车辆和市场需求之间的矛盾，以最低的成本创造更具活力的发展环境，降低甩挂运输耗能同时提高作业效率。

建立分时租赁制，打造公共挂车池。牵引车和挂车的使用比例在河南甚至全国都不太高，但是市场需求一直存在，甩挂运输高效运营一直无法实现，在发展过程中最突出的问题就是挂车数量过少。想要解决这一棘手的问题，目前最合理的方法就是构建公共挂车池网络，推行车辆分时租赁制，同时通过技术支持异地还车，为牵引车和挂车安装车辆状况监测设备，并将车辆信息联网，实时掌握车辆基本信息和运行状况，并且运用5G技术实现信息实时传输，最终将信息送达公共挂车池的操作控制中心，形成信息和设备之间的高效联动。这样，出租挂车的组织就可以获得挂车的准备位置信息以及车辆的运行状况，租用挂车的组织也不需要投入大量的资金购买挂车,直接根据需求租车,自由灵活调配车辆。长此以往,河南省甩挂运输将不断快速发展。

第三节　建设现代物流运行体系

现代物流运行体系是以现代电子通信技术和其他关联技术为依托,以智能化、电子化的物流管理为手段,整合物流作业的各个环节到物流系统中,规范操作、合理运行,最终形成为企业和居民的生产生活提供物流保障和相关配套服务的有机系统。作为联系产销、沟通城乡的桥梁,物流业已经成为促进现代服务产业快速发展的基本保障和重要动力。基于信息技术快速发展以及现代物流业日益兴旺的现实背景,构建现代物流运行体系是对我国物流产业发展理论的完善和扩充,也是促进物流产业发展的重要实践,对行业发展具有重要的指导意义。

一　现代物流运行体系的基本功能和发展方向

（一）现代物流运行体系的基本功能

1. 提供完善的物流服务

工农业的生产和加工都离不开现代物流业的支持。随着信息技术的发展,城乡居民的日常生产生活也需要物流业提供保障,现代物流业已然成为沟通生产与消费的桥梁。因此,要将顾客这一主体放在更加重要的位置,以客户为中心,树立客户至上的观念。同时,除了加强最基本的产品运输服务质量之外,还应在一般服务的基础上进行延伸,推行各种形式的增值服务。可以从以下几个方面入手:首先,可以从农产品的进出口入手,为企业或相关组织提供仓储管理、货运代理、电子交换系统（EDI）以及产品包装、质量控制、海关通关、保险等服务;其次,可以为客户提供客户关系管理（CRM）和业务流程重组（BPR）等咨询服务;最后,可以从科学技术手段入手,运用物联网相关技术,例如无线射频识别（RFID）、云计算、无线数据通信、网络交易与结算服务等。通过此类技术加快我国传统物流的转型升级,进而提升物流运行效率及服务质量,推进物流现代化。

2. 确保快捷的配送服务

按照顾客要求将货物在指定时间内安全送达指定地点，是建设现代物流体系的核心目标。第一，可以通过多种渠道保证货物的及时配送，可以利用专送直达速递、多式联运、配送中心及区域配送中心等方式为买家提供便捷的配送服务。第二，可以利用综合交通枢纽建立区域物流圈，由多个区域城市围绕北上广深等核心城市构成枢纽城市群，以核心城市的地理位置、基础设施、区域经济带来的物流优势为推力，加强国家物流网络体系的建设，扩大物流圈的辐射范围，建设成为国际化现代物流中心。从作业前期的货物储备到后期的货物装运，将现代物流信息技术运用于物流配送全程，将运输时间尽可能压缩到最短，保证货物安全准时到达指定地点，这是构建现代物流体系需要满足的最基本的要求，也是未来发展的重要方向。

3. 有效控制物流成本

控制物流成本，减少企业不必要的费用支出。物流的商品价值在产品流通的过程中并未得到显著提升，提升物流产业绩效的关键在于降低物流作业过程中的时间和资源成本，提升运行效率。我国目前仍然处于物流产业初期发展阶段，各类产品高昂的流通成本成为制约物流产业提升和发展的关键因素。降低物流成本最直接的手段就是控制物流运输费用，现代物流体系建设的发力点就是降低物流成本，降本增效，为物流企业减负，加快解决行业"瓶颈"问题。控制运营成本的同时不能忽视服务质量，要追求优质物流服务下的低成本。根据市场供需状况，调配物流资源，最根本的还是在于充分发挥市场的决定性作用，维护公平竞争的市场环境，从而完善现代物流业，同时带动相关行业的快速发展，扩大产业规模，形成集聚效应，实现物流成本的有效控制。

4. 合理规划物流企业规模

对现代物流企业发展规模的具体规划要分为两种情况。一种是规模较大的现代物流企业，大企业对资源的调配能力更强，可以为顾客提供更加全面的过程服务和体验。另一种则是发展规模很小的现代物流企业，相较于大企业，小规模的企业在全方位服务方面会有所欠缺，但是却能够为客户提供更加具体化、专业化的物流服务。由此可以看出，合理的物流企业规模是在运行成本、运行效率、服务质量和服务数量上实现最优，满足客户需求。

5. 达到合理的库存

判断物流库存合理与否的标准在于企业资金周转是否灵活且实现经济效益最大化，衡量企业物流管理系统当中资源利用效率的一个重要标准就是库存数量，低于标准的库存量无法满足客户需求，超过标准库存量又会导致成本上升，引起市场价格波动。因此，库存管理是物流体系构建的关键一环，影响着物流体系的整体效益，高质量的库存管理要做到对库存数量的有效把控，制定合理的库存战略、优化库存结构和库存分布。

（二）现代物流运行体系的发展方向

1. 一体化运作

传统物流运作主要以分离式为主，没有形成统一的标准体系。因此，随着科学技术和电子计算机的发展，可以使用互联网通信技术和大数据等，实现信息的互联互通，贯通物流运行体系的各个环节，真正实现"物联网+"普及。物流运作环节的一体化为各个物流作业流程之间信息的有效流通创造条件，建立相关系统，形成系统化网络，建立合理有效的现代物流科学运行体系，从而达到现代物流体系的一体化运作。

2. 集约化发展

现代物流体系的集约化需要借助新技术、新设施来实现。通过物流、信息流、商流及资金流的优化整合，实现资源的合理配置。集约式发展作为一种经典的发展理念能够有效提升企业的现代化管理水平，提升其在行业内的综合竞争力，并在一体化运作的管理思想下，借鉴先进的发展模式，提高物流运行体系的集约化水平，实现现代物流体系全面高质量发展。

3. 专业化管理

相较于欧美日韩等发达国家和地区，我国物流成本在国内生产总值（GDP）中所占的比重过高，而第三方物流（3PL）占物流市场的比例又过低，管理的专业化水平亟待提升。首先通过运作模式的优化和提升降低物流运行成本的能力，使物流体系的专业化水平得到显著提升。建立系统化网络，形成综合的物流管理中心，进而提升管理的专业化水平，使整个流程之间的衔接更为顺畅，获得更高的运行效率，最大限度地降低运作成本。

二 现代物流运行体系的基本构成

构建现代物流体系要从以下四个方面入手：现代物流基础设施系统、现代物流作业系统、现代物流管理系统以及现代物流信息系统。[①]

（一）物流基础设施系统

物流基础设施为物流体系的顺利运行提供保障，是物流网络发展的核心内容，同时也是物流系统的物质基础。物流基础设备、基本运输工具、物流配送分拣中心以及物流信息网络设施等共同构成物流体系基础设施，并服务于现代化物流体系的建设，为其顺利运行提供物质保障。物流基础设施系统作为现代物流体系的基石，它的建设和完善不容忽视。首先，基础设施系统的搭建要顺应发展目标，与现代物流运行体系互联互通；其次，大规模的基础设施建设要合理规划、统筹布局，从宏观的角度出发，落实到微观。

根据实地考察情况，合理规划地区的基础设施建设，避免无组织建设和盲目开工。沿着运输线路这一主干，铺开物流基础设施建设，全面推动公路、铁路、航空以及海洋运输路线的建设，形成更加完善的多式联运格局，构建立体化的全方位物流系统；加大对运输车辆、货运船舶和货机等运输设备的研发投入，使运输工具更加绿色、更加环保、更加高效；充分发挥各种运输工具的优势，改变原有的高成本、长周期、高空载率的运输方式，协调好各运输方式之间的组织问题，做到高效、有序衔接，建设成为一体化的交通运输网络。

另外，要进行物流园区、配送中心和分拨网点的完善，为物流体系创造有力的支撑。物流运行中各个节点的高效运转影响着整个物流体系的效率。计算机、通信机器等自动化信息设备的投入和使用也是物流基础设施建设的关键部分，加强物流技术设备的宣传和普及，提高相应设备在企业中的利用率。从区域、供应链、企业三个层次推广可循环物流配送设施，建立绿色物流系统，实现资源的循环利用，如图5-4所示。

[①] 曾建民：《论我国现代物流体系的构建》，《湖北社会科学》2015年第12期。

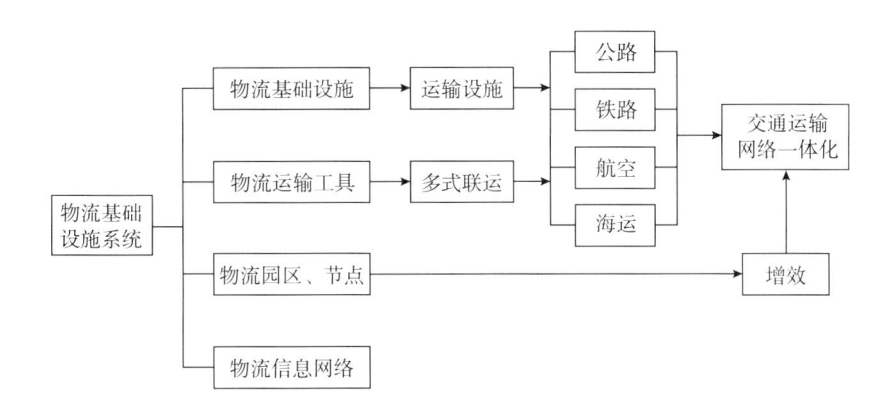

```
物流基础设施系统
├── 物流基础设施 ── 运输设施 ──┬── 公路 ──┐
│                              ├── 铁路 ──┤
├── 物流运输工具 ── 多式联运 ──┼── 航空 ──┤── 交通运输网络一体化
│                              └── 海运 ──┘        ↑
├── 物流园区、节点 ─────────────────────── 增效
└── 物流信息网络
```

图 5-4 物流基础设施系统

资料来源：师宁等：《基于互联互通的现代物流体系构建》，《科技管理研究》2019 年第 15 期。

（二）物流作业系统

物流功能是物流作业系统的关键和核心，包括实际操作过程中的产品包装、产品运输以及商品流通过程中的安全把控、产品配送等内容。根据一体化理念，通过互联网、大数据、物联网及人工智能等新兴技术的应用构建现代物流体系的作业系统，在仓储作业环节加大自动化立体仓库的投入，使射频识别技术（RFID）实现更高水平普及，建立仓储信息平台；在装卸搬运过程中，实现人、货、车之间信息的互联互通，同时不同的设施设备相连接，建立区域物联网；在流通加工环节，加大人工智能技术的投入，利用无人机实现干线运输以及配送运输，推广普及无人车辆，加大自提柜的使用。同时，基于各环节对物流信息系统的高度依赖，要确保物流信息的及时传递和分享，实现物流作业系统内信息通畅，如图 5-5 所示。

（三）物流管理系统

在实际运行过程中，物流管理系统需要在两方面发挥作用，在对现代物流体系内部形成有效管理的同时也需要对外形成有效管理，这也是推动现代化物流体系建设的重要因素。利用现代科学技术研发一套开放性高、交互性强、信息化水平高且成本相对较低的物流管理系统。科学有效的物流管理系统对物流系统的内部和外部管理提供重要的保障作

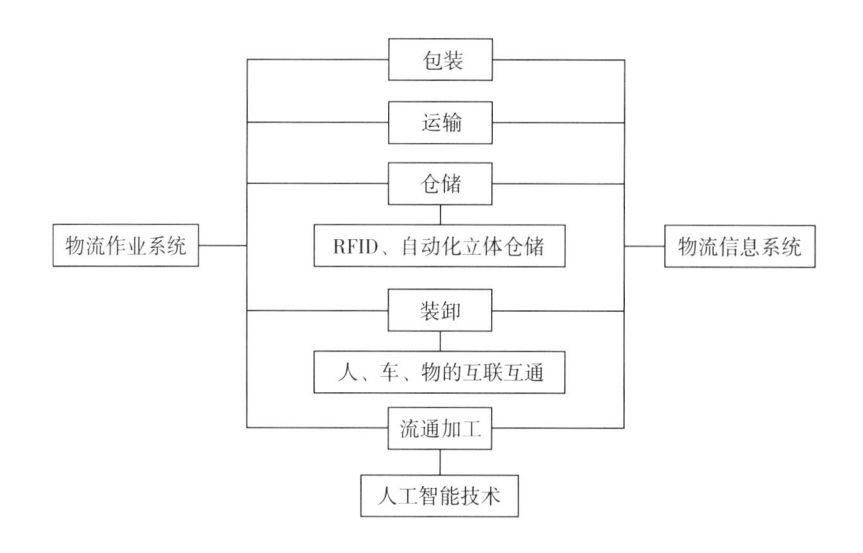

```
┌─────────────────────┐
│        包装         │
│        运输         │
│        仓储         │
物流作业系统─┤ RFID、自动化立体仓储 ├─物流信息系统
│        装卸         │
│   人、车、物的互联互通   │
│       流通加工       │
│      人工智能技术      │
└─────────────────────┘
```

图 5-5　现代物流体系的物流作业系统

资料来源：师宁等：《基于互联互通的现代物流体系构建》，《科技管理研究》2019 年第 15 期。

用，包括以下五个方面：物流管理组织、物流业务流程、物流规章制度、物流评价指标和物流经营活动。结合企业的业务需求，物流管理系统的功能模块可以从以下五个方面入手：采购管理、库存管理、生产加工管理、销售管理、系统升级与维护管理。除此之外，在关键物流节点组建综合运输管理系统，为物流体系中的货物运输质量、交通安全提供保证，对交通环境进行实时监测，运用云计算提供技术支持，提高货物运输作业的安全性，如图 5-6 所示。

（四）物流信息系统

现代物流信息系统主要分为业务处理、管理控制、决策分析和战略规划四个层次，同时也组成了现代物流信息系统的四项重要功能，其主要是为现代化物流体系提供真实、时效和准确的信息，完善物流体系的构建，助力我国经济的发展。物流信息平台的建设要基于信息共享这一目的，实现包括交通信息、政策信息、供求信息、供应链信息的有效收集、分析和传递。物流基础设施系统是物流信息系统建设的基础，利用发达的互联网信息，借助电子计算机和通信设施设备实现信息的及时更新和传递。合理利用 RFID 智能感应技术、无线通信技术和 GPS 定位系统，建立一个结合市场供需状况和物流体系的综合信息平台。信息系统要对数据进行收集、分析、处理和传递，同时还要建立物流中心后台的数据存储仓库，对数据进行管理，以信息处理技术为切入点，面向不同维度的用户进行信息采集和发布。打造专业的物流信息系统平台，为行业发展创造公正、公开、透明的发展环境，提升行业发展水平，加强政企同公众的信息交流，促进一体化发展。借助物流信息系统，提高交通基础设施的利用率，合理配置物流资源，如图 5-7 所示。

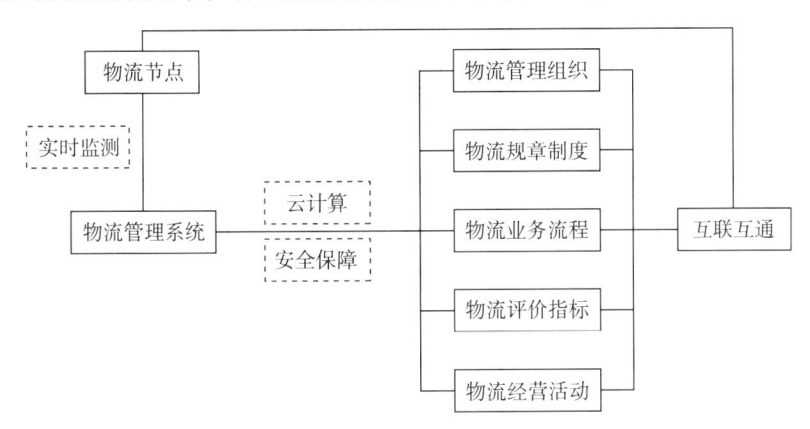

图 5-6　现代物流体系的物流管理系统

资料来源：师宁等：《基于互联互通的现代物流体系构建》，《科技管理研究》2019 年第 15 期。

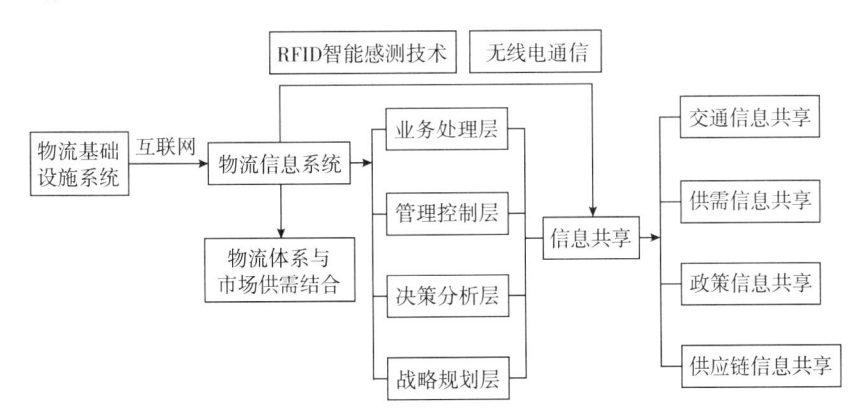

图 5-7　现代物流体系的物流信息系统

资料来源：师宁等：《基于互联互通的现代物流体系构建》，《科技管理研究》2019 年第 15 期。

三 建设现代物流运行体系的重点环节

（一）打造现代交通运输物流系统

综合利用多种物流运输工具，打造全方位的现代物流运行体系，为客户提供更加完善的综合服务。当前，在全国"十纵十横"交通运输网络建设与枢纽布局逐渐完善，转换过去高成本、长周期的单一运输方式为各种运输方式高效衔接的多式联运运输方式。根据铁路运输运量大、速度快、成本低的特点，开展立体联合运输，同时构建产品质量保障系统，保证服务质量；利用完善的高速公路运输网络，借助运输车辆构建以零担运输、集装箱运输为主的快速灵活运输系统，打造以冷藏车、厢式车、仓栅车及载货车为主的区域物流配送网络；利用航空物流，运送生鲜农产品，构建现代航空运输网络。

（二）加强物流信息网络平台系统的建设

搭建综合信息网络平台，通过互联网收集数据并进行整理分析，加强物流企业的信息化建设，将RFID无线射频识别技术和无线通信的实时物流追踪系统应用于物流作业当中，搭建物流信息对接平台，实现更新市场运行相关数据；加强公铁水及航空运输基础设施建设并提升其利用效率，实现物流资源的合理配置。在现行的国家物流信息网络平台之上，加入地区联网物流的整体信息流通网络，构成信息的物流信息体系，为我国物流发展提供统一高效、精准的市场信息，例如货物的供应量、存储量等，通过产品物流信息的实时查询，缩短在途时间，提高信息的透明度和可信度，创造良好环境推进现代物流发展。

（三）加快生产资料物流供应系统的构建

构建更加完备的生产资料物流供应系统包括以下两种方式：首先，加快生产资料供应的市场化进程，整治资源浪费、盲目建设、重复建设及无序市场竞争环境，充分发挥市场的带动作用。其次，政府也应采取积极的政策支持，侧重生产资料服务领域投资，营造公平有序的开放市场环境，激发市场活力，形成优胜劣汰的经济运行机制。与此同时，物流企业也要积极完善生产资料供应能力，改善原有的服务水平不高的状况，为用户提升高质量服务，确保产品安全及时送达。

（四）加速产品销售和第三方物流系统的构建

我国的生产资料及工农业产品流通系统主要包含三个主体，有主营进出口贸易类的企业、批发与零售类企业以及大宗商品期货，而生产资料及工农业产品的销售则主要由四个主体负责，包括企业、大型连锁商超、社区网点以及个体经营者。现代化、专业化、高效率的第三方物流企业负责第三方物流，主要通过运用多种专业化设备实现，但其在基础设施相对欠缺的偏远地区发展较慢。因此，工农产品的销售及第三方物流系统的建设可以依靠实力较强的大型企业，借助其相对强大的资源重组和整合能力，优化资源配置，在全国范围内组成区域性的第三方物流组织，提高物流服务的科学性、规范化和专业化。

（五）完善物流配送系统的构建

我国疆域辽阔，自然环境和经济发展状况等地域差异大，因此物流网络体系的构建要以地区发展状况、资源储量和市场环境等因素为依据。物流运输网络系统的完善包括两部分：

第一，加快建设区域性物流中心，增加物流中心数量，拓宽物流运输渠道，组成区域性的物流运输网络。区域物流中心点的建设对区域内各个产业的发展具有重要的推动作用，同时也带动周边城市的物流产业发展。同时，物流中心点的建设水平代表着区域物流运营体系的管理水平，加强物流中心点的建设，提高中心点所在区域在物流体系中的核心地位，推进区域一体化建设。这些物流中心点可以细分为采购中心、加工包装中心、分拣仓储中心、配送中心和管理服务中心等。

第二，加快区域物流配送网络建设。首先，在一定区域内，消费者正常的生产生活需要充足的物流配送来保证，构建这样一个能够满足消费者需求的区域物流配送网络要经历需求收集、集中处理、及时配送这三个过程。区域物流中心的每个中心点都对应其辐射范围内的物流运输系统，在这个对应的系统中，通过大宗货物运输、仓储中转、批发配送等作业方式完成货物运输，满足区域内市场需求构建区域物流运输网络，推动电子商务的发展。其次，着手打造现代化、专业化、多层次的物流配送体系。目前，我国已经形成长三角、珠三角、京津冀、中原地区等城市群。以当前的城市群为基础，打造一小时内可送达的城市物流配送圈，以城市配送中心和产品仓储物流基地为依托，为城市群内的商超、市场提供产品配送服务；针对区域内的（特）大城市，组建24小时内送达的高效配送物流圈，并且将其地级市作为配送的重要分支点，在保证完成区域配送任务的前提下，可以同时为全国范围内的其他中心城市提供服务，能有效提高物流运作效率。最后，进行国际物流配送网络的建设和完善。借助"一带一路"和"陆上丝绸之路"沿线的国内口岸边境的物流中心，再结合陆上邻国的物流体系，形成以铁路大批货物运输、高速公路灵活运输、航空快速运输为主的物流运输方式。借助"海上丝绸之路"上的广州、上海、天津等地的港口物流中心，并结合邻国的国家物流体系，形成 48 小时内到达的物流圈，实现高效协调发展。

四 建设现代物流运行体系的保障措施

（一）完善现代物流设施

物流基础设施的完善是现代物流体系建设最根本的任务。首先，加大对物流通道的建设力度，从全面发展的角度出发，对基础交通设施资源进行整合，包括公路、铁路、水运、航空等，再进行统一调配，实现资源利用率最大化，例如在机场、车站、码头和园区等物流节点之间设立物流作业的专用通道，根据市场需求开行货运专列、航运专机以及航运货轮，借助现代交通设施和物流技术，提高各种运输方式之间的衔接效率，形成多种运输方式有机结合的多式联运，提高物流整体运作效率，降低企业成本。其次，进一步规划和建设物流园区，从两方面入手，一是整合目前的园区资源，改造旧园区或者建设新园区，充分发挥其作为物流节点的区域辐射作用；二是发展特色物流，以行业运行特点为基础，打造专业化、个性化的现代物流园区，提供独具特色的物流服务，例如汽车物流园区、花卉物流园区、商贸物流园区等。在物流园区建设中融入产业发展，两者有机结合，相互促进，实现协同发展。

（二）加大物流发展扶持力度

要从三个方面加强政策扶持力度，首先，深化增值税改革，积极扩大物流企业税收改革试验的范围，将相关优惠政策落到实处，切实减轻物流企业的税收负担。其次，要将政府制定的各项优惠政策落到实处，对物流核心区域、关键行业以及重点地区发展不利的现行政策做到及时清理，简化审批手续，放宽市场准入规则，对当前的物流政策制度以及法律法规进行完善，为企业创造公平竞争的市场环境，让企业切实感受到物流优惠政策带来的便利，从根本上为物流产业的发展保驾护航。最后，要加大财政资金以及信贷资金在物流行业发展中的投入，为企业的项目开展提供资金支持，例如物流园建设、多式联运等重要项目的开展，设立专项资金投入。

(三) 重视物流人才培养

现代物流体系构建的一项重要内容就是推进多元化、多层次的专业人才教育。首先，制订专业的物流人才培训方案，借助高校和技术职业院校的资源优势使短期职业技能培训同长期物流专业培训相结合，多方式、多途径地提高物流专业人才队伍建设水平，提高行业的整体素质水平。其次，加大对物流从业人员的专业教育，提高从业人员的专业技能和知识水平，同时规范物流行业职业教育培训和资格认证。除此之外，国家和政府也要大力推进物流企业从国内外引进高素质的专业技术人才或团队，学习和掌握新的物流技术，使物流产业发展水平得到全方位的提升。

(四) 加强物流管理与创新

作为现代物流体系的重要环节，对物流行业的管理和创新要在国家战略的统一规划下展开，以确保相关政策或制度实施的有效性。

第一，建立并完善市场监管体系。规范行业标准，建立统一制度规范，取消对物流产业跨行业、跨区域发展的政策限制措施，坚决抵制市场垄断，摒弃一切滥用职权的不法行为，严格按照相关政策制度要求规范行使权力，实现物流企业正规化经营，保障物流市场秩序规范稳定。

第二，加速物流数据库管理系统的建立。由交通运输部门主管，多部门联合，组建涵盖物流基础设施、物流运行成本、物流作业总量、物流网络节点数据、物流服务质量评价以及物流数据库在内的多个数据库系统，通过数据共享，有效降低物流成本，提高物流服务的时效性和准确性，为物流行业在"十四五"时期实现高质量发展奠定坚实的基础。

第三，提高物流技术的研发和应用水平。现代物流已经向着技术密集型产业方向发展，但依目前的发展状况来看，我国物流业在技术开发和应用领域的发展水平较低。因此，当前最迫切的任务就是弥补我国在物流技术研发方面的短板，国家和各级地方政府、企业、专业科研机构等都要加大创新力度。一方面要提高对现代物流产业信息化过程中核心技术的重视程度，推进物流信息化、标准化和规范化建设，颁布相关政策推广物流新技术。另一方面要推进智慧物流设施设备在企业中的应用，加大企业对 GPS 卫星定位系统、条码技术、RFID 射频技术、数据共享交换系统、网络管理系统、自动电子订货系统、ETC 系统、智慧交通指挥系统、智能标签管理技术、地理信息映射系统等技术设备的使用，提升现代物流业的信息化发展水平。

五　现代物流运行体系建设案例：河南省的实践探索

2019 年 10 月，河南省发展和改革委员会、河南省交通厅发布了《河南省现代物流运营体系布局建设实施方案》，提出要积极打造"通道+枢纽+网络"的全链条物流运行体系，实现第三产业的高质量发展。深入学习并贯彻执行习近平总书记提出的将河南打造成"连通境内外、辐射东中西的物流通道枢纽"的重要工作指示精神，以搭建公铁水空为一体的现代化物流通道为核心，实现国家级物流枢纽、区域级物流枢纽和关键物流节点三者有机融合，并以三者有机融合的物流枢纽体系建设为主体，以构建专业、全面、便捷的现代物流服务网络体系为保障，重点打造"通道+枢纽+网络"的现代物流运营体系，将河南省发展成全国范围内的全产业链现代物流强省，全面提高服务业的整体水平。[①]

全面启动现代物流运行体系的建设，到 2020 年，两个全国性物流枢纽以及 15 个区域性物流枢纽已全部建成，现代物流运作体系建设的进度持续推进；货运周转量达 1.1 万亿吨公里，实现 15.6 亿元的社会物流总额。与此同时，在国内生产总值中社会物流总成本所占比重有所下降，达到 14% 左右，并计划到 2025 年，进一步改善和提升现代物流运行系统建设，将国家级物流枢纽数量提升至 10 个左右，在原有基础上预计再建成 15 个区域性物流枢纽，基本形成现代物流运行体系；预计货运周转量将达到 1.7 万亿吨公里，社会物流总额达到 28 万亿元，社会物流总费用同国内生产总值比重有效控制在 12% 以下。

充分发挥物流枢纽在国家发展中的龙头作用，扩大区域物流枢纽的辐射范围，建设并不断完善我国物流节点，使各个环节有机衔接，打造现代物流枢纽系统。到 2025 年，作为国际物流枢纽中心，郑州在物流

[①] 《河南省现代物流运行体系布局和建设实施方案》，http://fgw.henan.gov.cn/2020/01-07/1243843.html。

行业的地位将得到进一步的提升，区域物流枢纽资源聚集以及辐射带动作用不断提高，区域物流节点（枢纽）的综合运营和专业服务水平不断提升，区域间的分工和衔接机制不断完善，全省物流枢纽体系基本形成。

（一）加快建设国家物流枢纽

第一，推进郑州国际物流枢纽中心建设。围绕国家中心城市规划建设，加快推进海、陆、空及网络丝绸之路建设，提供多式联运和特色物流服务，完善物流运输的基础设施和集疏配送网络，建设内捷外畅、互联互通、技术创新的国际化现代物流服务中心。完善物流枢纽中心的基础设施建设，郑州机场三期工程按期推进，完善多式联运货运站以及铁路集装箱中心站的建设，落实空铁联运和航空物流等配套工程建设项目，推进郑州国际陆港第二站点和集装箱中心站的二期项目的建设。发展特色物流，打造区域产业优势，形成航空物流生态系统，为冷链运输网络的建设奠定基础，实现电商物流产业链协同发展，促进快递物流和公路、铁路、水路以及航空等多种运输方式联动发展。加快推进"铁公机"三位一体集疏运体系建设，搭建并完善互联互通的智能物流信息服务平台，构建协调有序、分配合理、高效运转的城市配送体系。提升国际物流资源要素的获取能力，扩大物流货物运输的地域分布，开展同国际接轨的现代物流服务，培育并发展区域性特色枢纽经济。

第二，加快洛阳国家物流枢纽建设。洛阳地理位置优越，交通区位优势突出，同时具有良好的制造业产业基础。基于这些发展优势对洛阳市物流产业进行统一布局，统筹规划市场外迁，整合区域分拣配送中心、专业化仓库、铁路运输专线等基础设施资源，为区域运输能力提供物质保障。升级和改造铁路口岸功能布局，提高铁海联运班列的开行数量，增加运输线路，扩大辐射范围，为中原城市群提供商贸物流集散与分拨服务，将洛阳打造成"一带一路"沿线的大宗货物物流集散交易中心以及位于全国前列的高端制造业供应链组织协调中心。

第三，加快安阳国家物流枢纽建设。提高安阳市集装箱多式联运的运输规模，加大铁路口岸的建设力度，开拓更多运输专线，提高铁海联运的班列频次，提高优质钢材及其深加工、智能终端、半导体芯片、新能源汽车等产品的供应链服务水平，统筹规划物流园区的布局。重点推进区域性大型公共配送节点和货物中转中心的建设，组建钢铁专用供应链服务中心以及农业资源物流组织中心并统一科学管理。

第四，加快商丘国家物流枢纽建设。发展干线运输，充分利用商丘市的公路港、保税物流中心以及批发市场的物流资源，开展多式联运、区域分拨、跨国运输等高水平物流服务，大力发展跨境电商和冷链物流，打造区域性特色物流枢纽，针对食品、纺织以及制鞋等产业集群度较高的行业，为市场提供高质量的全程供应链服务。将商丘市打造为豫苏皖地区的商贸物流集散中心，成为国内顶级的农产品全链条服务基地。

第五，加快南阳国家企业物流枢纽工程建设。加快产业物流园的建设，覆盖大宗农副产品、建材、医药等多种类型，针对服装纺织、光电信息、新能源汽车及零配件以及先进装备制造等产业集群度高的行业，重点完善其物流运输活动所需的相关配套基础设施。加强信息管理服务网络平台的建设，提高市场运行效率，同时扩大对外贸易、保税物流的交易规模，将南阳市打造成为辐射豫陕鄂地区的工业品供应链服务中心和商贸物流配送基地。

第六，加快信阳国家物流枢纽建设。依托现有的公铁空以及内河航运等物流基础设施资源，发展扩大医药、冷链、电商等物流产业集群，形成以智能家居、新型建材以及电子信息为主的区域产业物流服务体系，建设专业化、个性化的物流区域配送中心，将信阳市打造为"南菜北运、西果东送"的生鲜产品集散分拨中心。

（二）规划建设区域物流枢纽

考察和分析地区经济发展状况、交通运输水平、产业规划布局以及物流基础设施等因素，参考国家和政府发布的区域发展战略、产业升级要求以及地区内居民的平均消费水平，将核心城市和关键县（市）作为物流节点，组织建设约30个区域性物流枢纽，加强地区与地区间以及地区与国家物流枢纽之间的联系，实现物流作业的分工协调和有效对接，为河南省物流枢纽体系提供基础支撑。在开封、许昌、平顶山、周口、驻马店等中心城市进行物流枢纽的规划布局，实行干线支线联合运输，为城市快速配送、仓储分拨等业务的开展提供有力的基础设施保障，为区域贸易以及制造业产业集群提供全链条的物流服务支撑。为承接郑州国际物流枢纽中心功能外溢,要深入挖掘长葛、原阳、武陟等地的节点优势。在林州、永城、灵宝、新蔡等省际交界城市设立区域物流枢纽,提供货物的分拨和转运服务,为居民消费和产业跨区域合作创造条件。提高淮滨、沈丘、唐河等地区的内河航运服务能力,强化临沂、汝州、潢川等市(县)的货物集疏运能力,打造一批特色鲜明、功能完善、设施齐全的区域物流枢纽。

(三) 完善重要物流节点布局

支持符合条件的市(县)以服务本地生产需求、居民日常生活消费为目标,设立功能集聚、布局集约的物流节点,保证物流末端服务畅通,提高物流配送的时效性,注重区域物流枢纽之间的联动,打造一个便捷高效、融合创新、内外协作的新发展格局。

第六章

发展多式联运：提升枢纽经济的运作效率

发展多式联运是提升枢纽经济运作效率的关键。多式联运能够综合利用多种运输资源，可实现运输方式间的有效衔接与合理分工，推进物流运输服务一体化，降低物流运作成本和运输交易成本。多式联运为产业升级、贸易转型提供了有力支撑，并能够有效缓解交通和资源带来的压力和约束。近年来多式联运在我国得到了快速发展，多式联运的基础设施逐渐完善，相关技术设备的普及率和利用率显著提高。以集装箱多式联运为主要形式的国际多式联运也在我国飞速发展，逐渐成为跨境业务物流运输的重要服务方式，服务供应能力不断提升，推进了我国跨境电子商务规模的不断扩大。

第一节 多式联运系统

一 发展多式联运系统的战略价值

多式联运是一种高效的货物运输组织方式。综合各种运输资源，可实现运输方式间的有效衔接与合理分工，推进物流运输服务一体化发展，降低物流运作成本和运输交易成本，促进交通运输绿色可持续发展，能有效提高产业竞争力和社会经济的综合运行水平。[①] 与发达国家

---

① 樊一江等：《我国多式联运系统建设的思路与任务》，《宏观经济研究》2017年第7期。

相比，我国的经济发展水平、产业结构、产业布局、交通运输状况具有特殊性，要有选择性地参考其发展方式和路径。基于我国目前的经济状况，再结合国家发展战略、区域发展政策规划以及产业间的深度合作，利用交通运输基础设施，围绕供应链、产业链和价值链的延伸以及产业融合发展、多式联运等主题，形成独具特色的多式联运发展方式。在国际、区域、城市圈、城市、乡村这五个空间层次上，打造集装箱、大宗货物以及特殊货物等多类型货物的联合运输系统。同时，推出"一单制"打通多种运输方式，加强多式联运企业经理人的培育，提高管理水平，制定并规范全链条准则，打造多式联运产业生态圈，建立国际多式联运提单制度，统一和规范国际物流结算流程，使我国对国际物流市场的控制权得到显著提升，从而获得更大的国际经济话语权。

（一）欧美发达国家开展多式联运的动因

以多式联运为代表的高效运输方式，都是由统一的运输服务组织者负责，借助现代信息技术和金融服务手段，达到运输组织一体化的作业目的，实现货物运输便利化，各种运输方式之间高效连接、精准匹配，提供高质量的"门到门"运输服务。多式联运的基本内涵包括三个方面：一是一个组织主体；二是多种交通方式，在运输过程中，使用至少两种交通运输方式；三是全程服务组织，即"一票到底"的货物运输方式，整个服务机构做到信息共享。

多式联运产生于运输市场竞争激烈且不断调整变化、各种运输方式飞速发展的环境下。最早在19世纪30年代末，多式联运的萌芽在欧美国家产生，经过近一个世纪的发展，到20世纪20年代，真正意义上的现代多式联运在美国出现。到21世纪初，国际间的经济贸易往来日益频繁，传统的运输体系已无法满足市场需求，运输业遇到效率与环境瓶颈约束。基于这一时代背景，部分欧美国家开始改革多式联运发展方式。把多式联运作为提高国家战略竞争力的重要工具，打造更加高效的运输体系。从发展环境来看，我国已经具备相对成熟的运输网络，产业布局和多式联运组织形成高度匹配的发展格局；从发展效果来看，多式联运创造了大量的社会效益，为产业升级、贸易转型提供了有力支撑，同时有效缓解了交通和资源带来的压力和约束，使欧美国家的国际竞争力得到大幅提升。

(二) 多式联运系统构成与交易规则

多式联运系统的基本架构主要包括两方面，多式联运系统构成要素和运作结构，其中，系统的组成要素主要由六个内容组成，包括组织主体、基础设施、技术装备、标准规范、组织平台以及政策体制。运作结构则由多个子系统构成，主要包括货物种类、运输组合方式和空间范围等。

多式联运系统的基本框架如图 6-1 所示。

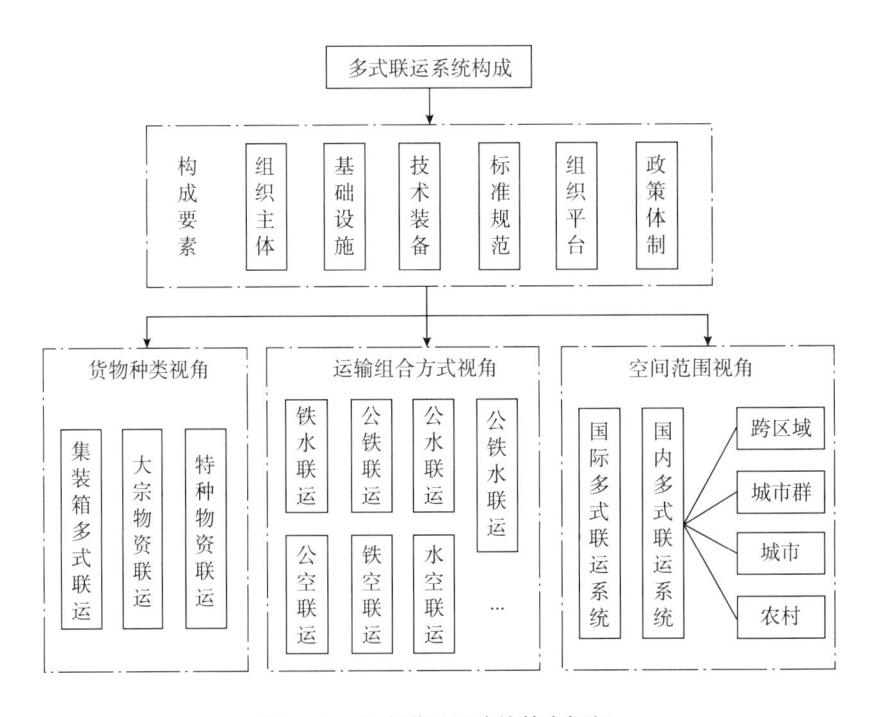

图 6-1 多式联运系统的基本框架

资料来源：樊一江等：《我国多式联运系统建设的思路与任务》，《宏观经济研究》2017 年第 7 期。

根据市场经济的一般交易规则，多式联运可以将过去的"多对多"交易方式替换为基于供需关系的"一对一"交易，最大限度地简化交易程序，实现运输服务便利化，提高整体运输效率，达到供需两端的结构优化目的。同时也在现行的市场经济规则下，形成各个环节有序衔接的一体化运输组织，符合减少交易环节、控制交易成本从而提升经济运行效率的要求。所以，根据我国目前的货运结构以及供给侧结构性改革提出的相关要求，再结合运输组织和交易规则，应系统性地规划多式联运的未来发展方向。

二　我国多式联运系统的发展现状

（一）我国多式联运发展的主要成就

我国十分重视多式联运的发展，政府制定了一系列政策举措，积极支持企业深度参与我国的多式联运建设，多式联运的发展水平得到了显著的提升。

第一，多式联运基础设施条件逐渐完善。以当前的"五纵五横"综合物流运输通道为依托，搭建以大通道为主干的综合交通运输信息网络，运输能力得到显著提升，为不同运输方式间的分工协作和有机结合奠定基础，使我国的运输通道规模跃居世界前列。

第二，多式联运技术设备的普及率和利用率大幅提高。通过技术引进和技术创新，多式联运设备和技术水平得到明显的改善，例如在铁海多式联运过程中的煤炭运输，就形成了以大宗货物为主要服务对象的转运设备和转运技术体系，对标国际一流标准，重点发展远洋运输，构建全方位、多层次的集装箱运输设备以及装卸技术服务体系。

第三，多式联运服务供应能力显著提升。2015年全社会实现的货运量是2010年的1.26倍，同年实现的港口集装箱吞吐量达到2010年的1.45倍。多式联运服务呈现专业化、个性化特征，集装箱多式联运得到快速发展，针对煤炭、矿石、钢铁等大宗货物的联运服务能力也在不断加强，国际多式联运的畅通和便利化水平显著提升。

第四，多式联运模式不断以新的业态形式呈现。其中最具代表性的是中欧班列的快速发展。作为陆路国际联运的典型，中欧班列的国际影响力、竞争力在近几年得到显著增强。截至2021年底，中欧班列开行累计将近5万列，国内开行数量超过百列的始发城市已经达到68个，运行范围可辐射欧洲23个国家180个城市，到达欧洲最快仅需12天。以物流快递为代表的全程组织模式得到广泛推广，基于互联网背景下的供应链整合与延伸型组织业态快速兴起。

（二）我国多式联运系统发展过程中存在的问题

第一，多式联运发展路径模糊，阻碍了其转型升级的进程。我国多式联运目前的发展战略与国情不匹配，战略制定的逻辑不够清晰，更多的是在简单地分割各个环节，模仿和复制已有的经验、措施和政策制度。制定的相应政策呈现部门化、碎片化特征，与我国当前的产业布局不符，更多的是"就联运而谈联运"，在技术装备提升、产业集群创新以及发展空间拓展等方面缺乏进一步的联动。在集装箱多式联运发展中缺乏科学规划，在铁水多式联运中，发达国家集装箱运输的比例大约在30%—50%，而我国的使用比例仅处在2%—5%，同发达国家相比我国的集装箱多式联运发展还有很长的路要走。发达国家与我国集装箱多式联运发展路径的差异如图6-2所示。

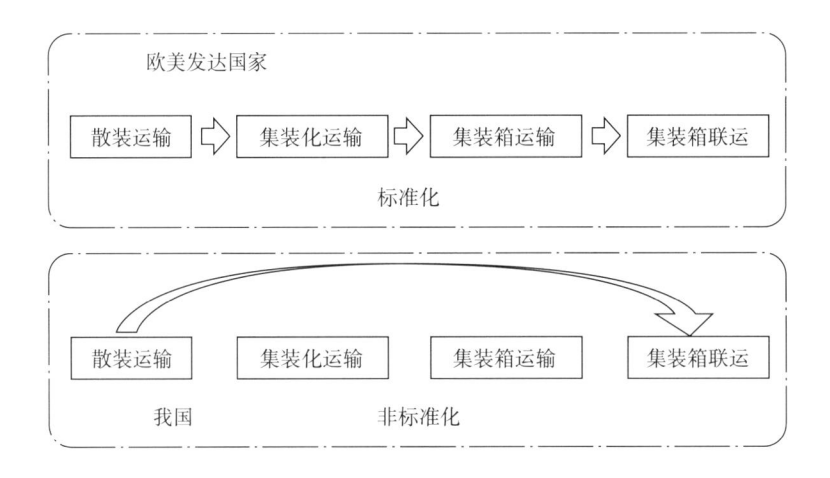

图 6-2 发达国家与我国集装箱多式联运发展路径的差异

资料来源：樊一江等：《我国多式联运系统建设的思路与任务》，《宏观经济研究》2017年第7期。

第二，供需不协调，设施设备与联运要求不匹配。我国当前的多式联运服务能力达不到社会经济发展的实际需求，有效供给不足，同时也无法满足多式联运转型升级以及开拓更大市场的发展规划。枢纽设施存在显著的缺陷，发展理念存在误区，缺乏高水平的组织策源能力，交通设施网络效能无法充分发挥，"国际先进"通道设施没有体现其"国际领先"的效率和作用，专业技术设备的缺乏也在一定程度上限制了多式联运服务的标准化、专业化建设。

第三,多式联运组织主体缺失,运输全程组织效率不高。多式联运经营主体结构失衡,其中,铁路运输部门过度垄断,公路运输市场过于分散,传统航运企业的业务内容过于单一,第三方货运代理服务质量参差不齐。缺乏能够实现资源合理调配、运输方式有序衔接的经营主体,组织方式总体上过于落后。

第四,多式联运标准缺乏统一规范,市场环境有待改善。在运输服务质量上多式联运缺乏相应的制度约束,商品在转运时没有相应的制度保障。一旦出现问题就会产生纠纷,从而影响货物的整体运输效率。物流运输市场缺乏监管,不同运输方式之间存在比价关系的扭曲现象,货运车辆超限超载时有发生,类似的恶性竞争频发,造成多式联运成本优势无法充分发挥,严重影响其在运输市场的竞争力。运输和结算单据不统一,产生了很多不必要的转运程序,而且大多数运输单据不具备金融衍生产品的功能。信息互通程度不高,具有明显的"信息孤岛"问题。

三 我国多式联运系统的发展思路

(一)提升我国多式联运系统发展水平的现实意义

1. 供给侧结构性改革要求提高多式联运发展质量效益

我国的供需结构发生转变,货运结构的调整也到达了窗口期。作为高效经济、安全便捷的运输组织形式,多式联运同生产方式和消费模式创新的关系日益紧密,供给侧结构性改革需要以这种运输组织服务为其提供充足动力,提升保障社会经济发展的质量和效益。批发零售业以及生产制造业等传统产业面临着严峻的挑战,只有通过开源节流,探索和发现运输过程中货物流转环节的利润。新兴产业快速发展,尤其是在互联网经济飞速发展的今天,新技术、新产业、新模式和新业态大范围出现,随之而来的是对货物运输一站式、个性化、多样化、强时效等高质量服务水平的迫切需求,传统的单一运输方式很难提供这种相对复杂的服务,而借助多式联运可以使整体运行效率得到显著提升。近年来,我国的综合交通网络运输能力得到大幅提升,运输结构得到显著改善,结合多种运输方式进行运输能力的配给,分配依据也从运输能力变为运输效率和服务水平,传统运输模式的利润空间被不断压缩,车站、港口、码头等利用已经形成的供给能力,主动寻找新的市场增长空间,通过多式联运缓解传统领域的运能过剩状况,为交通运输领域创造新的增长点。

2. 国家战略的实施需要以多式联运为依托拓展经济空间格局

2020年，全面建成小康社会取得决定性成就。我国的总体发展战略是以贯彻落实区域发展战略为基础，包括东部率先发展、中部地区崛起、振兴东北地区、实施西部开发。以"一带一路"建设、长江经济带发展战略、长三角一体化发展、京津冀协同发展、黄河流域生态保护和高质量发展为引领。加快以国内大循环为主体、国内国际双循环相互促进新发展格局的形成，拓宽发展空间，引领经济发展新常态。物流帮助货物在时空上实现匹配，为产业升级和消费升级提供支撑，合理运用现有资源，促进产业、城镇和交通运输之间的联动发展，通过各种运输方式间的有效组织和合理分工，达到以运输换得空间的目的，尤其在相对落后的地区，要将运输体系的效率作为整体布局的首要考虑因素，推动"一带一路"沿线国家或地区间的产能合作，促进城市群内部区域之间的产业集聚。除此之外，多式联运也有效推动了国家脱贫攻坚战略的落实。

3. 参与全球竞争要求发挥国际多式联运的支撑引领作用

随着各国经济发展，全球贸易格局发生了巨大转变，国际竞争日益激烈。为了顺应国际局势的发展，构建全面开放的新格局，我们国家倡导"一带一路"建设，形成全方位、多层次的对外开放新体制。同时，"一带一路"建设的提出也对世界经济贸易格局提出了新要求，即基于我国所拥有的市场优势和产业基础，利用多式联运这一高效的运输组织方式，加强多式联运同国际贸易规则、国际金融结算和国际标准化服务之间的联系，充分发挥国际多式联运的作用，将其作为制定由我国主导的国际贸易新秩序以及构建国际经济合作新平台的重要途径之一。协调好传统多式联运和现代多式联运的关系，对物流枢纽的战略布局进行统筹规划，包括内陆枢纽、陆上邻国内陆枢纽、沿海地区枢纽和其他国家的海上节点，完善基础设施建设，实现同周边国家的物流设施设备有机衔接，强化多式联运建设，推进国际物流大通道加速形成，打造多式联运交通走廊，实现跨境运输通道常态化。

4. 交通运输转型升级需要多式联运效率的快速提升

受资源环境承载力的影响，环保和可持续发展理念是我国各行业发展所必须坚守的基本道德准则和法律底线，长期以来交通运输都是消耗以石油为主的能源资源，因此，交通运输业也是大量消耗我国能源并造成污染物排放较多的主要行业之一，节能减排压力也在不断增加。因此就需要主动地转变交通运输的发展方式，特别是目前的货物运输方式，倡导交通运输向着集约化的方向发展，开展绿色高效的多式联运，使运输效率得到显著提升。多式联运服务管理组织要加快联运领域的标准化建设，确保运输效益得到显著提升。多式联运虽然无法直接或快速实现运输成本的降低，但是其对外部成本的控制还是非常有效的。因此，开展多式联运是运输系统效率升级的不二法门。

（二）提升我国多式联运系统发展水平的总体思路

1. 深刻理解多式联运系统建设的总体逻辑

与发达国家相比，我国在社会经济发展水平、交通运输状况、区域生产力布局和产业结构方面都与其大有不同，因此无法完全照搬其发展体制和机制。更多的是将多式联运的发展同国家发展战略、区域产业协作等因素结合起来，重点关注战略机遇的把握和产业链、价值链、供应链的优化升级，以及多种运输方式的有机衔接，打造符合我国国情的多式联运系统。

交通运输体系运行质量和效率的提升是多式联运建设的最终目的，同时为经济转型升级提供引领和支撑作用，从更加宏观的角度出发，以提升系统运行效率、满足有效需求和拓展战略空间为主线，以深化交通运输供给侧结构性改革为核心，着力于成本的降低、效率和服务质量的提升，充分发挥现有交通运输设施的基础支撑作用，结合现代信息技术，加快推进符合我国交通运输发展现状并且能够满足战略发展需求的一体化多式联运系统。

以区域经济新体系的构建为核心，形成推动产业协调发展、带动战略空间拓展的多式联运系统。积极转换思路，摒弃旧有的以交通基础设施建设带动产业升级和国土空间开发格局优化的低效能的发展方式，充分发挥交通运输服务系统在激发产业协同运作、战略合作空间拓展中的主要作用。以空间尺度为标准对产业链进行优化，调整城市群、城镇带的布局，调整国家贸易发展格局，打造集聚创新性、前瞻性且高度融合、相互匹配的多式联运服务体系。按照空间尺度和层级标准构建我国的多式联运系统，包括城市群多式联运系统、跨区域多式联运系统、大型城市多式联运系统和乡镇多式联运系统。同时还可以"一带一路"建设为依托，促进国际多式联运的发展。

立足于生产消费升级和运输方式衔接，打造能有效促进产业链、价值链、供应链三链融合发展的联合运输系统。提升产业在价值链中的层次，加强供应链上下游衔接的稳定性，以高质量服务为核心，以新业态、新模式引领互联网经济腾飞为背景，以市场需求为指引，推进物流服务业转型升级，朝着现代化方向发展，并将增值服务延伸至金融、通信、清关等多个领域。实现多式联运系统同物流运输过程中各个环节的有机融合、高效协作，并以此助推现代化物流体系的建设发展。结合自身优势，实现物流运输过程合理化，基于高效匹配、精确对接的原则，再结合区域内消费水平和生产水平存在的差异，打造全方位、多层次的多式联运系统，预留充足的拓宽范围，根据发展动态及时做出调整。不仅涵盖大宗产品运输、集装箱货物多式联运等一般的多式联运系统，同时还包括冷链运输、整车运输、快递包裹、特殊产品运输等满足多种物资的多式联运服务系统。

2. 基于多式联运的"组织"本质及时调整发展思路

把握多式联运的"组织"本质，根据发展状况，及时调整多式联运系统发展基本思路。从供应端和需求端同时发力，充分发挥多式联运在产业布局调整、区域发展空间拓展、经济转型升级等方面所起到的引领和保障作用，要特别关注"组织"之间的衔接，对交通运输基础设施的规划布局进行调整，利用运输网络的系统优势，通过现代信息技术，创新服务业生态环境建设和运营手段，提升不同运输方式之间作业衔接的流畅性。注重产业链、价值链、供应链的组织同多式联运组织之间的合作和对接，建立标准化、流程化、全局化的规章制度。一是以交通网络优势，助力不同运输方式之间的衔接；二是实现物流供应链组织之间的对接，促进交通运输业与物流业协同发展；三是与参与全球价值链分工的组织高效对接，打造国际贸易与国际物流新秩序，提高我国在国际产业竞争中的地位；四是协调产业链运行组织之间的合作关系，为产业转型升级提供有力保障。

3. 基于我国国情形成多式联运系统架构

从国际、国内核心区域、城市圈、城市以及乡镇这五个空间层面，集装箱运输、大宗货物运输、整车运输、冷链运输和危险化学品这五个主要类型入手，在一定程度上取得了多式联运系统建设的成绩。基础设施设备之间的衔接更加顺畅，运输的标准化、体系化程度有所提升，运输效率和运输结构都有明显的改善，运输流程和运输制度都获得了较大的突破与创新，组建并培育了一批高水平全流程组织能力的多式联运运营主体，有效控制全社会的运行成本，获得更高的综合运输效益，促进产业转型升级，为国际贸易提质增效提供有力保障。

争取利用 10—15 年的时间，在 2030 年左右，根据我国的社会经济发展状况，建设具有中国特色的多式联运系统，基本实现政策保障有力、市场监管到位、设施有序衔接、技术标准统一、信息互联互通、组织运行高效等特点；实现社会经济快速发展，更好融入全球市场，制定以我国为主的国际经贸合作规则，成为我国综合竞争力提升的战略支撑和先导引领。

四 我国多式联运系统发展的重点任务和保障措施

（一）我国多式联运系统发展的重点任务

遵循多式联运多环节衔接和系统运行的基本规律，围绕"组织"这一核心关键，突出国际化和区域化发展方向，重点围绕国际规则重塑、设施支撑、主体完善、服务引领、环境优化等，对系统进行改造设计和创新，推动多式联运产业生态圈的构建。

1. 基于多式联运提单，重塑国际物流贸易规则

建立由多式联运提单为主导的服务和规范体系。深入研究，制定以金融服务为保障的多式联运提单制度，重点推进铁路运单"提单化"，在国内多式联运领域的试点区域进行率先尝试，待技术条件和运行环境成熟后，在国际多式联运领域，针对接受人民币结算的国家或地区作进一步推广和普及。搭建系统化、标准化的全链条联运系统，明确提高经济系统整体运行效率这一基本目标，积极适应产业发展的阶段性特征和迈向产业链中高端的战略规划，建设影响范围更大、适用范围更广的多式联运系统。在不同空间维度，联运系统和国际贸易、产业等系统形成全方位的高度耦合，高效协同运行，实现与全供应链系统的联动发展。①

加快构建符合我国实际的国际多式联运系统。在多式联运标准化建设过程中，掌握主导权，重新塑造国际经济贸易秩序。基于由我国主导的多式联运提单，推进人民币国际化，加入或更新人民币第三方结算系统。在现有的国际规则及国际贸易条款基础上，推行由我国主导的国际经济贸易结算方式，以中欧班列等陆路国际多式联运为契机，在"一带一路"国际贸易中推广和使用 FOR、CIFR 等外贸条款，提升我国在国际贸易、跨国运输和外贸结算中的话语权，制定由我国主导的国际贸易新规则。

2. 畅通多式联运组织通道，发挥基础设施效能

优化多式联运通道布局规划。以我国综合物流运输通道为保障，挑选货物运输量大、运输距离长且横跨多个区域的通道全线或部分关键路段，将其划入我国的多式联运大通道体系，并根据"一带一路"发展需求进行拓展和延伸，同时在市场需求相对较大且基础设施完备的区域，加大国际多式联运发展力度。打造沿海、京港澳、陆桥、沿江、东北出海与进出关、福银等 10 余条国内多式联运通道，并延伸以上联运通道至更大范围，沟通中欧、中俄、中国至中南半岛、中国由中亚至西亚等多条国际多式联运通道。

近期，多式联运的发展以大宗货物的运输为主，因此要加强通道的建设，特别是铁路承担大宗货物运输所需的双层集装箱运输通道建设，对于新路线的开通，要为开行双层箱做好预留工作，满足其建设所需的条件。对于京沪、陇海地区，根据市场需求对技术难度低、工作量小的线路进行改造，提高集装箱多式联运的基础条件。长远来看，我们需要加大集装箱多式联运通道的建设力度，并且按照我国产业结构和产业布局的调整方向，在重点承接产业转移的内陆地区和沿海沿江港口之间，建设能够提供高效、专业服务的集装箱多式联运大通道。

3. 发挥多式联运枢纽功能，优化运输全程组织

打造国际多式联运枢纽平台，促进"一带一路"国际合作和全方

---

① 樊一江：《推广"一单制"构建多式联运系统》，《中国经济导报》2016 年 12 月 10 日第 B03 版。

位对外开放发展新格局的形成。在上海浦东、北京首都等国际枢纽机场以及沿海港口、铁路口岸、内河口岸等物流节点布局国际多式联运枢纽，为我国对外贸易提供全程组织服务。针对国内多式联运枢纽，重点在于布局优化，以国土空间布局和产业转型升级为切入点，以枢纽节点城市建设为核心，以公路甩挂场站、铁路物流基地、航空港、物流园区等枢纽设施的布局为重点，建设一批功能完善、衔接流畅，能够真正发挥作用的多式联运货运枢纽。对于国际间的合作，充分利用国际港口和主要铁路枢纽，开展境外合作，建设服务于国际多式联运的综合枢纽，为国际间的产能合作提供运输服务保障。

完善枢纽内部设施功能布局，加强多式联运枢纽设施能力建设。完善内陆港口功能布局，加强装卸、转运、仓储及辅助设施配套建设，促进海港联动发展，稳步提高通关一体化水平，完善集装箱循环功能。强化集疏运通道衔接，尤其是铁路运输通道建设，对其内部网络结构进行优化，实现铁路直达港区、物流园区等工程；加强港港合作，提高多式联运枢纽组织能力，引导多式联运经营人积极参与物流枢纽的建设，充分发挥经营人在多式联运服务过程中的沟通作用，促进枢纽同多式联运系统的互动交流，鼓励物流枢纽实现由操作中心向组织中心和资源调配中心的转变，推动枢纽功能重建。以互联网、大数据等信息技术为手段，加强枢纽组织平台建设，构成实体与虚拟相结合、线上与线下一体化的高效服务组织，实现系统资源共享、配置高效、运转流畅的目标。

4. 推进重点联运系统建设，加大"一单制"便捷运输推广力度

以三大联运系统高质量发展为重点，加大货物运输"一单制"的改革力度。为铁路货运提供定点、定时、定价、定路线的标准化运输服务，从而与"一单制"的便捷运输制度形成有效对接。推动多式联运"一单制"改革创新，主要集中在公路铁路联合运输、铁路水路集装箱多式联运这两个方面。以构建三大联运系统为核心，基于我国的产业布局和产业结构以及组织运行等基本经济特征，加快构建包含大宗货物、集装箱货物和特殊货物的三大多式联运系统，为运输市场提供能够满足多类型货物运输需求的多式联运系统。根据我国的制造业发展现状，再结合《中国制造2025》战略规划，对战略性新兴产业和中高端装备制造业进行重新布局，根据我国的社会经济发展状况，制定集装箱多式联

运体制。

5. 丰富多式联运经营人类型，培育更多组织主体

第一，加大无船（车）承运人培育力度。主要负责与班轮公司签订运输合同，组织货物的运输分拨、运输线路以及运输方式选择，协调整个运输过程。

第二，大力推行船舶承运人，支持拥有船舶的第三方承运人发展海上集装箱运输，利用集装箱实现货物的周转、调拨和运输方式之间的衔接。

第三，支持并鼓励传统运输企业向多式联运承运人方向发展。尤其是开展大规模公路运输、铁路及航空、水运等业务的企业，同其他企业建立合作关系，共同组建联合经营体，在与托运人签订运输合同后，自主选择独立或合作完成运输业务。

第四，开发专营集装箱、托盘等服务的企业，搭建集装箱循环利用平台，形成专业、高效的国际调配体系。

第五，开发更多国际多式联运经营人。打破行业界限，优化现有的政策环境，支持以大型国际货代企业为代表的货运代理公司开展国际多式联运业务，开展对外贸易货物的组织和运输业务。

6. 推进技术设备的标准化建设，保障系统高效运转

针对设施设备和技术装备制定统一标准。开展专业化、智能化、集约化、标准化和绿色化换装与转运设备的研发，组织建造能够承运大型散装货物和集装箱的运输船舶，统一可直达江河湖海的船型标准，提高集装箱、托盘等专业设备的利用率，加大集装箱卡车和厢式货车的使用比例，加快智能集装箱箱体的研究。搭建多式联运公共信息服务平台，在多式联运过程中实现信息资源的共享，实现联运过程推行"一单制"结算。通过电子标签赋码制度，达到收集、共享、分析信息的目的。支持物流企业建立多式联运的运营平台，实时掌握运输工具、运输需求、运输时间等货物相关信息。再结合互联网、大数据、云计算和物联网等先进的技术手段，对数据信息进行挖掘和分析，实现对在途货物信息的数据可视化。

7. 构建多式联运产业生态圈，形成组织竞争新优势

优化多式联运发展环境。营造公平竞争、规范有序、统一开放的市场运行环境，为多式联运交易成本和运营成本的有效控制创造条件，实现多种运输方式之间合理分工和有序衔接。集中公路货运市场，推进铁路运输的市场化进程，规范内河航运的市场秩序，提升国际远洋运输能力，提高我国在全球物流市场份额的占有量。加速推进产业结构的优化升级，以区域产业发展支持多式联运体系建设，重点发展现代制造业中具有高附加值的产业，发展集装箱运输，加快区域产业空间布局规划，推进跨区域产业融合发展，拓展多式联运发展空间，提升多式联运发展的产业基础和支撑条件，发展集装箱运输，推进适箱货物运输集装化。基于产业链、供应链、价值链的三链融合发展的视角，延伸多式联运产业链条，构建多式联运产业生态体系。支持供应链上下游的物流或运输企业协同发展，形成促进产业发展的战略联盟组织，推动物流、金融、国际贸易和信息等领域深度融合，构成产业发展新格局，并提供更多的增值服务。打造行业发展新模式，转变资源组织形式，获得更多新的发展空间。

（二）我国多式联运系统发展的保障措施

1. 深化多式联运管理体制改革

鉴于多式联运系统建设对新时期我国经济社会发展的现实意义和战略价值，以及其涉及产业、经贸、金融、运输等多领域多环节的特征，我们要主动提升认知水平，可以由综合管理部门组织，基于国家战略发展层面，建立高层次的多式联运规划协调体制，系统地解决体制的建设和发展问题。完善联运规划体制和机制，强化产业规划、国土空间规划、城镇体系规划、综合交通规划等与多式联运规划的统筹联动。优化审批制度，加强运输市场监理，建立和完善企业诚信体系。

2. 加大多式联运政策扶持力度

完善投融资政策，加大政府投资力度，创新投资和融资方式，加大同社会资本的合作力度。同时与船舶承运人开展进一步的合作，让更多的传统运输经营人向多式联运经营人的方向转变。强化用地保障，支持集约化、产业化、专业化发展，加强枢纽用地的综合规划和开发水平。统筹产业、财政、金融等政策，加大对标准化、集装化、自动化载运工具研发应用的支持。以内陆多式联运枢纽为重点，扩大启运港退税范围。

3. 重点推动铁路货运组织改革

围绕多式联运要求重构铁路运输组织流程，树立"货运客运化、组织全程化、发展班列化、信息透明化"服务理念。结合铁路货运改革，进一步推进大宗货物和零散货物快运、集装箱货物运输的发展。培育依托铁路业务的多式联运组织主体。加快针对铁路货物运输价格机制的控制和调整。统筹利用铁路内外空箱资源，促进集装箱共享共用。

4. 进一步提升通关便利化水平

统筹海关、检验检疫等部门，加快一体化通关的进程，加快报关、征税、商检、检验检疫、查验和放行等流程的运行速度，实现通关便利化，完善多式联运监管中心布局。深入研究并规划符合我国经济贸易发展状况的多式联运提单系统，为多式联运提单在国内的流通创造有利条件，逐步将多式联运提单纳入通关便利化管理范畴。优先在"一带一路"沿线国家国际货物运输中使用以我国为主的多式联运提单和贸易结算规则。

5. 建立健全多式联运法律法规

依据《联合国国际货物多式联运公约》，对我国的多式联运法律法规体系进行补充和完善。建立统一的国内多式联运单证及相关规则，强化对国内多式联运业务的指导。加强研究储备，积极主动地参与国际货物多式联运制度规则的修改与制定，促进国内与国际相关法律规范协同一致。

第二节　我国国际多式联运的运营模式

一　我国国际多式联运运营模式的特点

（一）我国国际多式联运的发展背景

丝绸之路开行至今已有 2000 多年的历史了，现在仍然在亚非欧大陆上发挥着重要作用，成为国家和地区间经济、文化交流的重要通道。2013 年 9 月，习近平总书记在出访东南亚和中亚部分国家时，提出建设"丝绸之路经济带"和"21 世纪海上丝绸之路"，即共建"一带一路"建设构想。目的是在古代开展贸易交流的丝绸之路上，借助公路、铁路以及海上运输网络，打造新时期的国际贸易体系，在地理上扩大国家间贸易交流的范围。党的十八届三中全会指出，要"加快实现同周边国家和区域间的基础设施互联互通建设，推进丝绸之路经济带、海上丝绸之路建设，打造全方位的开放新格局"。

作为国际多式联运的主要运输形式，集装箱多式联运的优势在于实现了运输货物整体的利益最大化，是将集装箱货物从一国境内运达另一国境内的运输组织形式。我国在1997年颁布了《国际集装箱多式联运管理规则》之后，集装箱多式联运发展规模得到迅速扩大，进入全面发展时期。根据相关的集装箱市场研究分析报告的数据显示，2020年我国的港口货物吞吐量累计达到145亿吨，比上一年增长4.3%；全国港口累计完成集装箱吞吐量2.6亿TEU，比上年增长1.2%。虽然受疫情影响发展速度有所放缓，但是依然保持正增长。其中，宁波舟山港、唐山港、上海港位居前三。

随着国际贸易的不断发展，集装箱多式联运逐渐成为满足跨境业务物流运输需求的重要服务方式。目前的集装箱多式联运多以公海联运为主，受限于运力、铁路运输的管制等多方面因素，铁海联运的潜力也有待深度开发。随着"一带一路"建设的不断推进，我国的物流业将迎来关键的发展时期，而我国国际多式联运的发展也将进一步推进。

(二) 国际多式联运的发展现状

自1970年以来，我国的集装箱运输事业得到逐步发展。在《国际集装箱多式联运管理规定》颁布之后，我国的集装箱多式联运开始得到全面发展。2007年我国集装箱转运量达到一亿标准箱，并且在这之后一直保持世界第一。从形成到发展，我国的多式联运历经了半个多世纪，发展状况越来越好，而且取得的成绩也有目共睹，例如，物流技术以及运输设施设备得到质的提升，物流标准化制度建立并逐步同国际接轨。但是，我国多式联运行业仍然处于发展阶段。

1. 多式联运规模增长迅速

多式联运在我国增长态势良好。以上海港为例，2017年上海港集装箱吞吐量达到4023.3万标准箱，与上一年相比增长超过8%，同年的上海港长江中转箱量达到1058.8万标准箱，超过之前所有的纪录，2020年底，上海港集装箱总吞吐量达到4350万标准箱，其中海铁联运业务量达到20万标准箱。虽然这个数据显示出多式联运集装箱吞吐量在集装箱总吞吐量中占的比例较低，但是结合最近几年的发展状况，海铁联运量每年的增长率达到30%左右，江海联运年均增长约20%。虽然近期的国际贸易环境受疫情影响较大，但是我国的港口集装箱运输量仍然呈现增长趋势。随着货物运输市场的不断壮大，我国货运需求急剧增加，国际多式联运行业和货物代理业务得到快速发展。2016年我国从事国际货代行业的企业数量达到5400家左右，2018年增长到约57000家。与此同时，我国开通了大量的航空口岸、陆路口岸以及港口口岸，这些口岸主要供往返于欧美、澳洲、日韩等地的货物通行，以及往返于俄罗斯和西欧地区的西伯利亚大陆桥运输线，这些都代表着当今世界多式联运的发展形势。

2. 我国多式联运具有协作式运输的特点

多式联运的主要方式分为协作式和衔接式两种。衔接式的多式联运是由经营人来组织运输方式，将两种或两种以上的运输形式合理规划，以达到货物按时送往指定地点的运输方式。协作式就是相对于衔接式运输，通过签订运输合同，共同将货物按时送达指定地点的运输形式。就目前的发展状况来看，我国的多式联运主要还是依靠协作式来完成的，协作式根据签订的运输合同划分利益。在衔接式中，经营人是运输业务的唯一承运人，因此两者相比较，衔接式的多式联运方式更加符合现代物流业发展环境，利益分配更加简单，同时货主和实际承运人之间的业务交流也更加方便快捷。所以，我国多式联运的运营组织形式亟须进一步改善和提升，也在侧面说明我国的多式联运行业同发达国家相比还有一定距离，需要学习和借鉴他国的先进经验。

3. 我国多式联运的主要方式是联运运输

与传统单一运输方式不同，多式联运的组合方式更为复杂。多式联运包括公路运输、航空运输、铁路运输、海洋运输等多种不同的运输方式。按照我国目前的实际运营状况来看，公海联运是我国多式联运最普遍的开展形式。由于铁路管理运行体制相对不够健全，我国开展与铁路相关的联运形式都呈下降态势。在海运方面，由于航运潜力无法全面释放，造成联运形式的优势无法发挥，只能借助公路运输将大批位于沿海地区的集装箱货物分拨运往内陆地区的各个目的地。如此一来，就会造成运输成本的增加以及运输效率的降低。但是，欧美等发达国家的海铁联运利用率远远高于我国的集装箱转运水平，大约是我国的 2 倍还多。铁路运输在陆路口岸的建设发展中具有不可忽视的作用，但是受到铁路集装箱管理制度的制约，其优势无法全面发挥。其他的一些联运发展形式，例如，空铁联运和空海联运也取得一些发展，但总体规模还是相对较小，这就需要政府和企业加大投入，更加重视这方面的发展。

（三）国际多式联运的运营模式

1. 公—铁—海联运

作为最普遍的联运方式，公铁海联运以公路、铁路、航运和港口为依托开展联合运输，可以将货物"一站式"送达目的地，货物中途的换装环节少，运输效率相对较高。[①]

运营效益较高的路线有：义乌经宁波到达厦门或泉州、中亚到达连云港再返回中亚、苏州经辽宁营口到达俄罗斯。其中，义乌和连云港是这些模式中最成功的运营范例。连云港的运作流程大体依赖连云港的中哈物流基地，其主要以中亚国际铁路运输班列为主，全国各地的货物运输集聚到连云港港口，装运到直达中亚的国际铁路运输班列。浙江义乌作为小商品的集散地，它的货物主要通过公路运输集聚到宁波，再通过中亚国际铁路运输班列实现货物运输。2018 年底，洛阳至宁波舟山港的集装箱公铁海联运正式通行，内陆地区的货物从洛阳出发，通过班列送达宁波舟山港。成为陆上丝绸之路同海上丝绸之路的完美结合，也标志着内陆地区延伸到临海港口的集装箱公铁海联运大通道的成功运行。

2. 江海直达运输

江海直达也被称为水水中转。长江是江海直达的主要运营通道，其他内河则作为江海运输的辅助运营通道。江海直达有一半的货物运输由长江运营通道完成，由此可见，在运输市场上长江区域具有相当关键的作用。例如，在洋山港和上海港未通达铁路之前，它们都借助长江创造的便捷水运条件，大范围开展水水货物中转业务，为上海港建设世界第一大港奠定了坚实的基础。苏州港作为江苏省内最大规模的内河运输港

---

① 林备战：《"一带一路"国际多式联运建设成果及发展趋势展望》，《东北亚经济研究》2019 年第 4 期。

口，2019年苏州港港口货物吞吐量达到52275万吨，居全国港口第6位。苏州港包括三个下属港区，其中，2020年前三季度，张家港港区累计完成货物吞吐量1.87亿吨，2019年太仓港区完成货物吞吐量达2.16亿吨，2020年1—10月，常熟港累计实现货物吞吐量5812.5万吨，集装箱179593标准箱。苏州太仓港以"沪太通"作为主要运营模式，并且在积极探索并开展"商品箱中转""台湾—太仓港—苏满欧""新疆—太仓港—广州"等海铁联运新型运营模式。苏州港水水中转的货物品类主要为煤炭及制品，吞吐量可达1.73亿吨，木材的吞吐量达到1827.75万吨以及金属矿石1.57亿吨等。

3. 中新南向通道

中新南向通道是指于2017年开通的从中国的重庆通往新加坡的南向由海铁运输班列组成的运输通道。到2018年就实现开行数量达到700多列，集装箱发运数量达到3.5万标准箱。随着班列的快速发展，截至2020年5月，铁海运输班列累计开行达到1862班，货物运输的目的地涵盖90多个国家和地区的200多个港口，并且其辐射范围还在继续扩大中。

（四）国际多式联运建设中中欧班列的运行情况

中欧班列是在亚欧大陆桥基础上开通的中国通往欧洲（中亚）的铁路运输班列，以海—陆—海的多式联运模式作为主要运行方式。经过十年的不断发展，中欧班列已经逐级趋向成熟，成为"一带一路"多式联运的标杆和示范项目，为沿线的国家和地区提供了新的人员往来、产品运输以及人文交流的通道，成为加强各国交流的纽带。

2011年3月19日，中欧班列开始运行，首次班列由重庆出发，开往德国杜伊斯堡，被称为"渝新欧"。首趟班列主要运输的货物是重庆本土生产的电子产品。随后多次中欧班列接连开行，包括由成都开行的"蓉新欧"、从武汉出发的"汉新欧"以及始于河南郑州的"郑新欧"等。中欧班列发展迅速，品牌知名度随之提升，货运数量和货运价值不断提高。截至2018年11月，国内已经开通中欧班列的城市有56个，2020年底，中欧班列可到达欧洲21个国家，92个城市，60多条运输路线，运行达到10180列，集装箱运送达92.7万标准箱，同上一年相比增长54%，更加凸显了其重要的战略通道作用。

中欧班列主要分为东、西、中三条运输通道：东部运行通道以满洲里或绥芬河口岸为起点，经过俄罗斯到达欧洲；西部通道是从新疆的霍尔果斯口岸或阿拉山口口岸过境，最终到达中亚及欧洲各国；中部通道从内蒙古的二连浩特口岸过境，沿途经过蒙古国、俄罗斯最终到达欧洲。

1. 中欧班列总体运行情况

2020年，全国中欧班列开行数量达到12400列，比上一年增长50%，运输箱量达到113.5万标准箱，国内有56个城市达到常态化稳定运行，可以到达欧洲的21个国家，并且拥有专用的货运路线，全程只需12—14天，平均时速达到120公里。自开行以来，回程班列每年平均增长352%，运行状况良好，各地政府相继出台了相关优惠政策支持和鼓励回程班列的发展。但是近期受疫情影响，回程同去程班列的开行数量极大不平衡，特别是由欧洲返程的班列数量迅速下降，大部分都是以运送俄罗斯木材的回程班列为主。

仅从运行数量上来看，中欧班列每年的开行数量增长近一倍。2014年中欧班列开行308列；2015年达到1021列，运输箱量达到10万标准箱；2016年实现回程班列和去程班列数量基本均衡，全年开行数量为1702列；2017年运行3673列；2018年中欧班列运行超过12000列；2019年全国共开行中欧班列8225列；2020年中欧班列开行数量逆势增长，全年开行班列数量达1.24万列，运输箱量发送113.5万标准箱。

2. 内陆重点城市开行情况

（1）重庆。中欧班列最早开行的城市就是重庆，中欧（重庆）班列也因此被称为"渝新欧"班列。2011年，中欧班列就在重庆开始运行，开行的前三年运行班列数量较少，每年不超过100列，直到最近几年开行数量才逐渐提升。2016年"渝新欧"班列共开行420列，2017年全年度开行663列，2018年中欧班列一共开行1442班次，实现了运输常态化，2019年中欧班列全年开行超1500班次，2020年开行数量超过了2600班次，运输货物的价值位居全国第一。在运输货物的结构当中，去程货物以重庆本地生产的电子产品为主。随着生产能力和业务水平的提升，去程货物的品种逐渐增加到几十种，其中包括咖啡机、汽车配件、机械设备等。回程运输的货物主要是欧洲本土生产的汽车零配件以及机械设备,同时还包括化妆品、啤酒、奶粉等日常生活用品。中欧(重庆)班列运行线路主要有两条:一条是以重庆为起点,以德国杜伊斯堡为终点,途经马拉舍维奇、白俄罗斯、波兰、乌克兰、立陶宛等国家。到达杜伊斯堡后,经转运可将货物运送至意大利、法国、捷克、瑞典等欧洲国家;另一条是从重庆出发将货物转运至我国内陆各省市以及东南亚各个国家。运行的辅助线路有多条,其中一条从重庆出发沿途经过多斯特克到达阿拉木图,再通过其他运输方式将货物转运至中亚及俄罗斯的主要城市。另一条线路是走中新南向通道到达新加坡,具体运输线路是从东盟开始,后经北部湾到达重庆。

(2)成都。中欧(成都)班列又称为"蓉欧"快铁,开通于2013年4月,班列以成都青白江集装箱中心站为起点,运行终点为波兰的罗兹站,运行全程耗时约14天,路线全长约10000公里。目前,"蓉欧"快铁成熟的运行路线有中欧线、中亚线、中俄线以及南向东盟线。中欧线可直达的站点有3个,其中成都至纽伦堡每周的去程班列为1列,回程为2列,运输全程耗时约15天;成都至波兰罗兹每周的去程班列为5列,回程为3列,全程运输时间需要12—13天;成都至蒂尔堡每周的去程班列为2列,回程也为2列,运输全程耗时约15天;中亚线每周开行班列为2列,全程运输时间大约为10天;中俄线成都至莫斯科每周往返班列各为1列,全程运输耗时12天左右;东盟线每周开行班列2—5列,到达钦州港只需要55个小时,海铁联运全程需要约10天。

班列运行实现常态化,每天都有班列开行,2016年开行450列;2017年中欧(成都)班列首次突破开行1000列;而在2018年,前11个月就实现了1000列的运行。成都在2017年对多式联运进行改革,推行"一单制",签发国内首张中欧班列多式联运提单,实现货物门到门运输。经过一年多的发展,成都多式联运提单的签发量已经实现全国第一,总量超过1000单。当前,中欧(成都)班列已经成功搭建了"一主多辅,多点直达"的跨境班列运输网络。其中国际网络规划了3条运行线:南线的终点是土耳其的伊斯坦布尔,运输全程约1.3万公里。从我国的霍尔果斯口岸出境,需要经过两次铁路运输,一次船运,运输线路需途经哈萨克斯坦、阿塞拜疆以及格鲁吉亚等地;中线全长9826

公里，是以成都为起点，到达波兰罗兹，目前运行线路不断延伸，可以到达荷兰蒂尔堡以及德国纽伦堡等位于欧洲边缘的部分城市；西线是经由新疆口岸出境，运输全程10694公里，途中经过哈萨克斯坦、俄罗斯、波兰等国，最终到达意大利等国。

（3）武汉。由武汉开行的中欧班列始于2012年10月，被称为中欧（武汉）班列，简称"汉欧"班列。"汉欧"班列自开通以来，由弱到强，从无到有，不断发展，辐射能力逐渐提高，影响范围扩大，其作为枢纽大通道的功能日益完善，班列运营质与量实现同步飞跃，现在已经被成功打造为中欧班列的知名品牌。2014年，中欧（武汉）班列的开行数量仅达到42列；2015年中欧（武汉）班列开行数量超过100列，达到164列；2016年开行数量达到234列，并且运送的货物一半以上都是本地货物；2017年中欧（武汉）班列开行数量达到377列，运输箱量共34000标准箱；到2018年，中欧（武汉）班列合计发运423列，运输箱量达到37474标准箱。中欧（武汉）班列运输的重箱率居于全国首位，运输线路上的往返货物中，回程货物运输量要高于去程货物运输量，并且在中蒙俄、东盟以及新亚欧大陆桥这些国际经济通道上，建立了"四线并行"的交通运输通道，分别是凭祥、二连浩特、满洲里、阿拉山口，组建了"一主多辅、多点直达"的跨境运输网络，可到达欧洲、中亚、西亚30多个国家的60多座城市。从武汉发行的中欧班列运营线路覆盖欧洲全境。"汉欧"班列运输的货物种类主要为汽车整车与零配件、电子产品、机械配件、木材、食品，以及大量的法国红酒、德国肉类、白俄罗斯的牛奶和俄罗斯的木材等。

（4）义乌。由义乌出发的中欧班列开通于2014年11月18日，被称为中欧（义乌）班列，简称为"义新欧"班列。首列中欧（义乌）班列是从义乌出发，到达西班牙的马德里。2014年"义新欧"班列仅开行1列，2015年开行数量共35列，2016年中欧（义乌）班列突破100列，2017年班列往返运行数量达168列，2018年开行数量共320列，2019年开行数量突破500列，累计开行超过1000列，运送货物实现9万多标准箱的运输箱量。"义新欧"班列的运行线路是从我国西部地区的阿拉山口口岸出境，沿途经过哈萨克斯坦、俄罗斯、白俄罗斯、波兰、德国、法国、西班牙，最终到达欧洲各国。中欧班列中运行线路最长且途经国家也最多的一条运输线路就是从义乌开行到达西班牙马德里的班列，全程13052公里，运行耗时约21天。2018年，义乌班列实现近6万标准箱的集装箱运输，同上一年相比增长115.52%，进出口货物价值超过66亿元。中欧（义乌）班列的运行实现常态化发展。在"义新欧"班列运输中，去程运送的货物以义乌小商品为主要品类，班列回程的种类较多，将近2000多种，包括红酒、服装、五金工具、医疗器械等。

（五）"一带一路"中欧班列与多式联运未来发展新趋势

1. 改变了世界物流发展格局，扩大了国际贸易空间

"一带一路"倡议自2013年提出以来，在互联互通建设方面获得了非常显著的成就。在航空运输方面，国际运输航线增加了400多条，同沿线的40多个国家通行直达航班，一周有4500次左右的直航；在海洋运输方面，我国同其他3个国家签署了海运协议，达成双边协议和区域海运协定38个，辐射沿线的47个国家。同时，我国的海运互联互通指数居于全球前列；在公路运输方面，开通了356条国际道路客货运输线路，为货物的跨境道路运输创造了更加便利的运输环境。在铁路运输方面，2020年中欧班列开行累计12400列，每月平均开行1000列以上；在港口建设方面，我国参与了巴基斯坦瓜达尔港、希腊比雷埃夫斯港以及斯里兰卡汉班托塔港等30多个国家的近40个港口的建设。国家也在根据国际国内发展形势，不断调整和出台新的政策，支持和鼓励"一带一路"国际多式联运的建设和发展。

2. 开通中欧班列运输通道，发展枢纽经济，聚焦六大经济走廊

开通运输通道只是一种手段，最终的目的是建设产业园区，发展地区经济。在班列开通后，各地都在积极地规划和建立相应的产业发展园区。首先建立的是连云港的中哈物流基地，紧接着建立的是上合组织物流园。"渝新欧"通过收购杜伊斯堡的DIT场站，建设海外货仓。郑州依托中欧班列开展跨境电子商务业务，形成"班列购"。营口港通过收购俄罗斯的铁路运输场站，用于中转发送到欧洲的货物。可以从以下四个方面入手来提升整体发展水平：首先，加强国际合作共识；其次，鼓励企业"走出去"，走向国际舞台，主动参与"一带一路"多式联运并融入其中；再次，积极参与国际货运代理物流运输政策规则及联通标准的制定；

最后，要聚焦六大经济走廊这一战略支柱，实现陆上运输通道的互联互通。

3. 尽快融入"一带一路"建设，抢先占领多式联运市场

抓住"一带一路"下多式联运发展新机遇。2016年多式联运正式上升为国家战略，同时相关部门公布了第一批"多式联运示范工程项目"名单，全国有十多个多式联运优秀项目入选其中。2017年初，我国十八个部门联合发布了《关于进一步鼓励开展多式联运工作的通知》，从此，我国的多式联运建设有了顶层设计作为支持，并同"一带一路"沿线的多个国家共同成立了60多个境外合作区，其中，类似泰中罗勇工业园、中白工业园等都成为中外合作共建"一带一路"的标志性工程。

2016年，瓜达尔港正式开航，中巴经济走廊的建设持续推进，雅万高铁和中老铁路建设全面启动、中俄原油管道二线工程开工建设、中国远洋海运集团收购希腊比雷埃夫斯港、中俄和中亚油气管线建设、中巴经济走廊喀喇昆仑公路二期改造项目开工等一系列围绕基础设施开展的建设都为多式联运的发展奠定了坚实的物质基础。进一步的发展建设可以从以下四个方面入手：首先，融入由空铁海陆组成的多式联运立体联通市场；其次，建设物流信息化平台，实现运输的标准化和便利化；再次，持续推进产能合作；最后，培育和引进更多的国际化人才，建立更加健全的人才培养体系。自"一带一路"倡议提出以来，在发展过程中就不断取得丰硕的成果，而在后续的发展中，政府也会加大支持力度，鼓励"一带一路"多式联运的建设。在联运市场中，以铁路货运作为主线的运输所占据的市场份额相对较少，这也从侧面说明其发展潜力巨大，"一带一路"多式联运建设举足轻重。

二 我国国际多式联运运营模式的完善策略

（一）打造具有中国特色的国际多式联运运营模式

国际多式联合运输简称国际多式联运（International Multimodal Transport），集装箱运输的快速发展为国际多式联运创造了更加成熟的条件，从而为国际贸易货物的流转提供了一种衔接流畅的运输方式。以集装箱为运输单元，将单一的传统运输方式优化组合，同时利用海洋运输、公路运输、铁路运输、航空运输等两种及以上的运输方式，实现货

物的跨国运输。国际多式联运最早出现在美国，随后在国际贸易中被广泛采用，将传统的"港到港"运输升级为"门到门"运输，最大限度地实现各种运输工具的效率，降低货物运输成本，促进国际贸易便利化。

国际多式联运是在实现货物的跨国运输过程中，使用两种及两种以上不同运输方式的运输形式，主要包括海陆联运、空海联运以及海陆空联运三种，国际多式联运可以最大程度地发挥各种运输方式的优点，弥补单一运输方式的缺陷。因此，这种运输形式得到飞速发展并在各个国家和地区广泛应用。

1. 海陆联运

海陆联运（Sea Land Service）是国际多式联运的具体组织方式之一，是指在运输过程中，采用陆运和海运两种运输方式，也是远东地区和欧洲地区最常采用的运输组织形式。这种货物运输组织形式以船舶公司为主体，并根据其出具的多式联运提单，实现堆场到堆场或堆场到门的货物跨国运输。

2. 大陆桥运输

大陆桥运输（Land Bridge Service）在国际多式联运中地位独特，极具发展前景。大陆桥运输是指利用集装箱列车，通过横贯大陆的铁路运输系统将大陆两端的海运航线连接起来，大陆即为中间的"桥梁"。简言之，通过大陆将两片海洋连接起来，因此，陆桥联运实则也是陆海联运。目前世界上主要的国际陆桥运输有北美大陆桥、西伯利亚大陆桥以及新亚欧大陆桥。

3. 空海联运

空海联运又被称为空桥运输（Air Bridge Service）。是指在运输过程中，采用空运和海运两种运输方式，其中，海运承担大部分运输，运输终端由空运承担。但是与其他多式联运组织方式不同之处在于，空海联运需要在转运时更换集装箱，在航空港将在海运集装箱的货物转移到航空集装箱。目前，世界上主要的国际海空联运线路主要包括远东至中东、欧洲、非洲、中南美、澳洲等地区。

受"一带一路"建设的影响，我国物流业的发展迎来新机遇，国际多式联运是物流运输的关键环节和重要纽带。我国目前的社会经济运行状况良好，产业结构也在不断地调整和完善中，所以综合国情分析，要在新的经济发展形势下，加快国际多式联运合作体系的建设，发展空铁联运、公铁联运、海空联运、海铁联运等一系列多式联运形式，培育专业的国际联运经理人，打造独具中国特色的国际多式联运运营体系。

首先，在空铁联运、海铁联运方面，主动学习和总结欧洲国家形成的较为成熟的多式联运发展经验，努力打破禁锢我国民航运输发展的制约，即航线通达性问题的解决。对"一带一路"的空中航线进行科学规划和合理布局，加强同沿线国家的空中互联互通建设，满足民航运输的发展需求，为"一带一路"建设做出贡献。同时，借助现代化技术设备，同"一带一路"沿线国家合作建设洲际货机专用航线，搭建供空中运输中转的货物运输服务站，提高我国在国际枢纽体系中的地位，也有利于提高国内货物的集散能力，为我国航空多式联运在国际和国内的发展提供不可或缺的设施保障。

其次，在公铁联运方面，与"一带一路"沿线国家开展合作，共同建立服务于多式联运的中心车站，发挥公路运输灵活性、可控性优势，再结合铁路运输的主干优势，提高我国同"一带一路"沿线国家的互联互通建设水平，为公铁联运的发展创造更广阔的空间。由于我国公铁联运运输市场主要集中在国内，所以在同沿线国家建立合作关系时，不可避免地会在运输系统衔接上造成混乱，制度的约束力在一定程度上有所下降。因此，政府之间要加强沟通，加大政策法规的扶持力度，明确权责，严格按照相关条例进行交通运输管理，最大程度上发挥长距离铁路运输的优势以及公路运输灵活性的优势。

再次，在海铁联运方面，要与"一带一路"沿线国家开展深度交流，加强双边合作，加速推进铁路站点及港口基础设施建设，提高集装箱运输转载效率，建立运输业流程标准化制度，实现装卸搬运工具之间的紧密衔接。拓宽发展思路，实现港口和铁路货运能力的大幅提升，同时维护好港口及铁路的网络运行秩序，充分发挥海铁联运的优势，建立高效便捷、绿色环保的海铁联运运行机制，实现经济效益和社会效益最大化。与此同时，国家也应积极推动标准化建设，与沿线国家合作建立统一的国际多式联运运营监控机制，组建多式联运监管部门，用以制定和完善联运条约，建立联运价格保护机制，督促相关政策法规的落实，提高海铁联运的作业效率和作业质量，实现联运业务的健康可持续发展，同时也对参与合作的国家和企业实行权益保护和权力约束。

最后，要加大对沿线各国的国际多式联运市场的开拓力度，充分发挥政府在市场健康发展中的助推作用。多式联运作用的充分发挥需要政府给予政策上的大力支持。"一带一路"沿线的各级地方政府应该积极落实国家法律法规，通过制度保障为参与国际多式联运的企业创造良好的发展环境，例如，加大财政补贴力度、降低联运企业的市场准入门槛、合理制定税收优惠标准等措施，为联运企业创造更好的营商环境，以达成同沿线国家携手构建贸易互通、共建共赢的新局面。政府也要引导企业合理运用各种交通运输方式，取长补短，充分发挥联运优势，支持企业改革，并针对多种运输方式进行重组和调整，建立复合型的多式联运经营企业，为中国的国际多式联运创新发展做出更大贡献。

（二）河南省发展国际多式联运的探索

物流运输发展到高级阶段就形成了多式联运货运形式，也标志着物流业进入现代化发展阶段。《联合国国际货物多式联运公约》对国际多式联运所下的定义是："按照多式联运合同，以至少两种不同的运输方式，由多式联运经营人把货物从一国境内接运货物的地点运至另一国境内指定交付货物的地点。"[①] 依据上述的定义，构成国际多式联运需要达到以下几个条件。第一，多式联运经营人和托运人要签订运输合同，明确双方权责以及豁免关系，这也作为评判多式联运性质的直接依据。第二，运输全程仅使用一张运输单据，以证明在多式联运过程中，货物已按照合同进行交付且由经营人接收。这张单据是物权凭证的同时也是有价证券。第三，必须是国际货物运输，这是区别于国内运输和是否符合国际法规的限制条件。第四，必须在运输全程使用两种或两种以上不同的运输方式，以此作为判断一票货运是否属于多式联运的关键依据。第五，必须由一个经营人对多式联运作业全程负责，一个经营人向下寻找承运人，负责分段运输，这是多式联运的一个重要特征。第六，必须在运输全程使用单一费率。一次计费，即一次收取包括各运输路段的运

---

① 荣朝和等：《集装箱多式联运与综合物流》，中国铁道出版社2001年版，第19页。

费、管理费等，方便最终结算。①

国际多式联运的货物主要是集装箱货物。作为国际运输的主要发展方向，国际集装箱多式联运具备很多优势，具体包括以下四个方面：

首先，它能够最大限度地发挥各种运输方式的优势。单一的运输方式受制于货物性质、运输目的地等因素，不同的运输工具货运量也有限，而多式联运可以由多个经营人同时参与，使各种运输工具及设备最大限度地发挥作用，同时还可以扩大经营的范围，制订最优的运输方案，实现资源的合理配置，提高国际物流效率。

其次，简化手续，节省管理费用。在国际多式联运方式中，托运人和经营人只需签订一份联运合同，办理一次货物托运。在运输过程中，也只使用一份多式联运单据，且全程使用单一的运费费率，托运人只需要一次支付全部费用及保险，减少了单证制作流程，简化了结算手续。经营人对运输全程负责，如果货物在运输途中发生损坏，可以快速办理理赔，减少不必要的管理费用，有效控制国际物流运输成本。缩短货物在途时间，提高运输质量。多式联运以集装箱为媒介，进行连续运输，货物从仓储地装箱铅封后全程不再拆箱，直接运送至目的地，货物的装卸搬运使用机械化设备进行操作，不许拆箱转运，能够有效降低货物发生破损、缺失的概率。多式联运采用多种运输方式，使用多种运输工具，各个环节相互衔接，作业流程合理顺畅，货物周转速度加快，缩短运输时间，货物能够安全、准时到达目的地，提高货物的运输质量。

最后，有助于降低运输成本。多式联运过程中使用一份单据，进行一次计费，单证制作的流程得以简化，节约了相关的管理费用，同时也便于发货人提前核算运输成本，制订最优运输方案。除此之外，发货人在货物装入集装箱进行运输的同时，就可以取得货物联运单据，并且根据单据进行结汇，能够有效减少货物占用资金的时间，减少利息的支出，资金流转速度加快，为国际贸易的进一步发展创造有利条件。

---

① 郭晓燕：《考虑多种因素的中欧集装箱多式联运路径选择研究》，硕士学位论文，郑州大学，2017年。

河南位于我国中部地区，其中，中欧班列（郑州）的开行数量及货物运输量位于各省开行中欧班列的前列；在我国所有的跨境电子商务综合试验区中，郑州跨境电子商务综合试验区的交易规模及交易额都居于领先地位；新郑国际机场客货运数量已经连续多年居于全国前列。这些成绩都助推河南省打造陆空衔接的高效物流运输体系，实现"买全球、卖全球"，为河南省多式联运的发展创造新的可能。

在"一带一路"建设过程中，公铁联运、铁海联运、陆空联运等运输方式都获得了新的发展机遇，跨境电子商务的发展为航空运输带来了更加广阔的市场，同时也对陆空联运的高效衔接提出了更高的要求，加快推进通关便利化，推进多式联运高质量发展。作为"一带一路"建设的主线，互联互通与多式联运相互推进，河南省也在不断采取相应的措施打造现代化综合交通枢纽，加快推进陆上、空中、网上丝绸之路的建设，为"一带一路"建设创造更好的发展环境。积极推进贯通南北、连接东西的现代物流运输体系和现代综合交通网络体系建设。同时，将河南自贸试验区打造成为服务于"一带一路"建设的现代立体综合交通枢纽，加大改革创新力度，打造开放新高地。将多式联运作为现代物流体系建设的桥梁和纽带，借助自贸试验区的制度优势，深化改革、不断创新，努力将河南自贸试验区发展成为全国可借鉴的"示范田"，为河南省物流产业的发展赋予新的动能。

新郑机场在运营中的从事卡车运输服务企业达到30多家，每年的卡车航班量可以达到3.5万班以上，每年的货物运输量达到30万吨，并且卡车航班的运输网络可以覆盖全国近70座大中型城市。2020年底，郑州国际物流园累计签约的物流项目将近80个，通过招商共引进127家物流企业，入驻的企业总数达到200多家，用以承接铁路、公路和航空中转运输业务以及跨境电商快件的分拨配送业务，成为河南省物流产业的核心发展区域。郑州国际陆港公司依靠中欧班列，打开了郑日韩的铁海公集装箱班列运输通道。在多式联运的规划和建设过程中，完善具有多式联运功能的物流节点（货运枢纽）以及相配套的基础设施建设。

河南省在加快推进多式联运枢纽建设方面也做了很多努力，加快完善郑州作为大型铁路货运枢纽的集散功能，推动铁路货运客货运环线的基础建设，推进铁路物流基地建设，包括薛店铁路二级物流基地、郑州市圃田铁路物流基地、郑州高铁南站快运基地等。同时，在航空运输方面，推进新郑国际机场三期扩建工程，加强郑州国际航空货运枢纽建设，规划货运专用跑道，组建跨境电商物流分拨中心、国际货物转运中心、大宗货物集散中心、进口冷链食品交易中心等多个项目支持河南省国际多式联运的发展。合理规划集疏运分拨体系以及配套的铁路和航空枢纽站场基础设施，提高区域货物分拨能力，借助郑州国际陆港的发展平台，加快推进郑州多式联运集疏体系的构建。

河南省通过收集和整合各种运输方式的货运信息，建立物流信息管理系统，规划、协调各种运输方式，构建多式联运综合信息服务平台，实现信息的实时传递，运力的合理匹配。着重完善郑州国际陆港和新郑机场的综合信息平台，完善物流运营水平和运输管理平台。加强省内和省际间的信息互联互通，加快推进供给侧结构性改革，推动河南省产业链、供应链、价值链的协同发展，提升河南省在全球供应链体系中的地位。完善河南保税物流中心电商平台的信息服务建设，支持企业投资搭建综合信息服务平台，实现企业信息互通，形成良性竞争，进而激发市场活力。加快推进货车帮、货拉拉等货运平台的建立和完善，打造省内多式联运信息服务平台。

科学规划和布局综合交通运输网络上的各个枢纽节点，为各种运输方式提供货物有序衔接的场所；建立信息共享平台，使各种运输方式之间的衔接更加流畅。根据市场需求，建立口岸公共服务平台，完善口岸功能，提升国际贸易的便利化水平。坚持积极开放、合作共赢的态度，河南省在省内口岸的建设上展开科学合理的规划。2019 年，河南省政府下发的《关于印发优化口岸营商环境促进跨境贸易便利化工作实施方案的通知》（以下简称《通知》），通过更多的改革措施，优化通关流程，压缩通关时间，提高效率降低成本，规划了河南省口岸发展的大致方略，为多式联运和社会经济发展创造了更广阔的发展空间。根据《通知》，计划在 2018 年底实现进口核验的证件数量以及通关时间同上一年相比减少 30% 以上。2021 年底，实现通关时间减少 50% 以上，实现口岸治理能力和治理体系的现代化，创造更多开放的营商环境。积极推进国际贸易"单一窗口"建设，加强口岸信息的电子化，并与"一带一路"沿线国家合作实现信息互联互通。

河南省在邮政国际口岸建设方面不断加大投入，利用河南省的区位优势和多式联运物流枢纽，推进政府同中国邮政达成多项邮政战略合作，为河南省的口岸建设提供更多支持。邮政枢纽口岸的建设为河南省的发展打开了又一新的通道，借助口岸建设，推动经济发展转型升级。河南省已经同36个国家（地区）47个城市达成直航邮路，2019年出口跨境电商业务量近5亿件，河南省开通了3条定期全货机邮件专线，分别到达欧洲、日本东京、韩国首尔。这有利于把郑州建设成为全国国际邮件枢纽口岸，提升郑州处理国际航空邮件的枢纽能力，助推河南省枢纽经济建设和口岸经济发展，为经济发展创造更多机遇，物流质量得到大幅提升，多式联运得到快速发展，"一带一路"建设也将被推向新的高度。完善综合交通物流枢纽功能，提高物流运行质量，推进枢纽经济建设，大力发展多式联运，围绕物流服务这一中心，形成"通道+枢纽+产业链"的国际间合作新模式。

将工作重点落实到四个方面：第一，创新多式联运模式，通过多式联运"一单制"改革，完善更多的多式联运制度标准，继续扩大联运规模，建立更加完善的联运体系。第二，加强产业集聚区建设，针对电商、快递、食品冷链等物流相关产业进行规划，形成集聚效应，发挥产业的关联效益，引进大型企业、多式联运运营商以及货代企业入驻多式联运物流中心，形成规模效益。第三，提升枢纽节点的联动功能。加强公路、铁路和航空网络的融合建设，推进综合交通运输网络的形成，实现公路港、铁路港、航空港和出海港的"四港联动"。第四，加强信息资源建设，打造集公、铁、水、空等多种运输方式于一体的货运信息联通共享平台和交易平台，提供结算、金融、保险等物流配套服务。

第三节　国际多式联运与跨境电子商务发展

一　我国跨境电商发展现状

（一）国际物流合作水平不断提升

近年来，跨境电商的发展势头迅猛，模式不断创新，发展规模逐渐扩大。在世界经济相对疲软时，我国虽面临较大压力，但是对外贸易的总体增长趋势依旧不减。跨境电商的发展也为我国企业走向世界舞台提供了更广阔的空间,同时在一定程度上提供了更多的就业岗位,拓宽了贸易交流的途径。实现经济高质量发展对跨境电商提出了更高的要求,继续深化供给侧结构性改革、持续推进《中国制造2025》战略的实施、继续落实"一带一路"建设,提高对外开放水平;大力推进"丝绸之路经济带"和"21世纪海上丝绸之路",实现沿线国家的互联互通,打造合作共赢新局面。国家制定的一系列战略举措,目的是从各个方面推进极具活力的消费市场的建设。同时,不断完善相应的法律法规,为市场发展提供有力的制度保障。加强国家之间的物流合作,为国际贸易发展创造条件,坚定地推动企业借助跨境电商平台打通世界市场,使跨境电商成为经济高质量发展的新动能;加强政企合作,稳定外资,扩大对外贸易规模,才能促进经济质量提升,为企业公平竞争创造良好的市场环境,提高跨境电商企业在国际市场中的占有率,优化消费零售市场环境,为中国经济健康、可持续发展提供有力支撑。

2020年,我国的服务进出口总额达到近45642.7亿元,相比上一年下降了近15.7%,其中进口的下降幅度要远大于出口。我国服务贸易逆差显著下降,其主要原因是新冠肺炎疫情造成货物运输和国际旅行数量骤减,从而造成服务贸易进口的减少。贸易便利化的推行,为跨境电商企业的发展提供了更多的保障,使跨境电商零售出口呈现出逆势增长趋势,同上一年相比增长12%。现阶段,我国经济已经由高速增长阶段转向高质量发展阶段,我国的优势和潜力正待开发,我国人均生产总值已经达到1万美元以上,具有全世界最大的消费市场,把握生产、分配、流通和消费的各个环节,坚持扩大内需,我国2021年的经济增速达到8.1%,但是由于疫情影响要以经济恢复为主,稳定经济增长环境,打造更加安全可控的价值链、产业链和供应链,形成完备的产业体系,以足够的战略定力,专注于经济发展。

(二)跨境电商规模不断扩大

作为世界制造大国,我国的制造业生产能力不断增强,但是却仍旧处于全球价值链的末端,我国经济发展的核心就是产业的转型升级。作为全球最大的商品贸易国,我国产品销往全球几乎所有国家,并从60多个国家进口产品。2020年以来受新冠肺炎疫情冲击,全球多国外贸都遭受严重影响，但我国的跨境电商依然呈现正向增长。我国的跨境电商起源于20世纪末，随着互联网和对外贸易的发展，跨境电商的交易规模不断扩大（见图6-3）。

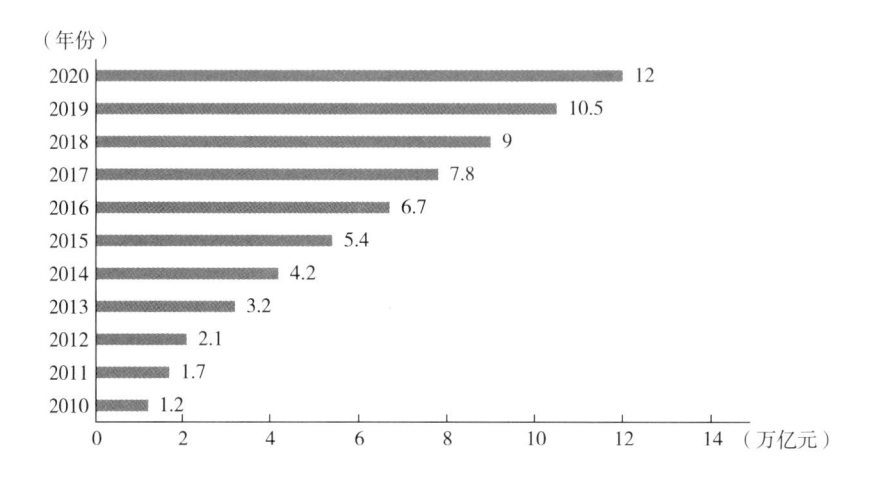

（年份）
- 2020: 12
- 2019: 10.5
- 2018: 9
- 2017: 7.8
- 2016: 6.7
- 2015: 5.4
- 2014: 4.2
- 2013: 3.2
- 2012: 2.1
- 2011: 1.7
- 2010: 1.2

（万亿元）

图6-3　2010—2020年我国跨境电商交易规模

资料来源：艾媒数据中心。

根据相关统计数据，早在2013年，我国开展跨境电商业务的企业已超过20万家，每年可实现四亿件国际快递包裹的运输，跨国销售的商品超过10亿件，跨境电商平台5000多家。根据2010—2016年的交易数据分析，我国跨境电商的交易规模不断扩大，其中在2016年，我国货物贸易进出口总额达到24.33万亿元，跨境电商交易规模达6.7万亿元，约占进出口贸易总额的1/4，而传统进出口贸易额连续三年呈现下滑态势。2019年我国的电子商务成交额实现34.81万亿元，网络零售额达到10.63万亿元，其中跨境电商进出口总额超过10.5万亿元，并且在2019年中国跨境电商零售进出总额中，河南省在全国居于第三位；在59个跨境电商综合试验区中，郑州市的跨境电商零售进出口总额排名第五。跨境电商在促进消费、稳定市场、产业优化升级方面做出了突出贡献，成为实现中国经济高质量发展的强大动力。

（三）跨境电商模式不断丰富

在跨境电商的初期发展阶段，业务模式以B2B为主，占比超过八成，并且长期作为我国跨境电商模式的主体，帮助民营企业寻找市场，为中心企业提供商品展示和交易的平台。随着互联网和电子支付的兴起，跨境电商零售的业务模式逐渐扩充，为满足更加多样化的需求，市场上逐渐出现跨境 B2C 网站以及 C2C 运营模式。2014 年我国对跨境电商的进口监管制度进行完善，加大监管力度，规范市场秩序，催生了一大批类似天猫国际、小红书、网易考拉等跨境电商零售进口平台和企业，我国跨境电商领域已基本形成多元化发展模式和发展平台，并且随着物流的发展和政策不断完善，将会派生更丰富的发展模式。

（四）跨境电商发展势头强劲

在"一带一路"建设和互联网新技术的助推下，中国跨境电商长期保持着正增长发展趋势。即使面对新冠肺炎疫情的冲击，跨境电商依赖其非接触的线上交易优势，2020 年实现交易规模 26.2% 的增长，其发展速度远超传统货物贸易方式，已经成为我国国际贸易发展的核心力量。根据跨境电商的外贸结构分析，2019 年，我国进出口总值达到 31 万亿元人民币，其中包含出口 17 万亿元，进口 14 万亿元，我国贸易依然为顺差。我国跨境电商零售的进口和出口总额均超过 900 亿元，对外贸易保持着稳定的增长趋势。从产品的交易种类来看，数码产品和轻工纺织产品所占的比重较高，而美妆护肤及母婴产品成为未来一段时间的主要发展方向。从产品交易的外贸对象看，我国跨境电商平台的出口面向欧美以及东盟等地，进口则主要集中在江浙沪等东部沿海地区。2019 年，广东省、浙江省、河南省、上海市和天津市分别居于中国跨境电商零售进出总额前五位，尤其是广东省，其交易总额要远高于其他省份。综合近几年的发展情况来看，我国跨境电商已经形成一定的规模，在国际贸易市场增速放缓的当下，跨境电商发展势头依旧不减，逐渐成为我国外贸甚至是我国经济发展的新增长点。

二　我国跨境电商面临的新机遇

（一）市场消费需求多元化发展

政府不断制定更加完善的跨境电子商务零售进口政策，通过政策的不断调整为消费者带来更多的选择，满足多样化的市场需求，同时也是推进我国供给侧结构性改革的重要手段。2019 年初正式实施的跨境电商零售进口监管政策对清单内产品实行进口零关税,加大优惠政策的范围和力度,添加更多的税目商品,提高商品单次交易限值以及年度交易限值。

我国拥有世界上最大体量的网购用户以及全球最大的网络零售市场。2019年社会消费品零售总额达411649亿元,2020年社会消费品零售总额达到39.2万亿元,同上一年相比下降3.9%,全年全国网上零售额达到11.7万亿元,同比增长10.9%,繁荣的消费市场促进了跨境电商的发展。跨境电商零售进口与传统贸易不同,其目的主要是满足普通居民的多元消费需求,与消费者个体产生直接联系。随着我国居民收入水平的提高,消费水平也随之提升,二者呈正相关关系,共同带动我国消费市场的繁荣。

(二)有效获客方式为跨境电商发展注入新的动能

互联网技术的发展以及网络社交服务的完善,为跨境电商创造了更多新的获客方式,尤其在近几年,电商直播的兴起,以更加直接的方式将商品信息及优惠折扣展现给消费者,为客户带来更加生动、形象的网络消费体验。电商直播逐渐成为跨境电商营销的主要渠道,例如"双十一""6·18"等电商促销活动,通过直播的方式实现网络流量的转化。同时我国也在逐步完善发展跨境电商所需的软硬件设施设备,结合"互联网+"发展战略,同国际电商市场接轨,推动中国本土企业走向世界舞台,打造更加全面的跨境电商运营平台。我国提出了《中国制造2025》战略,目的是实现产品质量的有效提升,进而提高产品的质量定位,获得国际市场的认可。跨境电商平台的成功搭建,为我国企业及时获得国际市场上的产品信息反馈提供了新的更加便利快捷的渠道。

(三)政府出台相关政策支持跨境电商发展

中央政府对跨境电商的重视程度逐渐提高,各地政府也加大投入,采取相应措施来支持跨境电商的发展。例如,海关总署通过建立试点,不断尝试跨境电商监管新方式,包括采用"清单核放、汇总申报"模式办理通关手续的电子商务零售进出口商品、跨境电商B2B直接出口、跨境电商出口海外仓这三种监管方式。国家统计局和商务部共同制定并完善了有关跨境电子商务统计工作制度,同时展开多次研讨,为国家跨境电子商务的有序发展提供完善的制度保障。其次，地方政府也为跨境电商的发展做出努力，杭州市政府推动中国（杭州）跨境电子商务综合试验区的建设和发展。而郑州和重庆等地区通过成立跨境电子商务综合试验区，依靠其原有的交通和区位优势开展跨境电商的物流运输业务，为跨境电商的发展创造良好的运营环境。上海等地的多个自贸区先后成立，并在政策上给予倾斜，支持自贸区的跨境电商发展，建立保税仓来减少企业纳税的压力，从而降低成本，提高企业效益。

（四）涉及跨境电商的政策法规逐步完善

跨境电商的快速发展有利于我国制造业转型升级，因此，国家对跨境电商的发展给予了大力支持，中央和地方政府每年出台新的政策，为跨境电商创造更有序的发展环境，例如税收优惠、检验流程简化、监管体系的完善等，跨境电商作为一种新模式，各个国家都还处在不断实践当中，最终的目的都是促进国家外贸经济的发展。下面是近年来我国出台的有关跨境电商的相关政策，包括综合性政策（见表6-1）、税收政策（见表6-2）、区域试点政策（见表6-3）和海关监管政策（见表6-4）。

表6-1　　　　　　　　　我国关于跨境电商的综合性政策

时间	制定单位	政策名称	主要内容
2015年5月	国务院	《关于大力发展电子商务加快培育经济新动力的意见》	指明要让电子商务"走出去"，加快研究制定促进跨境电子商务发展的指导规划，明确提出支持发展面向"一带一路"沿线国家及地区的电子商务相关合作
2015年6月	国务院	《关于促进跨境电子商务健康快速发展的指导意见》	属于跨境电商发展的纲领性指导文件。从国内企业发展、海关监管、检验检疫、产品税收、支付结算、财政支持、综合服务、行为规范、国际合作等多方面进行了全方位的战略部署
2017年9月	国务院	《国务院确定推进跨境电商综合试验区建设措施》	复制推广跨境电商线上综合服务和线下产业园"双平台"建设；搭建海外仓，完善物流网络等配套服务体系；建立健全交易风险防范体系和消费者权益保障机制

续表

时间	制定单位	政策名称	主要内容
2019年3月	国务院	2019年全国"两会"	将改革完善跨境电商等新业态扶持政策。加强服务贸易创新发展，推动加工贸易转型升级、向西部地区转移，利用好综合保税区的优势。办好第二届进博会。加强通关便利化运作水平

表6-2　　　　　　　　我国关于跨境电商的税收政策

时间	制定单位	政策名称	主要内容
2016年4月	财政部等11个部门	《关于跨境电子商务零售进口税收政策的通知》	跨境电子商务零售进口商品在限值以内时，关税税率设为0%，进口环节增值税、消费税取消免征税额，暂时根据法定应纳税额的70%征收
2018年11月	财政部、税务总局、海关总署	《关于完善跨境电子商务零售进口税收政策的通知》	将跨境电子商务零售进口商品的单次交易限值从2000元提升到5000元，年度交易限值由20000元提升到26000元
2019年10月	税务总局	《关于跨境电子商务综合试验区零售出口企业所得税核定征收有关问题的公告》	跨境电子商务综合试验区内核定征收的跨境电商企业应准确核算收入总额，并采用应税所得率方式核定征收企业所得税。应税所得率统一按照4%确定

表6-3　　　　　　　我国关于跨境电商的区域试点政策

时间	制定单位	政策名称	主要内容
2016年1月	国务院	《关于同意在天津等12个城市设立跨境电子商务综合试验区的批复》	同意在天津、上海、重庆、合肥、郑州、广州、成都、大连、宁波、青岛、深圳、苏州12个城市建立跨境电商综试区
2018年8月	国务院	《国务院关于同意在北京等22个城市设立跨境电子商务综合试验区的批复》	新增22个城市作为综合试验区，将跨境电商作为突破口，简化物流、仓储、通关等方面的运行流程，完善通关一体化
2010年1月	商务部等六部门	《关于扩大跨境电商零售进口试点的通知》	将石家庄等50个城市（地区）及海南全岛纳入跨境电商零售进口试点范围

表 6-4　　　　　　　我国关于跨境电商的海关监管政策

时间	制定单位	政策名称	主要内容
2014 年 7 月	中国海关总署	《关于增列海关监管方式代码的公告》	增列海关监管方式代码"1210",赋予了跨境电商保税进口合法身份
2016 年 5 月	中国海关总署	《关于执行跨境电子商务零售进口新的监管要求有关事宜的通知》	对在过渡期内的跨境电子商务零售进口商品提出监管新要求,设置 1 年过渡期,在 2017 年 5 月 11 日截止
2018 年 12 月	中国海关总署	《关于跨境电子商务零售进出口商品有关监管事宜的公告》	公告包括跨境电子商务企业管理、通关管理、税收征管、场所管理、检疫、查验和物流管理、退货管理等多项管理细则
2020 年 8 月	中国海关总署	《关于扩大跨境电子商务企业对企业出口监管试点范围的公告》	增列海关监管方式代码"9810",跨境电商 B2B 出口货物适用全国通关一体化,也可采用"跨境电商"模式进行转关

这些政策的实施,推动了我国跨境电商的快速发展,相关法律法规的完善,更为跨境电商企业创造了更具保障的发展环境,为消费者提供了更加安全可靠的海淘路径,为国外产品进入中国市场简化了手续,缩短了跨境电商产品的在途运输时间,为我国消费者提供了更好的产品以及更优质的服务。

三　"一带一路"建设加速我国跨境电商发展

"一带一路"建设给我国及沿线的其他国家和地区带来更大的发展机遇,推动国家之间构建互联互通的合作关系。作为倡议的发起国,我国也从中获得很多收益。基于"一带一路"发展战略,我国获得的发展红利主要包括以下几方面内容:首先,交通运输的基础设施建设更加完善,跨境运输网络和边境口岸建设水平得到提升,产品流通成本有所下降;其次,国家间的经济文化交流更加频繁,为我国企业走向国际市场创造良好发展环境,扩大了产品流通市场;最后,颁布的相关政策条例为国际贸易发展提供了制度和法律保障,在一定程度上为国际贸易摩擦的化解提供了有力依据。类似的发展红利有效降低了"一带一路"沿线国家和地区的经济合作成本,消除投资和贸易壁垒,为我国制造业实现国际化发展创造了机遇,促进了中国跨境电商及对外贸易的快速发展。

"一带一路"建设的逐步推进，使更多国家认识到其发展的潜力，也吸引更多的国家加入其中。"一带一路"建设涉及的国家和地区近70个，在地理空间上涵盖亚、非、欧三大洲，距离长、范围广，因此需要具有一定水平的物流运行系统为其提供保障，特别是在跨境电商的飞速发展时期，对提升物流运行效率带来了更大的压力，需要沿线各国加快完善物流基础设施设备，为"一带一路"倡议的发展提供有力支撑。

首先，从货运班列来看，2011年3月19日中欧班列首次开通，重庆开通"渝新欧"国际货运班列，从重庆市的团结村出发，新疆阿拉山口出境，沿途经过哈萨克斯坦、俄罗斯、白俄罗斯、波兰，需要16天的运行，最终到达德国的杜伊斯堡。"渝新欧"班列是丝绸之路经济带上最早开通的"五定"班列，即定时、定点、固定票价和路线以及固定车次。2015年7月5日，首趟"兰州号"中欧国际货运班列从兰州新区北站出发，成为我国第六个开通铁路口岸的城市。首次班列由兰州出发，从新疆阿拉山口出境，沿途经过哈萨克斯坦、俄罗斯、白俄罗斯、波兰，最终顺利抵达德国汉堡，货运班列的运输时间要比海运减少一半，全程运行时间约半个月。"兰州号"的顺利开通，实现了兰州至南亚的公铁海多式联运。2019年10月9日中欧班列（义乌—列日）"菜鸟号"首趟班列从义乌启程，沿途经过哈萨克斯坦、俄罗斯、白俄罗斯、波兰和德国最终顺利抵达比利时列日的物流多式联运货运场站，成为第一次覆盖我国长三角地区、中亚和欧洲的跨境电商运输专列。这条运输线路的开通代表着又一基于"一带一路"框架达成的合作新成果，国家之间的联系和合作更加紧密。

其次，从铁路设施建设方面来看，打通了东部沿海地区的港口（海上丝绸之路起点）和内地货物运输的通道，实现铁海联运。我国规划建设了实现内地铁路干线同海上丝绸之路关键枢纽节点相连的国际铁路运输通道，例如，中缅铁路、中巴铁路、中巴经济走廊、孟中印缅经济走廊的建设，完善了"一带一路"基础设施，为亚欧大陆桥的建设注入了新的动力。借助海上丝绸之路，实现欧洲的货物运输，建设中国到达欧洲的海运专线。同时，我国还同多个国家开展高速铁路合作建设方案。

再次，从航空运输设施方面来看，从2015年开始，我国陆续开通了多条直达国外的跨国航线，例如北京至特拉维夫、布拉格、曼彻斯特，重庆至罗马等，完善了"一带一路"枢纽节点的航空运输网络。

最后，从港口建设方面来看，从我国沿海港口出发，由南海经过印度洋，或由南海经过南太平洋，到达欧洲各国是海上丝绸之路的主要方向。所以，港口建设一直是重点，是实现运输通道畅通的保障。我国也在不断完善上海、广州、大连、宁波、厦门、深圳、青岛、天津等沿海港口的基础设施建设。从管道运输设施建设方面来看，中国不断推进同"一带一路"沿线国家的能源通道合作建设，包括中俄油气管道项目、中亚油气管道合作、中缅油气管道等。

"一带一路"建设为我国及沿线的其他国家和地区创造了良好的经济发展机遇，同时也对我国的经济发展质量提出了更高的要求。"一带一路"战略在一定程度上也催生了我国经济发展方式的转型和升级。虽然近几年的国际贸易发展速度有所减缓，但是我国的跨境电商发展速度依旧呈正向增长，更多支持性政策的颁布，为跨境电商的发展提供了广阔的发展空间和有力的制度保障，为跨境电商的发展奠定了坚实的基础，跨境电商已然成为我国经济的新增长点。我国作为制造大国，产品在国际市场中极具竞争优势，周边国家都发展成为我国的新兴市场，而在电子商务不发达的地区，其市场也极具开发潜力，为我国市场的进一步扩大提供发展空间。

但是值得注意的是，跨境电商的发展要注重创新，要结合地区发展特点，不可照搬统一模式，要根据需求制订个性化发展方案，同时，也要关注物流、产品通关、结算支付等一系列产品流通中的关键问题。坚持实施创新驱动型发展战略，探索创新发展方式，为"一带一路"发展跨境电子商务创造更大的发展空间。

四 跨境电子商务发展案例：河南省跨境电商发展

"一带一路"建设经过近年来的发展，影响范围逐渐扩大，我国也在发展过程中不断完善相关基础设施，并且不断深化同沿线国家的双边合作，包括政治沟通、经济建设。沿线国家也在借助"一带一路"建设，为跨境电商的发展寻找新的经济动力。国内企业也在抓紧"一带一路"建设带来的跨境电商发展机遇。从2018年开始，跨境电商从试点到普及推广，国内各省市都在主动推进跨境电商综合试验区的建设，2018年河南省在"一带一路"省份参与度得分排名中居第五位。从各项数据指标来看，在产业规模、资金投入、发展环境等多个方面还需要加大发展力度，拓展更多的发展空间，使河南省的跨境电商发展水平得到进一步的提升。

(一) 河南跨境电商发展现状

河南省的跨境电子商务始于2012年。在发展一年之后，受到行业相关人员的高度关注，尤其在食品加工、服装纺织行业。河南省发展起了一批知名度较高的电子商务品牌，为消费者提供了更多的选择，同时也为监管下的跨境电商市场创造了更大的发展机遇。在中国海关总署严密监管下，跨境电商的试点工作得到不断推广，河南保税仓储的跨境模式获得了相对自由的发展机会。根据河南省商务厅的统计数据分析，2019年河南省跨境电商的发展速度依然不减，全年实现跨境电商进出口额1581.3亿元（包含快递包裹），与上一年相比增长24.8%。同时根据郑州海关数据统计，由郑州海关监管放行的跨境电商零售进出口清单达到9807.4万票，货值超过100亿元，同上一年相比分别增长82%和54%。2020年，由郑州海关监管验放的跨境电商零售进出口清单高达2.43亿单，其中出口7582.4万单，进口1.67亿单，总货值超过300亿元，进出口清单和总货值同上一年相比分别增长91.5%和89.4%，实现飞跃式增长。

在进行试点工作之初，郑州海关创新开展"郑州模式"的电商保税进口模式，保证跨境电商的交易能够给政府、电商企业和消费者等多方参与者带来利益，实现共赢。通过信息技术和数据分析，实现货物全过程追踪，实现仓储成本的有效控制，综合业务效率得到大幅提高，不仅为消费者带来了更优质的服务体验，还满足了政府管理市场的需求，为市场运行带来便利。2017年，郑州海关创新跨境电商提货模式，实现了O2O线下自提。消费者可在展销现场提货，建立了中大门O2O跨境自提馆，消费者可以现场购买，及时申报，立即取货，不再需要长途物流运输和耗费更多时间来取得购买的产品。取货全程仅需几分钟就可解决，交易流程变得更加简易，给消费者创造了更好的购物体验。

郑州跨境电商还为消费者提供货物追溯平台。消费者可以通过扫描货物的二维码立即查看产品详细信息、物流运输信息等，可以实现对产品的全流程追溯，提高了产品的安全性保证。对于物流运输速度慢、产品运输时间长这一难题，郑州跨境电商创新了进货模式，实现保税备货进口模式。将淘宝、小红书等 App 推送的热点海外商品提前备货，储存在保税区，消费者一旦下达订单，客服端就可以迅速反应，将产品派送给消费者，订单处理速度得到跨越式的提升，产品通关速度可达 500 单/秒，每天平均可处理一亿包，极大地提高了订单处理效率。

通关便利化为业务处理速度的提高起到了很大的作用。以零售为主的跨境电商不可或缺的就是便捷的监管和通过，以缩短通关时间，提高运行效率，吸引更多的电商企业入驻。2020 年 7 月，郑州海关 "9710" "9810" 的清单与报关单 4 种申报模式全部成功通关，河南省正式启动跨境电商 B2B 出口试点项目。这一项创新为中国制造的产品走向世界提供了强有力的支持，最快 72 小时便可实现货物的交付，为全球消费者带来更加便捷的购物体验。

（二）河南省跨境电子商务发展 SWOT 分析

1. 河南跨境电商的发展优势

河南省跨境电商综合数据指标位于全国前列。2016 年河南省跨境电商进出口清单居全国之首，占全国一半的份额，进出口业务量达到 8290.3 万票。2018 年，河南省实现跨境电商进出口清单 9507.3 万单，产品进出口总值超过 120 亿元。2019 年河南省跨境电商零售进出口清单超过 12000 万票，货值超 160 亿元，在我国中西部地区居于首位。随着"一带一路"建设的推进，河南省跨境电商进出口规模不断扩大。将澳洲、欧洲以及东南亚各国作为进口源，贸易产品以日常消费品和工业产品为主；产品出口主要面向欧洲、北美洲及东亚各国，出口产品以农副产品、工业品以及日常消费品为主的本地特色产品，包括电子产品、许昌瑞贝卡假发、漯河三全思念食品、新郑大枣、橡胶、汽车等。河南省跨境电商进出口产品涵盖的主要商品种类如表 6-5 所示。

表 6-5　　　　　　　　河南省跨境电商进出口产品品种

	分类	主要产品
进口产品	工业品	生产原料及配件
	日常消费品	电子产品、美妆护肤、母婴、服装箱包、保健品
出口产品	工业品	电子产品、钢铁、汽车、橡胶
	日常消费品	许昌瑞贝卡假发、漯河三全食品
	农副产品	新郑大枣、中牟大蒜

目前，河南省跨境电商平台入驻企业基本囊括国内外知名电商企业，包括阿里巴巴、亚马逊、中华粮网、ebay、世界工厂网等，具有大量稳定的客源。河南省跨境电商的发展不断创新产品集货模式，提供了B2B、B2C、B2B2C等多样化的业务运行方式，打造集约化综合物流服务平台，提高运行效率，降低物流运作成本。河南保税物流中心坚持创新，建立中大门保税物流直购体验中心，实现全球第一家跨境电商即时取货。同时，河南省不断引入现代物流企业、电商运营平台以及跨境电商企业，打通跨境电商的产业链上下游，发挥产业集聚的作用，形成全链条的产业服务体系。

2. 河南发展跨境电商的机遇

国家加快颁布跨境电商相关政策条例，旨在创造更加良好的发展环境。近期发布的《关于跨境电子商务综合试验区零售出口企业所得税核定征收有关问题的公告》《关于跨境电子商务零售进出口商品有关监管事宜的公告》《关于扩大跨境电子商务企业对企业出口监管试点范围的公告》等一系列政策，对跨境电商企业、进出口税收、产品检验检疫、结算支付等环节进行更为完善的规划，支持和鼓励跨境电商的发展。河南省同时拥有跨境电商综试区和自由贸易区，所得到的政策福利尤为突出，国家对跨境电商发展给予了充足的政策保障，为跨境电子商务发展新业态带来了全新动力。

同时，河南位于我国中部地区，区位优势突出，有高效便捷的多元立体化交通运输体系作为支撑，基础设施健全，具备良好的跨境电商发展环境。河南省拥有完备的高速公路网、铁路网，以及连通世界各国的航空物流运输网络。新郑机场运用的货运航空公司31家，客运航空公司 54 家，货运和客运航线分别为 51 条和 194 条，客运可通航 132 个城市，货运通航 63 个城市，并且可以通达 11 个"一带一路"沿线国家，基本可以覆盖我国及东南亚的所有主要城市，并与欧美货物运输航线相连接。而中欧班列（郑州）的开行，更是为打通欧洲、中亚市场创造了条件，为多式联运及跨境电商的发展提供了有力支撑。通关一体化的发展，使企业自主权得到提升，可以根据企业需要，自主选择申报口岸、产品的通关模式以及货物的查验地点。通过多种方式的创新，为企业和消费者提供更加便利的服务。推动通关一体化，打造"单一窗口"，实现交易信息的跨区域流通，提供异地申报服务，提高企业的通过效率，节约运作成本，为河南省跨境电商企业的发展提供了更多政策上的支持，整体发展环境更加良好。

3. 河南跨境电商存在的问题及挑战

河南省跨境电商的发展基础不够牢固，在发展过程中依旧存在较多问题。跨境电商交易涉及的国家和地区较多，各个交易对象之间的流程及准则各不相同，这就导致通关难度提高，通关耗时增加。数据信息之间的标准不统一、数据共享存在一定难度，这些都会导致通关效率的降低。各个国家之间的发展水平存在差距，可以承受的产品中转能力不同，在一定程度上也会影响跨境电商的发展。跨境电商是一个涉及制造业、服务业以及外贸企业的多元发展领域，需要各个主体之间协调发展，但是目前这一系列产业并未形成一个闭环，因此其中的每个环节都会制约跨境电商的发展。

跨境电商的实现需要电子支付作为支撑。电子支付则需要安全、便捷的环境作为保障，必须要配备有力的信用管理制度和可靠的跨境支付处理体系，以降低跨境电商产品交易过程中可能存在的风险，河南本土能够实现线上第三方支付的企业数量较少，而安全可靠的跨境电商金融平台还在逐步建立当中，都对跨境电商的快速发展造成了一定的阻碍。河南省缺少主营跨境电商的大型企业，因此平台的基础设施建设薄弱，发展速度缓慢。同时还需要大量的金融、物流、管理类高端人才，而根据目前河南省跨境电商人才状况来看，数量还是相对较少，无法满足跨境电商的产业发展需求。

（三）河南发展跨境电商的建议

河南省跨境电商的发展面临许多挑战，但同时也面临很多机遇，我们要积极探索和分析，逐个破解其中的问题。从跨境电商发展平台、运作模式、发展业态等方面入手，找到突破口。不断完善发展扶持政策，提高风险防控意识，注重维护消费者的合法权益、加强个人电子信息的保护、深入研究税收优惠政策、继续提高和完善通关便利化，建立跨境电商交易规则和制度，搭建电子交易信用数据库和信用评级等级制度。建立并完善负面清单，提升河南省在全球跨境电商体系中的影响力。建立跨境电商平台数据网络，收集和分析企业的生产需求，将企业需要的进口产品提前备齐并储存在保税物流中心，再根据企业订单进行配送。

继续推进中大门零售展销模式，以更多更具创新的形式落实一馆多模式、一馆多业态。完善进口产品即时取货的品类，提升取货速度，加大技术研究的投入，扩大即时下单、立即取货的规模。同更多企业、商超开展合作，推广零售展销模式，建立保税超市或保税货柜，为消费者提供在柜台或超市就可体验商品的机会，消费者也可通过网络平台下单，将货物从保税仓直接派送到客户指定的地点，实现跨境电商网络交易平台同保税店、保税仓的有效衔接，以更优质的购物服务吸引顾客消费，从而获得更大的市场。

通过跨境电商的保税仓备货模式，进一步推动海外建仓的发展，实现出口海外仓外移、进口海外仓内移。在跨境电商产品进出口模式中，在国外注册企业或者建设海外仓，将备货产品直接储存在海外仓，在得到网络平台的订单指令之后，从海外仓直接通过国际物流将货物配送到客户手中，提高订单的响应速度，进而节约物流运输时间，有效降低企业成本。海外仓的建立有助于实现类似于亚马逊、ebay、天猫国际以及京东国际等大型跨境电商网络交易平台的境外交易转化为境内交易，有效减短了同法律法规磨合的时间，为产品进入市场提供了极大的便利。

重点把握国家和地区颁布的相关政策，为企业争得更多的税收优惠，继续深入探索促进跨境电商发展的服务方式和监管模式。持续推进"单一窗口"建立统一的数据标准和代码管理体系，实现数据信息在海关、监管和税务部门之间的即时共享，推行无纸化办公，建立标准化的通关申报数据管理制度。进一步打破"信息孤岛"，加强信息互联互通建设，实现信息的跨区域流通。

完善物流运输基础设施，不断开辟新的物流通道，大力发展多式联运。推进郑州国际机场直航线路的开通，充分发挥郑州航运枢纽作用，加强郑州同世界其他国际多式联运枢纽节点的联系。借助中欧班列（郑州）开通更多直通欧亚地区的运输线路，推进集装箱加挂业务，加强河南省同"一带一路"沿线国家的经济文化交流，吸引更多主营国际物流业务、国际货代的企业进入河南省物流运输市场，形成产业规模，大力发展跨境电商物流，培育更多本土化的供应链集成服务商，不断优化保税物流中心、国际物流园以及跨境电商综合实验区的规划布局，加大科研投入，积极发展智慧物流，提高物流作业效率。

不断开发跨境电商新模式、新业态，支持和鼓励跨境电商企业的发展，并以跨境电商运营平台为保障，提供采购、物流、金融、科研等配套服务，延长跨境电商产业链，培育更多优质的本土企业。提供更多政策支持，创造良好的企业发展环境，吸引更多企业集聚，打造完整的产业服务体系。加强校企合作，为跨境电商的发展培育更多的优质人才，将国际贸易、电子商务等作为高校普及性课程推广，为在职员工提供专业技能培训，提升专业技能。

第七章

综合交通枢纽地区的产业选择与产业布局

综合交通枢纽地区由于具备强大的要素集聚能力,能够为区域经济和城市发展带来强大动力,推动区域产业结构升级和空间布局优化。近年来,我国各地的交通基础设施不断完善,大型城市建成了以高铁、航空为主的快速立体交通运输模式,形成了具有综合交通优势的综合交通枢纽地区,在推进区域经济发展方面显现出越来越重要的影响。完善综合交通枢纽规划布局,统筹综合交通枢纽与核心产业布局、城市功能分区的关系,协调好土地利用总体规划同城市总体规划和城乡规划之间的关系,以综合交通枢纽为中心,开展交通枢纽与通道的建设,打造全国性综合交通枢纽体系,对于发挥各地的比较优势和提升我国整体的经济效率具有重要意义。

第一节 产业选择与产业布局理论

一 区域发展模式与产业结构

(一)产业结构发展模式

1. 平衡发展模式与非平衡发展模式

通过平衡发展模式与非平衡发展模式可以实现从资源配置的视角对枢纽产业结构发展进行归纳。20世纪40年代,平衡增长理论初步形成,以罗森斯坦·罗丹、纳克斯、刘易斯以及斯特里顿等为代表,这些学者基本的主张是认为发展中国家为了摆脱贫困,应在国民经济的各产业进行全面的、大规模的投资，以各产业的平衡增长来实现国家的工业化和国民经济的发展。在主张平衡增长的理论中，尤其以罗森斯坦·罗丹的"大推进理论"和纳克斯的"贫困恶性循环理论"为典型。

2. 产品循环发展模式与雁行发展模式

产品循环发展模式与雁行发展模式分别描述了一些产业在工业化不同阶段国家的发展模式。产品循环发展模式是由美国经济学家弗农提出的，描述的是工业先行国家产业发展的模式。弗农认为，产品如同生物一样，也是有生命周期的，包含三个阶段，分别为"导入期""成熟期"和"标准化期"。一些工业先行国家，由于技术和资金等方面的优势，率先对新产品进行开发和生产，并迅速进入产品的"导入期"，占领国内市场。随着生产规模的扩大和产业技术的成熟，该产品也逐渐进入了"成熟期"。此时，国内市场趋于饱和，于是开始向工业后发国出口，扩大在国际市场上的销售。随着技术在更广泛的范围扩展，竞争也就越发激烈。工业先行国为了维持在国外的市场份额，开始从产品的出口转向技术的出口，在工业后发国进行就地的生产和销售。当产品从"成熟期"进入"标准化期"，由于在国外生产该产品具有成本上的优势，工业先行国家逐渐放弃国内的生产，转而进口该产品来满足国内的市场，自己则研制、生产更新的和更高技术的产品，开始新一轮的产品循环。

雁行发展模式是由日本经济学家赤松要在考察了日本羊毛工业品贸易的发展轨迹后首先提出，以后又由小岛清等对日本的纺织工业、钢铁工业和汽车工业进行了验证。该模式认为，工业后发国家由于技术和资金等供给方面的原因，无法首先开发和生产一些较为先进的产品，因而最初对这类产品的国内需求，只能通过进口来满足（此时，称为"导入期"）。随着国内对这类产品需求的增加，企业通过引进技术等手段，使技术和资金等供给条件日趋成熟，逐渐具备了以国产化产品取代进口产品的能力，随着市场需求和生产规模的扩大，相应的产业也就逐渐形成了（这一阶段常被称为"进口替代期"）。在国内需求继续扩大和重工业化进程的作用下，规模经济和廉价生产要素的优势不断累积，产业的竞争力也有所上升，最终不但在本国赢得了市场，而且也实现了产品的出口（进入了"出口期"）。工业后发国的产业部门，就是依据这样的发展轨迹，最终达到经济发展和产业升级的目的。而这三个不同的发展阶段：进口→国内生产→出口，就如三只展翅飞翔的大雁（见图7-1），故被称为雁行发展模式。

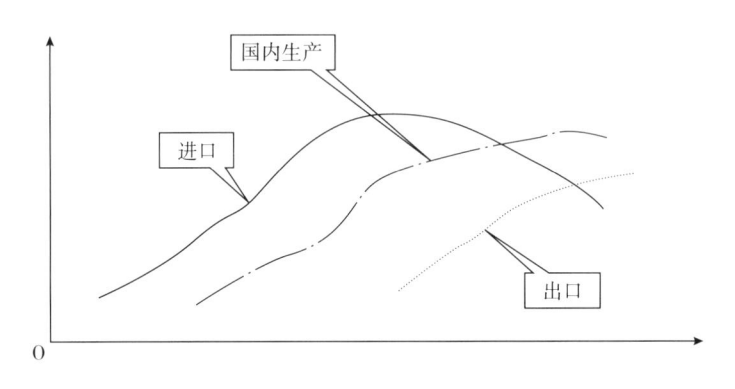

图7-1　雁行发展模式示意

3. 进口替代发展模式与出口导向发展模式

进口替代发展模式与出口导向发展模式是从产业发展和国际贸易间的角度描述产业结构的发展轨迹的。进口替代发展模式一般指工业后发展国家为了实现本国的工业化，在一些产业（一般是制造业）领域采取鼓励用本国产品替代进口产品来满足国内市场需求的政策，以支持和扶持本国相应产业发展的模式。这种发展模式在第二次世界大战后，曾被认为是工业后发国家实现工业化的"必由之路"，被许多新兴工业化国家所采用。

进口替代发展模式以本国经济和产业结构发展为主轴，政府采用该模式的目的一般是期望在有关政策的扶持下，能建立起本国相对独立和完整的工业化体系和产业结构体系。根据一些国家的实践经验，实施这一模式也有一些短处，如在长期保护之下成长起来的本国产业（特别是制造业），一般都具有成本较高而效率较低的共性，在国际市场上缺乏竞争力；为支持进口替代产业的发展，政府往往采取一些较为强烈的保护性贸易政策，保护性政策的长期执行，使本国的产业结构难以融入全球经济一体化的潮流；有些国家在争取消费品的进口替代时（消费品的进口替代往往构成进口替代的主要部分），仍需进口资本品和中间产品，容易引起这些国家的外汇短缺。理论的分析和实践的证明，进口替代发展模式仅适合于所谓的"大国结构"，并且即使在这些国家，也仅在工业化的某个阶段适用而不能长期实行。当经济发展到一定的阶段，应当相应转换，由进口替代转向中性的外向性贸易政策。

出口导向发展模式一般指工业后发国家为了实现本国的经济增长，支持和鼓励国内产业以国际市场需求为导向而进行发展的模式。从第二次世界大战后一些国家实施出口导向发展模式的实践来看，出口导向发展模式具有以下一些特点：具有"小国结构"特点的国家采用出口导向发展模式更易获得成功，出口导向产业是基于国际市场的分工而选择的，这些产业往往是国内具有相对优势的产业，因而这些产业相对来说具有较强的国际竞争力；由于政府所选择进行出口导向发展的产业一般是以制造业产品代替传统的初级产品出口，因而出口导向发展模式能使这些国家的经济获得较快的发展，产业结构得到较快的提升。

(二) 产业结构政策

1. 主导产业的选择政策

规划和安排产业发展的顺序，实施产业结构的高级化进程，是产业结构政策的主要内容之一。而主导产业的选择，正是实现这一政策目标的重要一环。所谓主导产业，是指对一个产业结构系统的未来发展具有决定性引导作用的产业。主导产业的特征包括：具有较强的关联效应；能够创造出新的市场需求；能够迅速吸收先进的科学技术成果，创造较高的生产效率和更多的附加价值。

主导产业对一个地区产业结构系统的引导功能是通过其带动作用实现的，而带动作用的实现则依赖于关联效应。因此，主导产业对一个地区产业结构系统的引导功能的发挥，最终取决于其有无较强的关联效应。一个地区产业是否具有较强的关联效应，被认为是能否成为主导产业的最根本特征。因为如果一个地区产业具有了关联效应或扩散效应，它就可能带动其他产业的发展，引导整个产业结构的发展方向；反之就至多只能得到自身的发展。

产业结构的升级与发展，总是伴随结构总量的扩张。而一个地区产业结构系统的产出，又直接受制于社会的需求。若不能不断地开发潜在的需求，结构总量的扩张就无法实现。因而一个主导产业只有创造出新的市场需求，才能满足结构总量扩张的要求。产业结构的升级是有序的，表现为对需求的更大满足和对资源的更有效利用。而要达成这一目标，产业技术水平必须不断得到提升。主导产业作为产业结构升级的"领头羊"，必然要求其能够迅速吸收先进的科学技术成果，提升自身的产业技术水平。

2. 幼小产业的扶植政策

对工业后发国家而言，在产业结构政策的体系中，除了主导产业的选择政策外，对幼小产业的扶植政策也是极为重要的一个内容。所谓的幼小产业，是指在工业后发国家的产业结构体系中，相对于工业先行国家成熟的同行产业而言，处于"幼小稚嫩"阶段的产业。在开放的产业结构系统中，一个新产业的建立和发展，必然会受到来自系统外部同行竞争的压力。工业后发国家为了加速本国的工业化进程和发展民族产业，势必要采取支持其发展的政策，而"保护制度是使落后国家在文化上取得与那个优势国家同等地位的唯一方法"。

李斯特是早期主张对本国幼小产业进行保护扶植的代表人物。他在1841年出版的《政治经济学的国民体系》[①]中，详细论证了经济发展相对落后的国家实施贸易保护主义的必要性。传统的比较优势理论认为，当其他国家在某一产品的生产费用上具有比较优势时，本国就毋庸生产而可通过国际贸易交换取得该产品来满足国内需求。而李斯特则从发展本国经济的长远目标出发，竭力反对这样的观点。李斯特认为，"财富的生产力比之财富本身不知道重要多少倍"。如果只顾眼前的利益，以较低的费用进口该产品，似乎是比较合算，但这样的结果是本国丧失了该产品的生产能力。

幼小产业扶植理论作为贸易保护理论的重要组成部分，无论是对当时的德国、美国，还是对以后的日本、韩国乃至几乎所有的工业后发国家的国民经济发展都具有重要的影响。李斯特在分析早期美国工业的发展时就发现，"虽然美国最初实行的税制（1789年），对于主要的各种工业品只征收了很轻微的进口税，但在实行的最初几年就已获得显著效

---

① ［德］弗里德里希·李斯特（Friedrich List）：《政治经济学的国民体系》，商务印书馆1981年版，第170页。

果"。而"假如没有这样一个政策,美国大西洋沿岸各州的工业建设是绝不能胜利完成的"。从第二次世界大战后一些工业后发国家常采用的扶植保护政策看,主要的政策手段包括:关税和非关税壁垒的保护政策;财政和税收的倾斜政策、金融和信贷的优惠政策、技术的支持政策和直接规制等产业组织政策。

二 产业组织政策

(一) 产业组织政策的基本目标

产业组织政策是指政府为了获得理想的市场效果所制定的干预和调整市场结构和市场行为的产业政策。产业组织政策的核心是通过协调竞争与规模经济的关系,既试图缓解垄断对市场经济运行造成的危害,又保持一定的规模经济水平,从而达到所谓有效竞争的状态。大多数先行发达国家的产业组织政策以反垄断政策为主。后起发达国家的产业组织政策则主要由产业组织合理化政策组成。

市场经济本质上是一种竞争经济。就现代产业组织理论的角度而言,高效率的竞争应是规模经济与竞争活力相兼容的有效竞争(workable competition)。所以,有效竞争成为政府制定与实施产业组织政策的目标导向。有效竞争是短期均衡和长期均衡的协调统一,也是规模经济和竞争活力的协调统一;既是个体利益同集体利益的协调统一,也是市场机制同政府政策的协调统一。

从有效竞争的含义中可知,有效竞争的两个决定变量是规模经济与竞争活力。规模经济是指企业随着规模的扩大而使单位产品成本降低、收益增加的一种经济现象。它是实现社会资源有效使用、提高经济效率的手段和途径,而竞争活力的经济意义表现为它与价格机制、供求机制综合作用,并产生市场经济组织功能,实现社会资源的优化配置,从而提高经济效率。可见,规模经济和竞争活力在有效使用和优化配置社会资源、提高经济效率上达到了统一,即规模经济和竞争活力以不同的途径谋求统一目标。

然而,规模经济与竞争活力具有相互排斥性,特别是那些规模经济比较显著的产业,两者的相互排斥性就表现得更加明显。其表现形式是:随着企业规模的扩大就会引起生产集中,而生产集中发展到一定阶段就会自然地走向垄断。垄断则是对市场竞争的否定,它会导致经济缺乏竞争活力。因此，可以认为，有效竞争兼顾规模经济和竞争活力，是使两者相互协调的一种理想状态，其临界点是合理界定规模经济和竞争活力的"度"，其协调目标是要达到规模经济和竞争活力所发挥的综合作用使社会经济效率极大化。由此可以得出这样一个结论，有效竞争问题就是经济效率问题，有效竞争的实质就是追求较高的经济效率。

（二）产业组织政策体系的构成

产业组织政策可分为两大类：一类为追求规模经济的产业组织政策，我们称为产业组织合理化政策，包括企业兼并政策、企业联合政策、经济规模政策；另一类为增强竞争活力的产业组织政策，我们称为产业竞争政策，包括反垄断政策和中小企业政策，如图7-2所示。

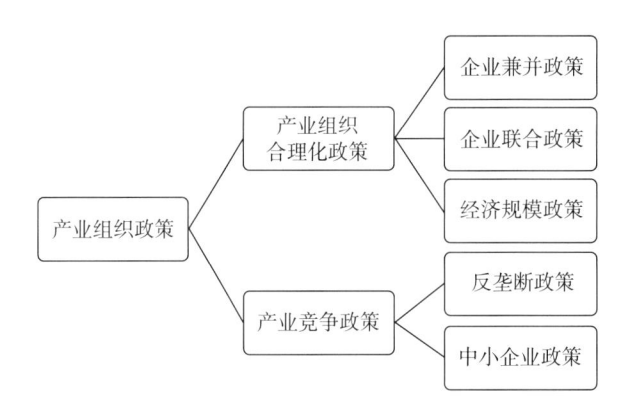

图7-2 产业组织政策体系

三 产业布局与产业选择

（一）产业布局的比较优势理论

产业布局的比较优势理论认为，各区域经济资源禀赋上的差异影响了产业和企业可能的获利空间，进而制约着产业和企业的地区选择，因此区域比较优势是决定产业布局的利益机制。

1. 绝对优势理论

绝对优势理论源于亚当·斯密在1776年出版的《国民财富的性质和原因的研究》中提出的地域分工学说。他提出，每个国家或地区都有其绝对有利的、适宜于某种特定产品的生产条件。如果每一个国家或地区都按其"绝对有利的生产条件"进行专业化生产,然后彼此进行交换,这将使各国的资源、劳动力和资本得到有效利用,从而增加社会财富。所谓"绝对有利的生产条件",是指能以最低成本生产某一产品,即绝对优势。

2. 比较优势理论

如果某一区域不能以最低成本生产任何产品,这个区域是否能参与地域分工,进行与其他区域的商品交换呢?比较优势理论认为答案是肯定的。这一理论源于大卫·李嘉图的国际分工理论。他证明:决定国家贸易的一般基础是比较优势,而非绝对优势。即使一国与另一国相比,在两种产品生产上都处于绝对不利的地位,国际分工和贸易仍可发生。任何国家都有其相对有利的生产条件,如果各国都把劳动用于最有利于生产和出口相对有优势的商品,进口不具备比较优势的商品,这将使各国资源都得到有效利用,进而使贸易双方获得利益。

3. 生产要素禀赋理论

1919年,瑞典经济学家埃利·赫克歇尔在解释李嘉图的比较优势理论时,首次提出了生产要素禀赋理论。1933年,他的学生贝蒂尔·俄林出版了《区域间贸易和国际贸易》一书,提出了完整的生产要素禀赋理论。根据这一理论,在同种商品不同区域的生产函数不变的情况下,比较优势的产生是由于:第一,各个区域生产要素禀赋不同;第二,不同商品需要不同的生产要素搭配比例。假设区域甲资本丰富,生产资本密集型商品成本比较便宜,具有比较优势,相反,区域乙劳动力丰富,生产劳动密集型商品成本比较便宜,同样具有比较优势。在区域贸易体系中,每个区域都应该专门生产和出口本区域相对丰裕和便宜的要素密集型商品,同时进口那些本区域相对短缺而价昂的要素密集型商品。因此,区域甲就可专门生产和出口资本密集型商品,同时进口区域乙的劳动密集型商品,反之亦然。生产要素禀赋理论被用于说明不同地区间的贸易,同样可被用来说明地域的产业布局,即产业布局应考虑地域的比较优势,扬长避短,将能有效利用资源,增加社会财富。

(二)区域主导产业的选择

主导产业选择是区域产业布局的重中之重。主导产业决定着区域经济的发展方向、速度、性质和规模,其选择合理与否不仅关系到主导产业本身的发展，而且决定着整个区域的经济发展和产业结构的合理化。因此，产业布局配置本质上是通过区域主导产业的确立，围绕主导产业的产前服务、协作配套和产后深度加工、资源综合利用等发展关联产业，形成高效率的区域经济有机体。

罗斯托在《经济成长阶段》中首先使用了"主导产业"这一概念来替代"经济基础部门"概念，提出了比较完整的主导产业理论体系。他提出，在区域经济发展中，不同层次的产业结构中各个产业的地位和作用是不同的。现代区域经济的增长，实质上是部门成长的过程，成长首先是从主导产业部门开始的。他将主导产业对区域经济增长的影响概括为扩散效应，具体表现为：前向影响，即主导产业对吸收其产出的产业影响；回顾影响，即主导产业对那些向自己提供生产资料的产业影响；旁侧影响，即主导产业对其他与之相关的经济部门，如城市建设、交通运输、协作部门所产生的影响。通过以上三个途径，主导产业将自己的产业优势辐射传递到产业关联链上的各产业中去，带动整个区域经济的全面发展。

作为区域经济增长及产业结构变动的主角，主导产业有以下特性：主导产业必须具有技术上的先进性。区域经济增长的根本原因在于创新，创新不会在所有产业部门中同时出现，它总是先在个别产业中发生，提高该产业的技术水平，使其成为区域发展的带动产业，并逐步发展成为主导产业；主导产业具有层次性。国家、大产业带、综合经济区、省、市区域层次不同，主导产业也就不同；主导产业在时间上具有阶段性。主导产业是随经济发展不断转换的，某一主导产业的最活跃时期是从技术成熟到规模成熟时期，过了这一时期，该主导产业将被其他主导产业所取代。

区域主导产业的选择，仅有一般性选择基准还不够，同时应做定量研究，即建立评选的指标体系。根据主导产业的特点及其功能，结合各国经济发展中产业结构转换的实践，可以列出以下指标体系：

1. 市场潜力

主导产业的本质特征是其外向性，主要是面向外部市场。其发展规模主要取决于外部市场容量，不仅当前要有市场，而且在未来的一段时期需求还应有扩大趋势。所选取的评价指标有需求收入弹性系数、市场占有率、产品净调出能力。

2. 相对优势度

相对优势度是指由地区的区位优势所产生的相对优势的大小。其衡量指标包括比较劳动生产率、年技术进步速度、创汇能力、产业经济效益。

3. 产业规模指标

产业规模指标包括以专门化率表示的产业规模指标和以产业扩张弹性表示的产业规模指标。它动态地反映一个产业相对扩张或萎缩的程度。

4. 产业关联度指标

某产业最终需求的变动对该产业本身及其他产业在最终生产量上所引起的波及效果称为波及效应。一个产业影响其他产业的强度称为影响力，可用影响力系数表示，该产业受其他产业的影响程度称为感应度，可用感应度系数表示。

区域主导产业的选择过程，是一个定性分析与定量分析相结合、地区条件与全国布局相结合的反复选择的过程。其具体步骤如下：第一步，确定经济区划的层次与方案，作为区域主导产业分析的空间基础；第二步，以综合经济区为单元，分别计算出各区域不同产业的上述4组评价指标，用几何平均法汇总，求出各综合经济区的综合评价值；第三步，根据地区经济所处的阶段及地区具体条件，按各行业综合评价值的顺序，选出靠前的若干行业；第四步，进行区间评比筛选，根据全国综合平衡、国家产业政策、产业布局指向及地区的有关条件，选择本地区发展条件最好的产业，列为主导产业；第五步，作进一步分类调整，在更细的产业分类层次上，明确入选的主导产业。

（三）产业集群的形成类型

在世界各主要国家的产业发展中，均形成了一些具有较大影响的产业群，如美国的硅谷和128公路的电子产业群、德国斯图加特的机床产业群、法国巴黎森迪尔区的网络产业群、印度旁遮普邦路德海阿那的金属加工和纺织产业群等。目前，世界各国产业集群的形式多种多样，并无固定的模式，但大致可以分为以下几类。

1. 纵向集聚

由产业纵向关联而形成的产业集群，集群内企业同属于一个产业的上、中、下游，企业彼此间存在生产过程中的投入产出联系。产业链成为集群生存与发展的动力，每个企业都在产业链上占据着合适的位置，形成一种合理的分工与协作状态。在这类产业集群中，通常还会产生为每一个生产环节提供服务的外围联系，如供电、供水、运输、社会服务和产业服务等。例如，世界第三大皮鞋出口国的巴西，其最突出的制鞋业集群是被称为"超级集群"的 Sinosvalley。该集群内拥有 1800 家企业，15 万名工人，其产品的 70% 用于出口，并主要出口美国。该集群成功的关键在于集群内部发达的纵向合作与企业的专业生产。

大量供应商为制鞋企业提供从鞋帮、鞋底、鞋跟、鞋垫直到鞋钉、鞋孔、染色等中间产品或服务，集群内还有许多专门为企业提供原材料、新旧机器、运输服务以及企业管理、金融技术和信息服务的供应商。这些供应商无论规模大小都与成鞋企业互通信息、共同发展，集群发展极具活力。

2. 横向集聚

由产业横向关联而形成的产业集群。这类集群通常以区域内某一主导产业为核心，通过企业间的横向联系，外部形成多层次的产业群体。由于这些群体受益于集聚带来的外部经济效应，因而充满了发展活力。美国加利福尼亚州戴维斯附近的酒业集群就是典型的横向关联集群。这里集中了近 700 家葡萄酒酿酒企业和种植酿酒葡萄的果园，其产量几乎是美国葡萄酒的全部。它以酿酒为主导产业，在其外围形成第二层次的辅助性产业如葡萄种植业、酿酒设备加工业等；第三层次是服务性产业，如专为酿酒业设置的科研机构、专业教育机构、产业咨询服务机构、专业出版物等；在最外围则是旅游业、中介服务、金融服务等。

3. 区位指向集聚

由区位优势指向而形成的产业集群通常是由同一产业或不同产业的众多中小企业组成。它们充分利用区位优势，如廉价劳动力集中地、信息和技术发达地、原料或燃料集中地、产品消费市场地、交通枢纽地等，形成各类专业化的小型产业集群。以地理环境、资源禀赋等自然因素为基础形成中小企业集群的最典型代表是意大利。长期以来，意大利农村一直是小农形态,农民从事副业生产并形成了手工业传统,并由此形成了大量的企业群。在意大利,中小企业大部分存在于工业区。工业区涉及的行业领域十分广泛,有汽车及零部件产业区、纺织服装专业区、制革皮鞋专业区、家具专业区、眼镜专业区等,充分显示出"一区一业""一镇一品"的特色。而单一产品不同生产阶段的专业化是连接同一工业区的中小企业的纽带。工业区内具有中、小型规模的家庭企业,主要依靠将生产过程分割为一系列渐进的过程,构成了企业间商业和生产内在联系的网络。每个中小企业负责一个阶段,使工业区内企业彼此依赖的规模经济得以实现。

第二节　枢纽产业选择

经济不断发展带动着城市规模的扩大,随之提升的就是对于交通运输的基本需求。近年来,我国各省市的交通基础设施建设得到明显改善。大型城市建成了以高铁、航空为主的快速立体交通运输模式。作为城市经济发展的重要基础和有力支持,我国的交通运输业亟须转型升级,不再是简单地实现数量上的增加,而是从综合运输结构的有效改善、运输效率的快速提升入手。完善综合交通枢纽规划布局,统筹综合交通枢纽与核心产业布局、城市功能分区的关系,协调好土地利用总体规划同城市总体规划和城乡规划之间的关系,以综合交通枢纽为中心,开展交通枢纽与通道的建设,打造全国性综合交通枢纽体系。

网络化时代的到来,使信息通信技术相关产业得到迅速发展,产品个体体积更小而附加值却逐渐增高。企业分工合作明确,人员、技术、资本和信息等生产要素加速流动。为了最大程度上发挥航空运输优势,各种资源要素向机场周边聚集。企业选址时会更加注重交通运输因素,倾向于选择配备物流运输网点的高速公路或机场周围。不仅如此,航空运输的发展,更为人们跨区域流动提供了更加高效的出行方式,消费者选择乘坐飞机的意愿更加凸显,因而,服务型经济在机场周边地区获得充足的发展空间,形成产业集聚区;产业的发展伴随着人口的大量涌入,会促使一个地区房地产以及服务业飞速发展。

我们一直在追求运速更快、运力更大、耗能更小且运输成本更低的交通运输方式，航空运输能实现人流、物流的大规模集聚，同时也会吸引相关产业联动发展，使区域内的经济发展同机场的客货运输形成紧密联系，打造航空枢纽经济发展的新格局，而机场及周边地区从空间上形成了一个经济活动频繁的产业集聚区，空港经济成为未来世界经济发展的重要形式。在继公路、铁路、航空及水运等发展历史更为长久且应用更为广泛的运输方式之后，高速铁路的发展为社会运输需求的满足提供了更有力的保障。目前，最快的陆运方式便是高速铁路，它已经成为全球交通产业发展的主要方向。虽然我国的高铁运输发展时间较晚，但是发展势头迅猛。

我国已经进入"高铁时代"。截至2020年底，我国高速铁路运营里程达到3.79万公里，世界排名第一，高铁运输网络覆盖率对50万人口以上城市可以达到86%，100万以上人口的城市，其覆盖率将近95%，可以覆盖100多个大城市。已经形成的骨干网络是"四纵四横"高铁干线运输网络，持续推进"八纵八横"高速铁路运输网络的建设。同时完善高铁站点的建设，作为客货集散中心，高铁站点是城市中同客货流发生直接联系的关键枢纽节点，各个地区围绕高铁站，已经形成了包括餐饮、旅游、休闲娱乐、商务贸易的新型经济发展形态，塑造了一种新的经济空间。

一　枢纽产业选择相关研究

孟令兴（2011）[①] 对通道经济和枢纽经济的内涵进行分析，并据此提出了对交通枢纽经济的理解，指出交通枢纽经济就是充分发挥运输通道的连带功能再结合交通枢纽的聚集作用，将技术、资本、信息、人力等生产要素汇集于此，实现区域自然资源和产成品的扩散，并以地区产业结构优化升级、产业集聚和扩散为目的的新兴经济发展方式。第二产业和第三产业的转型升级同交通枢纽型经济的发展有着紧密的联系，这个理论已经成为综合交通枢纽促进区域产业发展的有力证据。

在高速铁路和周边地区的发展问题当中，外国学者大多研究城市发展规划同交通枢纽规划之间的协调关系，其研究的核心在于如何平衡交

[①] 孟令兴：《交通枢纽型经济的系统动力学模型构建与仿真研究》，《中国铁路》2011年第6期。

通枢纽的城市功能以及交通功能。其中，城市功能主要指在交通枢纽周边逐渐产生的经济发展、社会服务、生态建设等需求；交通功能，则是指交通枢纽因为具备货物运输能力，需要具备发送旅客和运送货物的基本作用。所以，在深入探究交通枢纽规划时，不仅要关注综合交通枢纽本应具有的客货疏散能力之外，更要注重交通枢纽所发挥的城市功能对地区产业发展造成的影响。交通枢纽具有较好的通达性，古往今来，交通要道在一个区域的发展中总是起到关键作用，因此，枢纽节点也往往发展成为城市经济的新增长极。交通枢纽发展所带来的产业集聚能为城市经济发展以及区域产业结构优化升级提供强大的动力，而产业的集聚又能反作用于城市交通建设，使地区的交通运输量得到提升，充分发挥枢纽的交通功能。经过合理的规划布局，可以实现交通枢纽城市功能和交通功能的协同发展，两者相互促进形成良性循环，推动城市综合实力的提升。

交通枢纽根据不同的区域发展条件能够促进第二、第三产业的发展。工业化进程的不断加快，需要更加便捷的交通作为支撑。因此，政府或企业在进行企业选址或布局时，往往将高新技术制造业规划在机场或高速公路等枢纽节点旁，为产业提供时效性保障，产业集聚在机场或高速公路等交通枢纽附近，一般都远离闹市，有利于产业规模的进一步扩大，同时产品的快速流转以及信息的高速流通，对于生产技术的创新具有很大帮助。例如，新加坡政府发挥航空枢纽的优势，在机场周边地区大力发展飞机制造相关产业，包括飞机零配件制造、配件组装、零件维修等业务，其中仅一家航空工业园内就拥有40多家大型机械维修企业，占据亚太地区航空维修市场25%的份额，产值可达百亿新元。航空运输业快速发展带动了当地航空维修产业的崛起。日本政府从20世纪60年代开始，为了实现"技术立国"开始建立一系列的"技术城"。这些科学工业园区集聚着各种高精尖产业，而园区都建立在交通运输基础设施完善且适合高新技术产业发展的区域，虽然这些科学工业园区已逐渐不被人所了解，但是由它们所建立的产业已经成为推动日本经济发展的支柱产业。美国波士顿的128公路，这条半环形公路被称为"美国科技高速公路"，它正是以电子和半导体技术而闻名。由此可见，综合交通枢纽对第二产业的发展具有显著的助推作用，助力交通枢纽区域的产业高端化发展。

同时，交通枢纽也为一个区域的第三产业发展提供更大的动能。第三产业对于基础设施建设的要求相对较高，而借助交通枢纽集聚于此的产业可以实现基础设施的高度共享，为乘客出行提供更多的便利，能够有效降低运输工具的运行成本，也降低了客货的运输成本，消费市场的范围得到扩大，尤其是在餐饮业、旅游业、物流业以及房地产行业，交通枢纽的建设为它们提供了更多的发展机遇。例如，高铁及高速公路的建设，会促使周边地区房价上涨、销量增加。在法国高速列车（TGV）里尔至欧洲线的带动下，推动列车沿线地区的经济快速发展，催生了一系列新兴产业，同时也带动当地的旅游业、服务业发展。

目前，综合交通枢纽对区域经济发展的推动作用已经十分清晰，那么枢纽地区的产业选择就成为下一个值得研究的核心问题。很多学者已经对其展开相关研究，并且研究的对象主要针对高速公路、铁路和港区，例如区域临港产业选择，路港经济发展规划等，基于相关产业发展理论以及国内外的发展经验，对区域产业发展展开综合研究，最终给出区域发展主导产业的建议。同时，还有许多学者针对综合交通枢纽产生的客货流开展研究，分析交通枢纽对物流产业发展的积极影响，同时对枢纽地区的产业选址以及产业规划布局给予必要的建议。

总而言之，产业规划布局在交通枢纽地区建设中的作用得到重视，但是在枢纽理论的研究水平和产业布局规划的实践能力等方面都有待加强，目的是为区域经济发展和产业规划提供更多动力，实现区域产业结构的优化升级，继而提升综合交通枢纽地区的经济发展速度。

二 枢纽产业选择的相关理论

枢纽产业的选择主要集中在两个层面，包括国家层面的主导产业选择和区域层面的主导产业选择。同区域层面的主导产业选择相比，学者对于国家层面的主导产业选择所开展的相关研究更为提前，因此相关研究大多将国家层面的研究成果包括所建立的指标、模型等直接用于区域层面的研究。但是，这种做法是极其不合理的，社会经济的发展具有一体化的特性，区域之间所承担的社会分工不同，将两个层面作相同处理会导致区域主导产业和产业结构朝着同一方向发展，造成基础设施建设重复、生产资料浪费、资源配置不合理等结果。国家和区域两个层面存在质和量上的差异，所以需要将主导产业的选择从国家层面和区域层面分开，要将区域内的社会分工作为前提，从时间和空间上考虑区域产业的发展，优化和改进国家层面的产业选择理论与方法，制定合理的区域主导产业选择体系。

区域主导产业是指在一定地区，从产业培育期到产业发展期，充分发挥所处地区的独特优势，推动地区产业发展和产能显著提升，并且形成极具产业创新能力、带动区域经济飞速发展的专业化产业群。德国经济学家杜能在他的"孤立国"理论中提出，主导区域产业选择的决定性因素是区位因素，在他之后也不断有科学家针对区域同产业选择之间的关系进行深入研究。通过分析证明只有合适的区位条件才能使不同的产业在整个产业体系当中发挥最大的作用，最终可以得出结论，主导产业的选择很大程度上会受区位因素的影响。

不同的研究目的会产生不同的产业划分标准，较为常用的产业分类方法有以下两种。

（一）按产业功能分类

不同产业在区域发展中的作用不同，根据其所发挥的作用，可以将产业分为以下三类：基础产业、主导产业以及相关配套产业。

1. 基础产业

作为国民经济发展的保障，基础产业为其他产业部门的生产和发展提供有力支撑，但是它自己的发展不会过于依赖其他相关产业部门，是产业体系建立的基础。在一些特殊情况下，我们也可以将基础产业同主导产业作为同种类型的产业来发展，因为两者在产业体系的构建中都处于极其重要的地位，都属于优先发展的产业。两者在细微之处也存在差异，相较主导产业，基础产业的发展更加稳定，更符合产业发展的客观规律，不会随着经济发展所造成的波动而发生较大的变化。例如农业一般作为我国地区发展的基础性产业，同样地，能够为产业部门提供交通运输、电力通信等基础设施保障，为工业生产提供水电、原材料等基础工业条件的产业部门，都是区域经济发展的基础产业。

2. 主导产业

不同的区域其经济发展的主导产业各不相同，主导产业是产业部门发展的核心，同时也是地区经济发展的主要专业化部门，产业的生命周期有四个阶段，包括培育期、成长期、成熟期和衰退期，其中主导产业一般位于产业培育期到产业成长期之间（见图7-3），是促进社会经济发展的核心产业，注重产业创新，发展目光长远，关注产业的长期发展变化，并且会对相关产业的发展产生重要的影响。

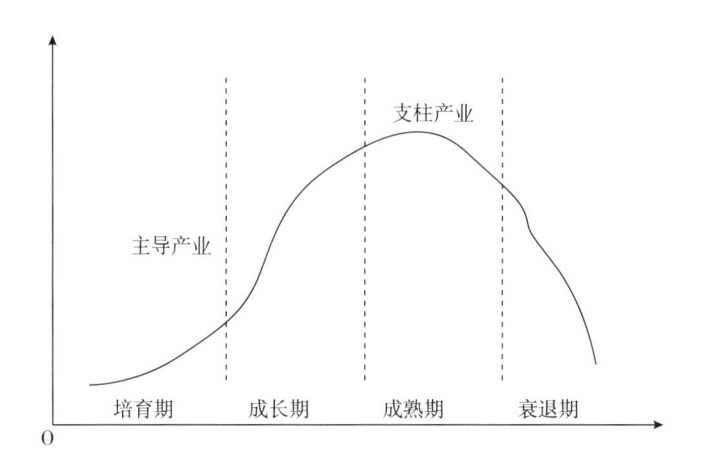

图7-3 产业生命周期示意

一个值得注意的关键点是主导产业与支柱产业之间的辨析，两者在概念上极易混淆。支柱产业是指在国家经济发展中占比相对较大，主要是从产业的经济地位考虑，一般支柱型产业都处于产业发展的成熟期甚至是衰退期。支柱型产业在过去是区域经济发展的主导产业，但是当前的主导产业在将来可能会发展成支柱型产业。区域主导产业的相关发展案例有很多，例如，在我国的海南岛，拥有丰富的旅游资源，气候条件优越，居民经济收入及生活水平的不断提高，使人们更加主动地去提高生活质量，选择外出度假，因而海南岛的旅游业逐渐成为区域的主导产业。在美国硅谷，为了促进高新技术产业的发展，政府投入大量资金，给予企业各种优惠政策，为其创造良好的发展环境，从而高精尖产业成为地区的主导产业，具体包括计算机通信技术、软件开发、生物医药以及电子元件等,并且逐步发展成为主导产业群。

3. 相关配套产业

相关配套产业是为主导产业的发展提供帮助,一般包括上下游相关产业和横向相关产业。其中,上游产业主要是指为满足主导产业生产需求而发生关联的上游产业所组成的产业部门,例如采矿业就是钢铁制造业的上游配套产业。下游产业主要是指以主导产业所生产的产品作为原材料或半成品继续加工的产业所构成的产业部门。横向关联产业同主导产业直接看来没有过于紧密的联系,但是它关乎生产生活的正常运行以及运行质量的提高,为地区居民消费提供保证,因此对主导产业也会产生影响,例如,一个地区的正常运转需要交通、医疗、教育等相关配套产业提供保证,属于相关配套产业的其中一种类型。

(二)按三次产业分类

在所有的产业结构相关研究中,三次产业分类法是使用最普遍也是最基本的分类方法。将所有的产业依据经济活动的客观发展规律和内在联系进行划分,依次为第一产业、第二产业、第三产业。其中,第一产业是指农业,具体包括种植业、林业、畜牧业、水产养殖业、狩猎业等将自然生物作为直接生产对象的产业;第二产业是指工业,具体包括制造业、建筑业、采掘业、电力、煤气水的生产和供应等;第三产业是指除第一、第二产业外的其他行业,主要是指服务业,所涉及的范围比较广,具体包括以商业、金融业、交通运输产业、餐饮业为主的服务型产业和以医疗卫生、科学教育为主的公共事业。三次产业分类法是目前最科学、合理的产业划分方法,基本能够涵盖所有社会生产活动,便于产业研究中进行统计分析,在国际社会也得到认可,同联合国制定的标准产业分类法不谋而合,具有一定的权威性。我国的产业划分始于1985年,三次产业的划分制定了专门规则。

三 枢纽产业选择步骤

枢纽地区的产业选择基本分为三个步骤,具体包括以下内容:首先要进行定量分析,根据产业发展状况,建立产业选择的评价指标体系,再根据相关资料进行数据收集,之后选取合适的灰色分析模型展开定权聚类分析,对产业进行划分;其次是进行定性分析,依据区域布局所制定的产业发展规划,再结合综合枢纽地区的产业发展现状,确定区域产业发展方向以及区域功能，将不适合本区域的产业剔除；最后结合定性、定量开展综合分析，综合两项分析结果进行筛选以及进一步的细化，得到最终结果，即最终构建的产业群。综合枢纽地区的主导产业选择分为五个步骤，具体包括以下内容：

第一，需要对区域的主导产业进行预测，包括第一、第二、第三产业。因为综合枢纽的规划和建设需要耗费很长时间，作为大型的工程建设，投入的时间成本和资金成本较大，是一个长期的发展过程。因此合理的预测，能够有效降低项目建设风险，能够实现建成后的综合枢纽同区域未来的发展规划相协调。借助灰色系统理论中的成分数据模型，基于枢纽地区三次产业比重的历史数据，对未来几年的发展情况进行预测，根据分析结果对主导产业归属进行确定。要根据地区当前的产业发展基础选择主导产业，尤其是偏远地区，经济发展相对落后，要以第二产业的建设为主要内容，高新技术产业通常是第一选择。同时，我国第三产业的发展规模不断扩大，所占的比重也在不断上升，在我国经济发展水平相对较高的地区，第三产业已经成为主要发展对象。综合来看，要依据地区产业基础构建产业选择指标体系。

第二，要有针对性地构建主导产业选择指标体系，主要是从第二、第三产业两个层面。在基本的主导产业选择指标体系的基础之上，进行创新，建立新的综合枢纽地区主导产业选择的指标体系，从产业区位优势、产业发展基础、产业发展潜力这三个维度进行分析（见图7-4）。其中，产业区位优势主要用于分析综合枢纽区域产业选择受区位因素的影响程度；产业发展基础用来判断枢纽地区所具备的产业发展基础条件；产业发展潜力是用来分析枢纽区域未来产业发展的方向以及产业关联度。

第三，根据统计年鉴、政府统计公报和相关研究数据，利用主成分分析法，对第二产业和第三产业进行第一次的定量分析。

第四，融合度分析，即根据枢纽地区的发展现状以及周边地区的产业发展状况，对第一次的结果进行筛选。

第五，得到最终结果，即综合枢纽地区的主导产业群。

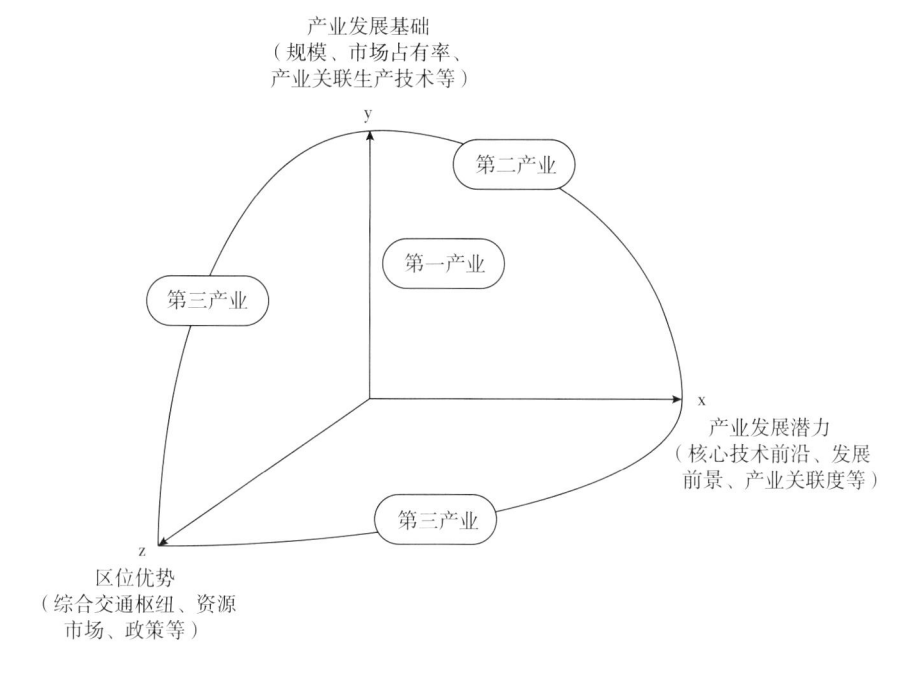

第七章 | 综合交通枢纽地区的产业选择与产业布局

图 7-4 产业选择指标体系的三维度

资料来源：张琳薇：《大型综合交通枢纽区域开发及其主导产业选择研究》，硕士学位论文，上海交通大学，2013 年。

第三节 枢纽产业布局

一 枢纽区域的开发模式

枢纽区域的开发模式有三种：

一是产业载体型：依托区域内的综合交通枢纽发展产品加工、物流运输等相关产业，推动区域经济发展，借助临路、临空、临港等交通区位优势，充分发挥枢纽区域的交通运输功能，同时也能促进区域的产业集聚，形成规模效应，例如上海虹桥机场、法兰克福国际机场。

二是交通换乘型：交通枢纽作为城市的核心基础设施，承担客货的中转以及同区域外交通枢纽的衔接任务。这种交通枢纽开发模式一般发生于枢纽地区周边，随之产生的就是住宿餐饮、休闲娱乐等一系列配套服务，但是规模相对来说比较小，例如城市边缘的高铁站。

三是发展平台型：这种开发模式是将交通枢纽的规划同城市综合发展规划结合起来，是对第一种产业载体开发模式的完善，以综合交通枢纽的建设作为切入点，为经济社会创造更大的发展空间，推动城市经济发展转型升级。普遍来看，这种借助交通枢纽进行开发的模式最终会形成枢纽商务区，例如上海市虹桥商务区，目前这种发展平台型的开发模式最受关注。

二 综合交通枢纽地区空间圈层格局

（一）空间组织层级

车站、机场、港口等站场的有机结合形成了综合交通枢纽，其影响范围更广，影响力度更大，涉及多个主体，空间布局更为复杂。综合交通枢纽具有"1+1>2"的叠加效应，为区域经济增长提供强大动力。发展综合交通枢纽经济的优势在于，它能够涵盖陆港经济、空港经济、海港经济以及高铁经济等多种枢纽产业的基本特征和发展优势，规划新的产业空间布局以及产业结构体系，根据新的布局和体系，再结合成熟的综合交通枢纽地区发展实例，在空间格局上对综合交通枢纽地区进行划分，可以分为内圈层（核心区）、中圈层（影响区）和外圈层（关联区）这三个圈层，划分依据就是同枢纽的关联程度以及同枢纽之间的距离。[1]

（二）功能组织层次

可以从三个层次对枢纽地区的功能进行划分。首先是基础功能层次，具体指的是交通枢纽普遍具备的运输换乘、运营服务、旅行服务等；其次是相关功能层次，具体是指商务、物流、信息、会展以及专业服务等；最后是保障功能层次，都是同交通枢纽关联度较低的功能，包括医疗卫生、科教文化、专业技术培训、居民服务等。不同层次的具体功能如表7-1所示。

产业的发展为交通枢纽功能的发挥提供保障，综合交通枢纽同时具备例如航空、高铁等多种交通枢纽的特性，其客货流通的性质与单一型

---

[1] 邓洪波：《虹桥综合交通枢纽地区产业结构与产业空间的演化研究》，博士学位论文，安徽师范大学，2018年。

交通运输存在很大差别，综合交通枢纽同时承担着汽车客流、火车客流、高铁客流以及机场客流等。同时，作为一种高速客运枢纽，现代综合交通枢纽在空间布局和产业结构上同时具备航空和高铁两种枢纽的特征，并在空间发展上受到高铁和航空枢纽的限制。综合枢纽所产生的辐射作用以及对要素的集聚作用要比单一型交通枢纽大得多，所以综合枢纽的区域产业结构更为复杂。

表 7-1　　　　　　　　　　枢纽地区功能层次分布

功能层次	具体功能
基础功能	票务服务、餐饮住宿、休闲娱乐设施、停车场、公共交通、安保措施等
相关功能	商务中心、物流中心、会展中心、办公楼、批发市场、货运设施等
保障功能	图书馆、剧院、体育馆、学校、医疗中心、公园、住宅、通信、计算机软件产业等

综合分析国内外的综合交通枢纽地区产业结构，我们大致可以将其分为三类：第一类是枢纽直接产业，指的是航空枢纽的核心产业和高铁枢纽的直接产业，具体包括物流运输业、仓储业、通用航空产业、站场设备维修等。第二类是枢纽关联产业，主要是指航空和高铁的关联产业，具体包括金融业、会展业、产品研发、总部经济、高新技术制造业等。第三类是枢纽保障产业，总体上分为航空保障产业和高铁衍生产业两类，具体来看包括餐饮业、旅游业、房地产业、休闲娱乐、居民服务、医疗卫生、教育培训等。

（三）空间层级与功能层次的关联

枢纽地区的功能布局规划和产业空间分布有一定的关联性，将枢纽地区的功能层次同枢纽地区的空间层级进行关联性分析，可以看出两者具有明显的对应关系。综合交通枢纽的核心区和影响区主要配备基础功能和相关功能，但是在所对应的圈层上存在差异，不同的分区具有不同的具体功能，其中，保障功能主要分布在影响区和关联区。具体如表 7-2 所示。

表7-2　　　　　　枢纽地区功能层次与空间层级的关联

	基础功能	相关功能	保障功能
核心区	交通换乘、住宿、餐饮、旅行服务、运营服务	商务、物流	
影响区		商务、会展、信息咨询	医疗卫生、科教文化、专业服务
关联区			

（四）综合交通枢纽地区圈层格局

根据枢纽地区的空间发展格局，再结合前文对综合交通枢纽区域功能层次和空间层级的关联分析，能够实现对综合交通枢纽地区整体空间格局的合理规划。可以将航空枢纽地区的空间格局作为参考，综合交通枢纽区域的空间格局规划与其存在很多共通之处，但是值得注意的是综合交通枢纽区域的空间格局存在高铁站点这一影响因素，要关注高铁站点的辐射范围。一般来说，高铁站的核心区域是站点周围500米，但是影响区范围可以达到2公里，最外围的影响区域不超过5公里。所以，受到高铁枢纽站点的影响，将综合交通枢纽地区的影响区确定在5公里。

具体规划如图7-5所示，综合交通枢纽地区的第一圈层为核心区，位于枢纽中心2公里范围内，会直接受机场和高铁的影响。在核心区域当中，主要是交通枢纽的综合体，同时还存在相应的商务办公、餐饮住宿等配套服务；第二圈层是影响区，位于枢纽中心5公里范围内，机场或高铁对其产生的辐射作用有所减弱，是对最内圈的完善和延伸，主要具有金融、商业、娱乐、医疗卫生等服务功能，属于第三产业的集聚区；第三圈层是关联区，它处在影响区之外的所有地区，及距离枢纽中心5公里以外的区域，作为核心区和影响区的补充，顺延内圈的功能辐射，因此没有设置具体的边界，同其他发展区域融合。城市发展规模、经济发展水平以及城市化的进程会影响枢纽地区的空间格局分布，也会对圈层的规模和数量产生影响。交通枢纽不断完善，随之也会带动枢纽经济的建设和发展，枢纽空间范围不断扩大、产业结构不断完善。

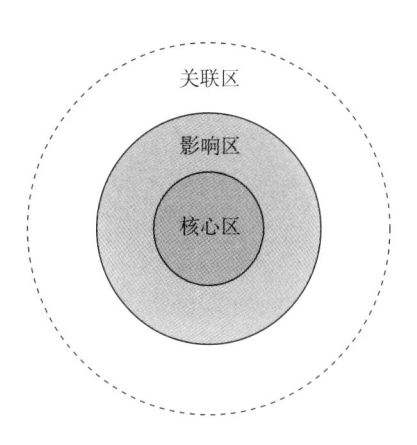

第七章 综合交通枢纽地区的产业选择与产业布局

图 7-5 综合交通枢纽空间圈层结构

三 枢纽地区产业布局模式

枢纽地区主要经历三个发展阶段，包括空间形成期、空间生长期和空间涌现期。处在不同发展阶段，综合交通枢纽地区具有不同规模的产业空间布局，具体的布局模式如图 7-6 所示。

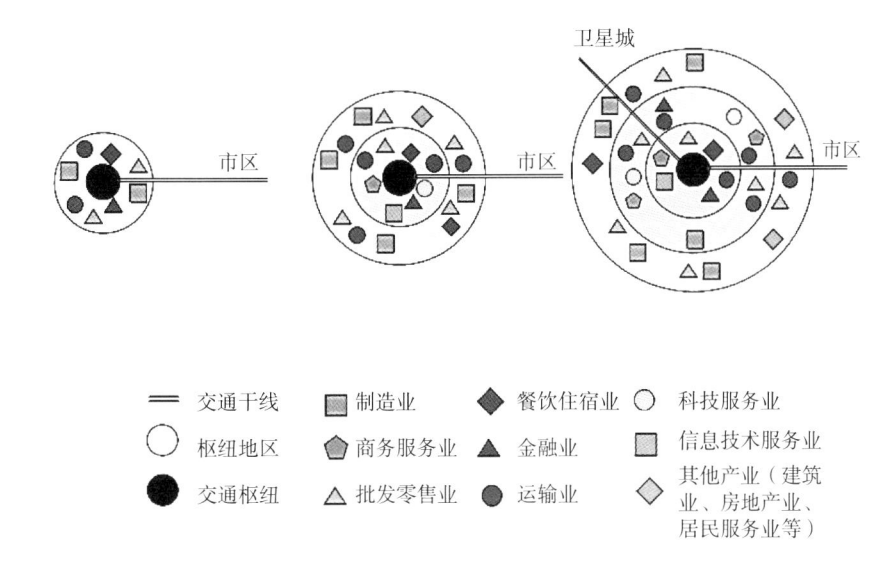

图 7-6 综合交通枢纽地区产业空间布局模式

资料来源：邓洪波：《虹桥综合交通枢纽地区产业结构与产业空间的演化研究》，博士学位论文，安徽师范大学，2018 年。

(一) 枢纽地区空间形成期

在这段时期，以航空枢纽为依托，充分发挥其辐射带动作用，将与交通运输和站场设备检修制造相关的产业引入航空枢纽地区。这一时期的枢纽等级相对较低，规模较小，且远离市中心，位于城市边缘，辐射范围较小，没有什么影响力，因此产业集聚能力不高，对各种资源也不能充分利用，主要分布在机场周围的都是从事物流运输、仓储以及小部分的餐饮、旅游企业。

(二) 枢纽地区空间生长期

在这一时期，城市范围逐渐向周边地区扩展，枢纽地区的基础设施建设不断加强，枢纽规模逐渐扩大，等级也大幅提升，这也促使枢纽地区的城市功能更加完备，市场需求量随之增加，客货运输量提升，影响范围扩大。在产业空间形成初期，基于成本考虑，各种产业都建立在枢纽周围，但是一旦到达空间生长期，距离枢纽越近，土地的价格越高，这一因素迫使一部分产业外迁，分布在交通运输沿线。保留下的产业则是与枢纽关联度相当高的产业，例如物流运输、仓储等，餐饮住宿、娱乐等相关服务产业分散在枢纽地区之中，金融、会展、商务办公、旅游等产业沿交通运输线分布。

(三) 综合交通枢纽地区空间涌现期

综合交通枢纽正式运营且初具规模之后，影响力得到提升，所产生的辐射作用逐渐增强。高铁线路的不断规划建设，提高了枢纽地区的通达性和便利性，实现土地资源的充分合理利用，同时也提升了周边地区的土地价值，使第三产业在枢纽地区集聚，推动第二产业的迁出。空间涌现期的产业分布圈层结构更加凸显，分布在城市中心同枢纽地区的交通运输线上，呈现出连绵带分布形态。

第八章
国内外枢纽经济实践探索与展望

国内外港口枢纽经济、航空枢纽经济、空海枢纽经济、高铁枢纽经济、城市湾区经济的发展实践表明,枢纽经济的基础是枢纽基础设施和现代综合交通运输体系,载体是交通、物流、信息等枢纽平台,目标是通过集聚和辐射枢纽区域经济活动进而创新经济发展模式。枢纽经济的基本发展思路是通过构建高效便捷的综合服务平台,将枢纽优势产业集聚起来,提高产业集聚辐射水平与能力,对城市空间格局进行优化,最终实现枢纽、产业、城市三者的一体化发展。枢纽经济在我国方兴未艾,未来的发展趋势是从单一枢纽向综合枢纽转变,从区域枢纽向国际枢纽升级,从城市枢纽向枢纽城市扩展,从实体枢纽向虚拟枢纽跨越。

第一节 国外枢纽经济实践探索

一 国外港口枢纽经济发展

按照港口枢纽经济的构成要素,并结合国内外知名港口的发展实践,港口枢纽经济的发展模式大体包括四种类型:一是航运经济主导型,其特点是集聚高端航运服务业和配置全球港口航运资源;二是腹地经济主导型,主要为腹地货物的中转和运输提供服务;三是临港经济主导型,其特点是以港口产业为服务对象;四是复合发展型,它有效综合了以上两种或两种以上的发展模式。[1]

---

[1] 岳巧红、石婧:《港口枢纽经济发展模式与经验借鉴》,《产业创新研究》2019年第9期。

（一）航运经济主导型

1. 伦敦港

伦敦港位于英国东南海岸、泰晤士河下游的南北两侧，伦敦港是英国的贸易和金融中心以及世界的航运中心，这里有超过全球20%的船舶管理单位常驻，有全球50%的油轮租赁业务、40%的散货船、20%的船舶保险和18%的船舶融资等业务集聚发展。在此基础上，伦敦港还能够提供全方位的船舶买卖、租赁、保险、融资、中介及相关法律服务。伦敦港带动了全伦敦市超过5000家船舶经纪公司的融资租赁服务，为航运企业提供优质的集装箱、油轮和天然气等综合性的服务。顺应现代科学技术的进步和经济全球化的发展，船舶经济、航运法律、信息咨询等服务先后蓬勃发展起来，为伦敦传统航运业的发展带来了新的生机。此外，世界上最大的保险机构劳合社（LLOYD'S）也发展于这个古老的航运中心，国际航运组织也集聚于伦敦港，比如国际海事联合会、国际海事组织总部、国际货物装卸协调协会等。

2. 新加坡港

坐落在新加坡南部的新加坡港是世界上最大的集装箱港口之一，是亚太地区最大的转口港。各大航运公司纷纷被新加坡港发达的国际集装箱中转服务吸引，选择此地作为基地港，从而促使这里成为国际集装箱租赁服务交易和管理市场。同时为了丰富和提升新加坡港作为国际航运中心的综合服务功能，运用新技术拓展了信息咨询、海事仲裁等相关服务。此外，新加坡作为亚洲第一个建立金融期货市场的金融中心，其先进的金融期货市场对于国际金融风险管理的推动作用显著，因此，新加坡成为世界上重要的国际金融和贸易中心。新加坡航运金融中心既可以为航运企业提供资金结算、航运保险、船舶融资等基本金融服务，还可以提供外汇、基金等相关扩展业务，通过航运转口贸易吸引资金投入，进而建立了新型转口金融平台，为航运企业提供优质高效的转口航运金融服务。

（二）腹地经济主导型

作为德国最大的港口，汉堡港在欧洲位列第二大集装箱港口，船舶可以通过基尔运河方便快捷地到达波罗的海地区，其陆路和水路运输通道可直达中东欧地区，以此与东欧、西欧、东南亚各经济中心建立了密切的交通联系。汉堡港十分注重公路、水路、铁路运输的衔接以及多式联运。在公路运输方面,约170公里的城市道路网与城际道路网通过汉堡港港口相连,港口内各个码头都和公路相连接;在水路运输方面,汉堡港大批量的集装箱货物和散装危险货物主要通过内河进行运输,每年有将近两万艘的内河船舶通过该港;在铁路运输方面,汉堡港拥有德国最大、最先进的转运火车站,是欧洲最大的集装箱铁路中转站,建成了集装箱多式联运枢纽,约70%的长途货物采用铁路运输,已开通国际、国内集装箱列车190列左右。汉堡港辐射和服务腹地发展的重要动力来自集装箱枢纽的优势地位和多式联运的转运功能。

(三)临港经济主导型

1. 休斯敦港

休斯敦港是世界第六大港口,是美国的第二大能源和贸易港口,其石油化工基地是美国石油工业的发展源头之一。休斯敦港与墨西哥湾通过一条约80公里的运河相连,航道水深约11.2—12.4米,港口共有100多个码头,其中公共码头占将近一半,其余为专用码头,主要是化工厂、钢厂、炼油厂以及粮棉出口公司等专用。港口产业构成方面,休斯敦港主要以石化产业的发展为基础,衍生出钢铁制造、机械、钢管、采油等工业部门作为石油工业的配套活动,同时还有化工、棉纺、碾米、肉类加工等辅助业务。此外,在休斯敦的经济中,服务业、制造业、零售业和交通运输业的比重也较大,形成了经济多元化的发展格局,休斯敦因此成为美国第一大制造业城市。

2. 横滨港

横滨港是日本最大的贸易港,位于京滨(东京—横滨)工业区的核心位置,而京滨工业区是日本四大著名工业区之一,其工业体系以钢铁、造船、化工、炼油为主。第二次世界大战以后,为提高全球服务能力和竞争优势,横滨进行了大规模的围垦,建设临港工业区,积极发展石化、造船、机械、火电等产业集群,并建设配套的专用码头。横滨港的临港工业主要是重化工业,金属制品提炼、机械、电器、食品等行业的产值占工业总产值的80%左右。同时为促进旅游休闲产业的发展,横滨港还实施了"未来港口21计划"。比如,规划建设大量的写字楼、高层公寓和造型独特的商铺,形成横滨湾建筑综合体,以突出横滨湾的亲水功能和优势，吸引大量的公司和机构入驻，从而促进横滨湾的现代服务业进一步发展。

(四) 复合发展型

鹿特丹港位于莱茵河和马斯河的河口，是欧洲重要的对外开放门户。美国出口到欧洲的货物有近一半通过鹿特丹港转运，日本出口到西欧的货物也有超过 30% 需要通过鹿特丹港转运。在公路运输方面，鹿特丹港与法兰克福、巴黎、汉堡、比利时的公路里程均在 8—10 小时；在铁路运输方面，鹿特丹拥有两个先进的铁路服务中心和铁路化工中心，开往欧洲各地的集装箱列车基本每天发车；在内河运输方面，鹿特丹港与莱茵河沿岸 30 多个集装箱港口之间形成了互通的运输网络，相互之间交通联系密切。此外，在工业方面，鹿特丹港已经形成了临港工业综合体，一些世界知名企业比如壳牌、埃索、科威特等纷纷落户鹿特丹港。港区还建成世界级精炼厂 4 座，集聚了 4 家工业燃气生产企业和 30 多家化工石化企业。港口能够为各大企业提供仓储、运输、加工、贸易等服务，同时还扩展了保险、金融、代理、咨询等服务，吸引了大量跨国公司在此发展，比如可口可乐、联合利华等。

二 国外航空枢纽经济发展

(一) 阿联酋迪拜国际机场

迪拜位于阿拉伯半岛中部和阿拉伯湾南岸，已经成为东西方联系中必不可缺的中间环节，在诸多国际经济活动中的作用也逐渐加强。由于亚洲、欧洲和非洲之间的许多航班都经停迪拜国际机场，迪拜政府注意到这一点，并开始大力支持迪拜航空业的发展。2000 年底，为满足航空运输快速发展的需要，迪拜政府在 5.4 亿美元的一期机场扩建工程竣工后，又拨款 41 亿美元在迪拜国际机场实施了二期扩建工程，其工程规模是迪拜机场扩建历史上最大的。同时，为改善迪拜国际机场的地位，阿联酋政府还实施了积极的开放天空政策，以吸引更多的国际航空公司在迪拜进行中转。此外，阿联酋政府还致力于不断改善国内商业和服务环境，力争打造一流的国际商业、旅游和金融环境。综上可见，迪拜国际航空枢纽快速发展的重要原因是政府的高度重视与支持，迪拜政府将航空枢纽的建设置于国民经济发展规划的重要地位，并在资金和政策上给予大力支持。

(二) 新加坡樟宜国际机场

作为新加坡的主要机场，樟宜国际机场优良的服务一直享有良好的声誉，先后多次被国际知名机构和媒体评为世界最佳国际机场、世界最佳免税机场、亚太最佳机场等250多个奖项。樟宜机场能够为航空公司、旅客以及货物提供周到、高效、个性化的服务，其服务质量十分优良。

首先，樟宜国际机场秉承将航空公司作为重要客户的服务理念，且这种理念在机场运营中自上而下深入人心。为更加深入地了解航空公司的需求，帮助解决航空公司关注的问题，新加坡民航局定期派有专人走访航空公司，彼此相互沟通协调，从而吸引了更多的航空公司加入，在国际航空业，新加坡机场留下了良好的印象和声誉。其次，旅客在新加坡机场中转的流程十分简单，所有的过境旅客的一系列手续都可以在隔离区内完成，中转值机柜台在旅客出站的必经路上，旅客无须再出门办理登机手续。这种快速高效的中转服务，进一步实现了旅客和货物的快捷中转。对于国际过境的旅客，可以免过境签证，并且不需要进行二次边防检查；对于一小时内过境的旅客，可以在下飞机前完成过境手续的办理，并有专人引导登机；对于过境旅客的行李，旅客无须重新识别，而是在机场行李分拣大厅完成分拣。此外，为了压缩货物周转时间，SATS与ClAS这两大机场客货代理公司的货运站、货运代理点都直接设在贸易区内，货运站能够与停机坪直接相连，货机可以直接将货物拉至到达站的货位，无须其他的中间运输环节。停放在机场自贸区内的过境货物不需要报关报检，货物可以先运出自贸区，15天内办理报关手续即可。最后，温馨舒适的服务环境让旅客体会到了归属感。樟宜国际机场精致却不奢华的装修处处体现着温馨与舒适，服务设施齐全，细节周到，能够充分考虑旅客的个性化需求，让每位旅客在机场体验愉快。新加坡樟宜机场始终如一地注重服务质量的提高，建立独特的服务品牌，在管理、设备和技术上加大投入，有利于市场的开拓，吸引航空公司更多地增加航班，进而增加了机场的收入和提高了机场的服务质量，在业界和客户中树立了良好的声誉，也为新加坡经济的发展提供了有力的支撑。

(三) 法兰克福国际机场

法兰克福国际机场的发展得益于枢纽机场与基地航空公司的合作。该机场不仅得到了政府的支持，基地航空公司的支持也为它的发展创造了条件，德国法兰克福国际机场与基地公司建立了联盟伙伴关系。

首先，基地公司的实力有助于提高枢纽机场的核心竞争力。以汉莎航空公司为例，以法兰克福机场为基地的汉莎航空公司的航空网络覆盖全球，通达的航空网络使法兰克福国际机场在连接欧洲和世界的过程中成为重要的交通枢纽，有近150家航空公司与法兰克福机场有业务往来，航线连接的国家和地区多达289个，客运量占机场客运总量的70%左右，航线覆盖全球327个城市。其次，法兰克福机场成为欧洲和德国的航空枢纽另一重要推动力是汉莎航空发达的地面物流系统。汉莎航空公司可提供广泛的公路运输服务，有助于进一步扩大法兰克福国际机场的覆盖范围，其公路运输服务对象包括俄罗斯的莫斯科、爱尔兰的都柏林、土耳其的伊斯坦布尔等。发达的公路运输网络在增加法兰克福国际机场中转货运量的同时，也能够增加机场航空货运的吞吐量，进而提高机场的吸引力和竞争力。最后，枢纽机场与基地航空公司之间良好的战略合作关系是机场提高综合实力的必要条件。继黑森州政府和法兰克福市政公司之后，汉莎航空是法兰克福机场的第三大股东，持有机场9.96%的股份，因此汉莎航空十分关注法兰克福机场的发展，双方共同成立了枢纽控制中心，共同协调机场的规划、建设和运营，监督和指导航班的地面处理，关注衔接航班的正点率和换乘效率等多方面的问题。

(四) 维也纳国际机场

维也纳国际机场专注于特定的"缝隙市场"，关注东西欧之间的航空运输，现已成为东西欧间的中转枢纽，且在东欧的可达性方面处于欧洲领先地位。

维也纳国际机场是连接东欧和西欧运输市场的重要纽带，其客源地包括奥地利东部、匈牙利、捷克、斯洛伐克等地区，覆盖了欧洲不同地区的1400万人口。维也纳国际机场为充分利用客源地的优势，开展了大量的市场活动，成为这些地区人们出行的首选出发地，可直达东欧城市的客车和通过维也纳的铁路，大大提高了维也纳国际机场的通达性。新兴的市场经济体在促进世界经济复苏中发挥的作用日益增强，维也纳机场以东西欧中转市场为重点的战略定位将持续为其创造利益。①

（五）美国亚特兰大国际机场

亚特兰大国际机场的旅客中转量排全球首位，日常业务活动十分繁忙，客货运输的强大能力直接体现了亚特兰大国际机场运营的高效率。为确保巨大客货吞吐量的高效处理，亚特兰大国际机场在规划建设、基础设施和运营管理等方面均投入了大量资金和精力，其高效运行主要依赖于以下四个条件。

一是重视科技创新对于提高机场运行效率的作用，美国亚特兰大国际机场高效调整资源配置的理论依据便是依托现代信息技术建立起来的客流量波动模型。二是设计建造了具有中心概念结构的旅客候机中心，亚特兰大机场旅客候机中心包括主候机楼、T型候机大厅、四个相互独立的国内和国际候机大厅，地下的交通大厅连接各候机楼，为实现航班集群创造了有利条件。旅客到达机场后，可以通过高效的航班信息和旅客引导系统在各个候机大厅之间进行换乘。三是密集的航班创造了更多的换乘机会，亚特兰大机场建立了密集的航空枢纽网络，日均组织航班集群10多个，每个集群有80多个高峰航班，这样1700个航班合起来可为上千个城市提供效率高且成本低的服务，提高枢纽运营效率。四是空中交通管制运行能力的高效保证了亚特兰大机场的复杂运行，亚特兰大机场的四条高级跑道提高了高效空管运行处理能力，保障了航班的集中到达和疏散。总而言之，亚特兰大国际航空枢纽的高效运行是以各方面的巨大投资为基础的，并形成了良性循环，有助于亚特兰大国际航空枢纽在未来很长一段时间内保持全球机场业的领先地位。

三　国外空海枢纽经济发展

全球发展水平较高的城市采取的一些提高其空海枢纽能级和影响力的措施值得我们借鉴。

（一）纽约都会区

纽约都会区对航空旅行有着强烈的需求，区域内五个机场构成了多核心机场集群系统。其中，肯尼迪机场、纽瓦克机场和拉瓜迪亚机场距

---

① 朱新华、都业富：《世界典型航空枢纽透视与经验借鉴》，《空运商务》2009年第10期。

离较近，均在 50 公里以内；大西洋城和斯图尔特机场距离核心区相对较远，约 150 公里。在发展定位和航线布局上，机场集群以共同腹地的客流需求为导向，进行功能分化和分工，实现由一个机场服务一片腹地向多个机场服务共同腹地的模式转变，促进机场群协调发展，其中核心机场重点服务本地旅客需求，以及发挥大都市圈内国际航空出行的中转功能。

（二）东京机场

成田机场位于东京市千叶县成田市，距东京市中心约 57 公里，主要经营国际航线；羽田机场位于东京市大田区东南部的多摩川河左岸，距东京市中心约 15 公里，主要经营国内航线和少量国际航线。这两个机场连接不同的轨道交通系统。通过轨道交通线路互联互通和不同方向的快车运行，满足不同规模的客流集散需求。成田机场有多条铁路连接市中心的不同方向；空中班轮可在 40 分钟左右到达上野站，最高时速可达 160 公里/小时；快速通道可在 60 分钟左右到达东银座站；成田特快将成田机场和东京各主要车站联系起来，快车可在大约 50 分钟内到达东京站；轨道交通在及时性、舒适性和经济性方面优势明显，因此成田机场轨道交通的客流比例占到 40% 左右。羽田机场有两条铁路与市中心相连，一是包括机场特快、快线、快急、普通站线等多种方式列车的京急空港线；二是连接滨松町站和羽田第二大楼站的运行机场快线、区间快线、普通站线等不同类型列车的东京单轨电车。

（三）东京港口

回顾全球港口的发展历史我们可以了解到，随着城市定位和产业发展，港口的功能正在发生变化，核心港口的功能正在升级，服务于制造业的运输功能越来越边缘化。东京湾港口群是一个"广域港"，内部独立运作，职能分工明确，对外整体参与竞争，港口功能与城市发展定位、产业功能密切相关。表 8-1 梳理了东京港口群的职能，可以看出东京港的功能已从早期的服务制造业发展为进口港和国际邮轮中心，京滨沿线港口也发展成为与后方腹地高端制造业功能定位相对应的大港，沿京叶的港口逐步发展成为服务石化、钢铁等重化工产业的港口。

表 8-1　　　　　　　　　　东京港口群职能梳理

港口	城市	港口职能	发展定位、产业功能
东京港	东京	输入型港口、主管内贸、以生活物资进出口为主	日本最大的政治、经济、金融和航运中心
横滨港	神奈川—横滨	国际贸易港、对外贸易为主	京滨工业区、日本重化工业基地、东京首都圈产业研发中心
川崎港	神奈川—川崎	能源供应港口、企业专用码头	
横须贺港	神奈川—横须贺	军用港口兼商用港口、服务当地企业	
千叶港	千叶	最大工业港口、石化工及钢铁原料供给点	京叶工业区、国际空港、世界最大液化石油储备基地、日本最大材料能源生产基地
木更津港	千叶—木更津	地方工业港口、钢铁港口	

四　国外高铁枢纽经济发展

高铁诞生至今已有 50 多年，高速铁路的建设大大缩短了时空距离，促进了跨区域的交流和各种流经济要素的流动，对推动城市经济发展和区域一体化进程具有重要作用。从国外高铁枢纽经济区的建设和发展来看，高铁枢纽经济区的主要要素包括：良好的区位、交通枢纽、科学的城市功能和产业发展定位、优质的公共空间和低碳智能技术的植入等。

（一）日本新干线品川区域

日本新干线品川区域临近高铁枢纽，依托区位优势和便捷的交通条件，结合科学的发展模式，使该区域成为日本较为成功的枢纽经济区。其区位条件优越，地处东京都市经济圈的日本东海道新干线；交通便利，有两条兼具货运和客运功能的铁路线通过，并与地铁站短途换乘衔接；产业分区，大量的酒店、高层住宅建筑和文化设施、博物馆、礼品店和咖啡馆等在区域内集聚；港南区域已发展成为具有高档写字楼、商场和批发市场的工业区；品川站以其宜人的公共环境塑造了城市中心的新形象，成为新的风景区，增加了城市的亲和力。

（二）东京站丸之内商务区

位于日本东京都千代田区的东京站丸之内商务区总面积 1.2 平方公里，区域入驻企业约 4000 家，工作人员 23 万余人。丸之内商务区可借鉴的发展经验主要包括两个方面,一是建设"ABLE"(Amenity; Business; Life; Environment)城市,以完善城市功能建设为目标。将酒店、商场、餐厅、剧院、画廊等多功能设施大规模引入商业区域,力争将该区域打造成东京著名的新时尚区;二是加强区域管理,以提高区域生活质量为目标,构建绿色物流体系,建立公共配送中心,有效控制了区域外物流车辆进入商务区,提高区域内物流运作水平和物流效率。此外,为推进社区建设,鼓励支持非政府组织的各种活动,为企业和居民提供舒心的营商和生活环境。[①]

（三）法国里尔站区域

巴黎至里尔高铁的建成和"欧洲里尔"大城市新中心项目的启动,推动了传统工业城市向现代综合性区域中心城市转型。其经验主要包括:得天独厚的区位条件——里尔是欧洲高速铁路网中连接欧洲中心城市的交通枢纽;多种交通方式的结合,提高疏散效率,增强其可达性;城市综合功能的整合,包括酒店、办公、住宅等设施的配套,里尔还规划有多种功能的大型演出、娱乐、展览等,注重塑造新的城市形象和公共空间。

（四）法兰克福火车站交通枢纽

法兰克福火车站是法兰克福最大的地面交通中心,日均运营火车超过1600列,日均过站乘客数超过25.5万人。随着高铁的快速发展,位于火车站车程10分钟以内的国际展览中心带动了法兰克福旅游和会展经济的发展,火车站经过改造后成为法兰克福产业转型升级的推动力,使法兰克福的产业由工业主导型转向服务业主导型,进而使法兰克福成为国际枢纽城市。其发展经验包括:第一,通过交通枢纽的综合改造来提高区域品质,法兰克福火车站将原有的地面铁路枢纽引入地下,腾出大量可利用土地来建设公园、居住区和商业街等,为商业开发和城市建设助力,重塑城市形象。第二,通过空铁联运的方式扩大枢纽服务半径,法兰克福推进机场与火车站之间的空铁联运,让旅客能够在机场轻松实现火车与飞机之间的换乘。法兰克福机场总运量持续提高,目前机场每天约有120列航班,运营航班占每天飞机架次的10%。第三,发展

---

① 姚毅:《高铁经济对区域经济发展的影响》,《开放导报》2018年第1期。

适铁偏好产业,集聚经济要素。法兰克福火车站经过改造后引进了会展及相关业务,巩固了其会展中心的地位,并在此基础上进一步发展聚集人口的住宅区,促进区域经济繁荣。

五 国外城市湾区经济发展

纽约湾区、旧金山湾区和东京湾区是世界上发展最成熟、最具影响力的三个湾区。根据三大湾区的经济发展历程,总结出以下湾区经济发展经验。

(一)地理位置

优越的地理环境和发达的港口城市是湾区经济发展的基础。湾区三面环陆,腹地广、海岸线长,适合港口建设,可以在相对较小的空间内培育出许多港口城市。例如,在东京湾沿岸,横滨港、东京港、千叶港、川崎港、木更津港、横须贺港首尾相连,形成了马蹄形的港口群。港口城市通常会率先吸引外商直接投资,更有机会引进国外先进技术和管理经验,实现国内市场与国际市场的对接。湾区的经济发展需要依靠港口,例如,位于沙加缅度河下游出海口旧金山湾四周的旧金山湾区,包括东湾、北湾、南湾等湾区,每个湾区内都有港口城市可以为经济发展提供源源不断的发展动力。[①]

(二)产业结构

湾区经济的发展取决于第三产业的绝对比重和金融保险业的大力支持。纽约湾区、旧金山湾区和东京湾区三大湾区的第三产业增加值占地方GDP的比重目前均已超过80%,而第一产业的增加值比重持续降低甚至趋近于0,由此可见第三产业在湾区经济发展中的重要地位。同时,三大湾区的金融和保险业的发达程度较高,其中纽约湾区的纽约证券交易所排名世界第一位,纳斯达克证券交易所排名世界第三位,金融服务业在湾区生产总值中占15%以上;东京湾区的东京证券交易所在日本排名第一位,其交易量占全日本证券交易总量的80%左右;旧金山的银行业务相当发达,实现了科技与金融的融合发展。

(三)发展动力

创新是发展的动力,湾区经济的发展需要完善的区域创新体系提供

---

① 俞少奇:《国内外发展湾区经济的经验与启示》,《福建金融》2016年第6期。

动力。以东京湾区为例，东京湾区的京滨工业区聚集了佳能、索尼、东芝、富士通、丰田研究院、三菱电机、三菱重工等大型企业，这些企业能够提供先进的研发技术。同时横滨国立大学、庆应大学、武藏工业大学等日本著名大学在湾区集中，提高了地区文化水平。借助企业实际研发和高校理论研究，积极推进科研成果转化，开展校企科研合作，建立专业的产学研合作平台。将原来隶属于多个省级部门的高校和科研院所转变为独立法人，建立竞争性创新体系，赋予高校和科研院所更大的管理权，提高科研在企业中的地位，为经济发展输送双动力。

（四）配套设施

打造交通便利、宜居宜商的城市环境是三大湾区成功发展的秘诀之一。例如，美国旧金山湾区中心—旧金山市，环境优美，三面环水，四季气候宜人。从交通上看，旧金山湾区的快速交通系统全长104英里，设43个车站，能够实现旧金山国际机场的快速交通与奥克兰国际机场的客运交通配套设施的互联互通，可有效满足旧金山、奥克兰伯克利、戴利城等湾区城市的城际运输需求，高效的交通可以降低物流成本。此外，东京湾区也有城市地下轨道交通线路14条，以及地铁线和各类轨道交通如京滨东北线、中央线、总武线等，完善的交通设施推进了湾区经济的发展。

（五）区域合作

湾区经济需要协调发展的整体合力，协调发展包括两方面的内涵：一是港口城市群的协调发展，二是港口城市与湾区腹地协调互补。例如，东京湾区整合了横滨港、千叶港、横须贺港、川崎港、木更津港等7个港口，将其打造成为综合性的广域港湾，其中东京主要从事对内贸易，横滨港则是专门从事对外贸易，千叶港负责原材料进口，川崎港是原材料和制成品所在地，每个港口在国内经营中相互独立，明确分工，在对外贸易中结构统一，有利于实现城市群和港口群的规模效应。

（六）对外开放

海湾地区的城市往往孕育着开放、包容、多极和多样化的文化，形成了多元包容的文化氛围。例如，纽约湾区聚集了来自150多个国家和地区的外国居民，占纽约总人口的40%左右；旧金山湾区是一个文化多元地，被称为美国的"民族大熔炉"。旧金山部分地区的亚洲人密度是美国最高的,多民族的人口汇聚让世界不同的文化和文明在这里碰撞和融合。

第二节 国内枢纽经济发展的实践探索

一 国内港口枢纽经济发展

(一)宁波舟山港

宁波舟山港是中国的主要港口之一,是中国大陆重要的集装箱远洋干线港、中国最大的铁矿石中转基地和原油中转基地、中国重要的液体化工储运基地、华东地区重要的煤炭、粮食储运基地,是以服务腹地货物中转为核心的腹地经济主导型港口。为提高舟山港对腹地集装箱的聚集度和辐射度,宁波舟山港大力发展多式联运,与江西、新疆、四川等地区近20个城市共建海铁联运网络,2018年完成海铁联运60多万标箱;建设海铁联运公共平台,吸引工厂、物流、航运等企业到宁波舟山港走货;推出"散转""金融物流"等新的商业模式,加强服务创新,为"一带一路"多式联运业务创造了新的增长极。

(二)上海港

上海港是中国最大的国际港口,地处中国内陆海岸线中部和中国东西航道—长江和南北航道—沿海地区交汇处,背靠经济发达的腹地,集疏渠道畅通,属于复合发展型港口。上海港承担上海99%的外贸物资运输,年外贸吞吐量占全国沿海主要港口的20%左右。港口的直接腹地包括上海、江苏南部和浙江北部,间接经济腹地主要包括浙江南部、江苏北部、安徽、江西、湖北、湖南、四川等省。上海港近年来最大的发展优势来自整个长江流域的经济支撑,其集装箱吞吐量的27%来自长江支线;2015年,上海港水运中转量达到45%,海铁联运集装箱运量5.35万标箱;2017年,上海港长江中转集装箱运量1058.8万标准箱。2017年7月,上海港集团与沿江13家港航企业共同组建长江经济带航运联盟,共同推动长江航运资源优化配置和协调发展,重点建设散货和集装箱多式联运体系,建设绿色港航体系,完善长江海上多式联运,降低区域综合物流成本。目前,全球排名前20位的航运公司全部进驻上海,覆盖200多个国家和地区的300多个港口。上海国际航运服务中心形成了集航运办公、航运交易于一体的多功能商业社区,吸引跨国航运企业总部入驻北外滩航运服务集聚区,促进航运金融、航运保险等航运要素集聚,致力于打造亚洲乃至世界航运经济中心。

二 国内空海枢纽经济发展

为提高空海枢纽的能级和竞争力,全球发展水平较高的城市纷纷采取措施推进空海枢纽经济发展,其对于我国枢纽经济的发展具有重要的借鉴意义。

(一)香港

香港国际机场是世界上重要的航空货运枢纽。从全球航空货运节点的空间分布来看,香港机场并没有什么区位优势,但香港机场制定了高标准服务目标,通过完善货运中转服务创造了新的优势,不断优化设施布局以及货运流程,提高货物运输服务标准,为客户提供高效、稳定的货运服务。如表8-2所示的香港机场货运服务标准,机场中转货物可在停机坪一小时内完成整个处理过程。

表 8-2　　　　　　　香港机场货运服务标准

非禁区货运服务标准			货运区内货物拆卸时间服务标准		
服务类型	服务表现（分钟）	机场目标（%）	服务类型	服务表现	机场目标（%）
货车轮候时间	30	96	一般货物—客机	航机抵达时间+5小时	96
接收出口货物时间	15	96	一般货物—货机	航机抵达时间+8小时	96
提取进口货物时间	30	96	鲜活货物	航机抵达时间+120分钟	96
交收空置货箱时间	30	96	速递货物	航机抵达时间+120分钟	96

资料来源:香港机场官网,www.hongkongairport.com。

(二)上海

1. 空港发展

上海的主要机场有虹桥和浦东两大机场,两个机场共覆盖全球278个通航点,覆盖范围超过了国际通航点的30%,两个机场的通航点如表8-3所示。其中国际航线主要由浦东机场承担,航线网络可达性在亚洲门户机场中处于领先水平。数据显示,2019年虹桥机场旅客吞吐量4565万人次,浦东机场旅客吞吐量7615万人次。继伦敦、纽约和东京之后，上海机场的旅客吞吐量在全球机场系统中排名第四。2019年上海航空货运吞吐总量达405万吨，其中浦东机场货邮吞吐量达363万吨，位居世界第三，仅次于中国香港国际机场和美国孟菲斯机场。

表8-3　　　　　　　　　　上海两机场通航点

通航点数量	中国	亚太	欧洲	北美	中东	全球
虹桥机场	73	2	0	0	0	75
浦东机场	105	48	17	14	5	203

2. 海港发展

上海港的设施规模在世界主要港口中遥遥领先。如图8-1所示，上海港集装箱吞吐量不断增加，且连续多年排名世界第一位，2019年达到4330万标准箱。同时上海港的国际航运中心发展指数排名也在持续提升。

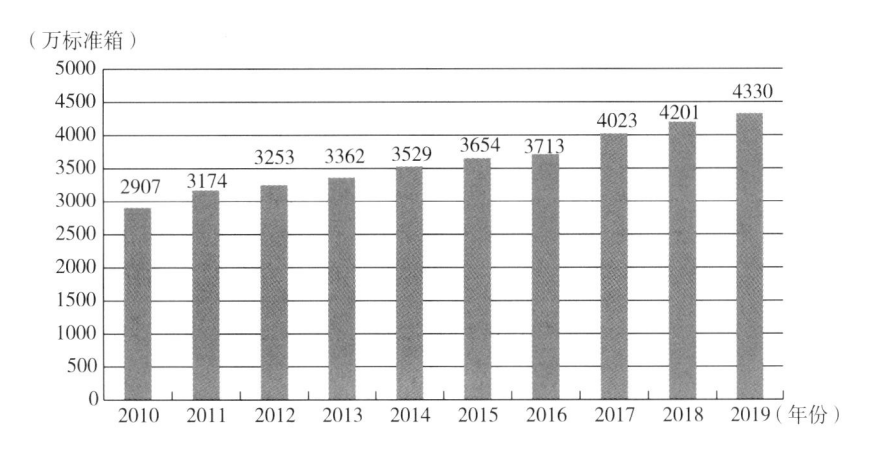

图8-1　2010—2019年上海港集装箱吞吐量

资料来源：交通运输部官方微信。

上海都市圈和长三角地区的机场相对密集，未来航空出行需求仍有较大增长潜力，区域机场群需要协调发展。在此背景下，虹桥机场和浦东机场的功能需求需要更进一步明确。在客运方面，虹桥机场主要服务于国内航线，为上海都市圈内的国内旅客提供服务；而浦东机场需要兼顾国内航线和国际航线,一方面分流虹桥机场在国内航线上的压力,同样为上海都市圈范围内的国内旅客提供服务;另一方面进一步向长三角地区扩展国际航线服务需求规模,最大化利用国际航线网络的优势,关注长三角中心城市如上海、南京、杭州等对于国际航线服务的需求。在货运方面,以设施服务能力拓展为前提,打造以浦东机场为关键节点,以航线网络为关键支撑的航空中转枢纽。目前,长三角机场腹地一体化发展仍处于起步阶段,机场与腹地的空间关系基本上还是一对一的传统模式,同时受公路运输技术水平的限制,公路系统支撑的上海两个机场的最佳腹地只有苏锡常和杭嘉湖区域,因此需要加强高铁、城际铁路等多层次区域轨道交通的引进,完善空铁联运网络,以拓展上海机场腹地。特别是浦东机场可以通过两条场内连接线与虹桥枢纽相连,提高上海的集散效率,高铁覆盖长三角主要城市节点,铁路网覆盖上海附近腹地。

三 国内高铁枢纽经济发展

(一) 深圳北站商务中心区

深圳北站连接了广州—深圳—香港高速铁路、厦门—深圳高速铁路和深圳地铁 4 号、5 号、6 号线,是中国南方地区的特大型综合交通枢纽。每天开行列车 180 多对,年发送旅客 4000 多万人次。以深圳北站为中心的深圳北站商务中心区占地总面积约 6 平方千米,是深圳北站发展的最佳外溢辐射区。[1]

深圳北站商务中心区成功的经验包括:第一,高标准的规划建设提高了枢纽站的通达性。深圳北站是区域内首个实现高铁、地铁、公交车无缝衔接的站点,地上和地下空间的同步立体开发,强化了地上地下的垂直衔接。第二,以高铁的公交化运营推进深圳与周边其他城市的一体化进程。对高铁的运营进行增加密度的调整,从深圳到广州的 100 多对列车由早上 7 点运营到晚上 11 点,单趟运行仅需 35 分钟;每天近 60 趟列车在深圳与惠州之间往返,单趟运行仅 30 分钟,以上举措强有力地解决了以往抢票、候车等难题,促使深圳与周边城市形成同城化的发展模式。第三,建设城市配套功能以改善区域人文环境。深圳北站商务

---

[1] 姚毅:《高铁经济对区域经济发展的影响》,《开放导报》2018 年第 1 期。

中心区积极推进医疗、教育、艺术等公共服务设施的建设，为当地居民和商户提供优质的居住和营商环境；在商业区的城市管理、社区服务、社会保障等领域，应用物联网、云计算、大数据、人工智能等先进的信息技术，顺应社会发展需求打造智慧城市。

（二）上海虹桥商务区

上海虹桥站总建筑面积约 150 万平方米，包括轨道 30 条，站台 16 个，日均人流量达 110 万人次，是世界上最大的综合交通枢纽之一。以虹桥站为核心的上海虹桥商务区占地面积约 86 平方千米，借助虹桥站的潜在区位优势成为上海的西部中心。其成功的发展经验包括：第一，通过空铁联运提升枢纽能级。为加强空铁联运发展，上海虹桥商务区统筹协调虹桥国际机场和虹桥火车站，强调优质航班和列车的建设。通过提高高铁枢纽的通行能力，强化虹桥商务区与国内外主要城市的交通联系。第二，强化虹桥商务区"大交通、大会展、大商务"的功能。虹桥商务区构建了"内外沟通、系统为本、动静结合、管理导向"的交通网络体系，发挥区域集聚辐射的作用，不断提高枢纽能级，扩大辐射范围至长江三角洲和长江经济带等地区。第三，整合发展商务区的功能，打造特色鲜明的枢纽区域。虹桥商务区将交通功能与经济功能、商务功能与社区功能、城区建设与产业发展等相互融合，实现区域发展的一体化和智能化，使其成为国家绿色生态示范区和上海智慧城市建设示范区。

（三）广州珠江新城

广州珠江新城的核心位置距广州东站仅 3 公里，以现代服务业为主导的区域产业规划清晰，多功能融合提升城市活力，其成功的发展经验包括以下三个方面：一是通过良好的产业发展环境实现区域范围的资源要素集聚，能够作为城市自身资源要素薄弱环节的补充，资源要素的集聚同时又反过来有利于促进产业的发展；二是通过产业的集聚和发展增强区域发展的辐射力，不断扩大辐射范围并提高辐射强度；三是通过产业的集聚和辐射形成全产业链的发展模式，完善各种产业要素的发展。良好的区位条件、便利的综合交通、强大的市场需求以及丰富的资源等优势条件共同构成了珠江新城枢纽经济发展的基本条件。同时广州珠江新城的发展还依赖于区域内先进的制造业基础、高效的物流体系和优质的商业服务等核心内容，以及区域要素自由流动的政府政策支撑保障。

（四）广州南站

广州南站交通枢纽是中国四大高速铁路枢纽之一。以广东、香港和澳门为基础，拥有广阔的辐射区域，虽然交通枢纽已经形成并日趋完备，但枢纽经济建设仍处于初级阶段。广州南站枢纽经济的发展，不仅借鉴了国外的成功经验，而且打破了珠江三角洲与广东、香港、澳门湾地区一体化背景下的原有模式，以广州南站为中心但不局限于南站，将发展重心转向客流和物流共享，深化广佛同城化，突破地域限制，在经济和产业合作方面寻找转型升级的突破口。

广州南站自2010年1月投入使用以来，迅速发展成为我国高速铁路网重要的枢纽，其强大的运输功能已经显现。数据统计显示，2018年广州南站发送旅客约8338.3万人次，到达旅客约7929.4万人次，总客流量达1.63亿人次，日均到发旅客约44.6万人次，与2017年相比增长率超过20%；2019年春运期间日客流量已突破50万人次。与此同时，广州南站已经形成了辐射省内外的两大交通网络，其中珠三角城际铁路网，在广东省内实现了公路、铁路、航空等运输方式的互联互通；省外，广州南站与贵广高铁、南广高铁、武广高铁等相连；东南地区与沿海高铁相连，辐射面积巨大。广州—深圳—香港专线和广州—佛山环线的建设，使广州南站成为珠江三角洲连接功能最强的枢纽和中国高速铁路四大枢纽之一。

交通枢纽的建设在给广州南站带来大量客流和物流的同时，也给其枢纽经济的发展带来了全新的机遇。广州南站开通后的几年，其关注的重点是交通疏导和互联互通，而并非枢纽经济的建设。2017年，广州番禺就提出并规划设立"广州南站商务区"，但主要功能定位还是集中在传统的房地产开发、商务办公、建筑等商业活动方面。由于缺乏必要的前期基础，目前广州南站的枢纽经济建设距离国家枢纽标准的要求还相当遥远。无论从数量还是质量上都尚处于起步阶段，潜在的发展机会还有待进一步挖掘。对比同类型其他更成熟的交通枢纽可以发现，广州南站商务区对于广州南站的辐射效应尚未得到充分发挥，产业一体化和区域一体化发展效果不明显，商务区的建设局限于广州市番禺区这一发展层面。

广州南站是连接广州市和佛山市的地理中心，两边分别处于番禺和顺德的行政边界。随着广州—深圳—香港高速铁路的开通，广州南站更成为连接香港和深圳两大城市的大型枢纽。由此可见，通过近几年的持续发力，以广州为中心的"一小时交通圈"正在不断扩大，广州南站逐渐将辐射范围扩展到整个珠江三角洲和粤港澳大湾区，有利于珠三角城市之间距离的进一步缩小，进而提高资源流动速度，提升商业和经济活动的效率。

四 国内城市湾区经济发展

国内城市湾区选择以深圳、天津、宁波—杭州湾新区为例，分析总结其成功经验和具体措施。

（一）深圳

深圳在发展中十分注重发挥战略导向作用，提出大力发展湾区经济。2015 年 8 月，深圳出台《关于大力发展湾区经济建设 21 世纪海上丝绸之路桥头堡的若干意见》，明确提出深圳湾区经济发展的目标：2020 年湾区经济形态和布局基本形成，2030 年建成具备强大的创新能力、高端的产业水平、发达的交通网络、完善的基础设施、宜人的生态环境等优越条件的世界级海湾区域城市，提高深圳在海上丝绸之路建设和发展中的重要影响力。具体措施体现在：第一，创造优势促进合作与交流，努力将深圳打造为海上丝绸之路经贸合作的枢纽，推进粤港澳湾区建设成为世界一流湾区，推动成为海上丝绸之路重要战略支点；第二，注重自主创新能力的提升，探索湾区创新驱动新引擎，完善湾区自主创新生态机制，打造全球创新源；第三，集中力量发展金融贸易、高端技术研发等高价值产业，打造湾区高端产业新业态；第四，推动国际航空枢纽的建设，形成多港联动的湾区发展新格局，强化其作为世界级海港的枢纽地位，以多港联动提升湾区发展纵深度；第五，通过营造一流的生态环境、商业环境以及公共服务环境，努力提升湾区环境品质。

（二）天津

在京津冀一体化发展战略的推动下，天津的发展目标定位为实现"一区三基地"的协同发展。首先，政府政策上的倾斜与扶持为其发展奠定基础。2015 年 9 月，天津市发布《天津市贯彻落实京津冀协同发展规划纲要（2015—2020）》，明确天津在京津冀协调发展中的功能定位，与"十三五"规划衔接。到2020年天津市要完成"国家先进制造业研发基地、北方国际航运核心区、金融创新运营示范区、改革开放先行区"四大功能定位的实现，持续增强天津港集装箱吞吐能力，提高金融业增加值在全市GDP中所占比重，强化自贸试验区在对外开放中的作用；到2030年，基本形成京津区域一体化格局，优化区域经济结构，均衡各地区公共服务水平。其次，构建多层次的城市内部空间布局，落实"双城双港、相向拓展、一轴两带、南北生态"的发展战略，以"双城、辅城、中城、小城、乡村"为核心，合理布局现代城乡体系，推进城乡一体化。此外，在资金投入方面，天津市设立了京津冀综合产业投资基金，规划基金总规模50亿元，主要用于京津冀地区的新材料、信息技术、节能环保、医药医疗、高端制造等新兴产业发展，贯彻落实京津冀协同发展战略。最后，突出研发创新优势，增加新能源产业投入，提高先进制造业产值在全市工业总产值中所占比重，将天津打造成为引领产业创新的高地。

（三）宁波—杭州湾新区

宁波—杭州湾新区以地区产业基础为引领，积极规划发展蓝图。按照浙江省委关于把宁波—杭州湾新区建设成为改革开放标志性战略平台的新战略部署，面向长三角、面向世界、面向未来，以大湾区高质量发展试验区为引领，建设高水平浙沪合作示范区、高活力先进制造业创新区、高品位文化旅游引领区、优质产业城市融合区示范区，把杭州湾新区建设成为国际工业城市和现代美丽湾区，打造引领大湾区高质量发展的功能高地和制度创新的示范标杆。

在产业发展方面优势突出，杭州湾新区制造业涵盖汽车及其关键零部件产业、通用航空产业、智能电视和智能终端产业、高性能新材料产业、生命健康产业、高端装备制造等，其中新材料、智能电气、高端装备三大新兴产业之和占到区域工业经济总量的25%左右。宁波—杭州湾新区已落户工业企业项目488个，投产企业436家，聚集了大众、博世、伟世通、联合利华等15家世界500强企业的22个投资项目。湾区的产业众创园未来将成为中国长三角地区最具规模和影响力的工业设计及电子商务产业融合的创新高地，以及精密制造、生命科学、智慧城市、高新材料等领域的孵化基地。第三产业方面，宁波—杭州湾新区现代服务业包括旅游休闲业、体育产业、专业服务业、新型金融业。2019年,宁波—杭州湾新区启动《宁波杭州湾新区生活性服务业国际化提升三年行动计划(2019—2021年)》。计划提出,到2021年新区服务业增加值占GDP的比重达到30%,商业零售方面,到2021年,新区将聚集15个以上知名零售品牌和国际零售品牌,新开知名零售品牌店30家,建设6个商业综合体,建成三星级以上酒店8家,大力推进特色街区建设,建设世纪城等餐饮特色街区。宁波—杭州湾新区正围绕"产业梦、创新梦、城市梦、品质梦、文化梦",加快建设国际工业城市和现代美丽湾区,打造长三角高质量一体化发展的标志性战略平台。

五 国内城市(地区)枢纽经济发展

(一)南京市

随着南京陆海空交通的联动,其交通通达性不断提高,交通枢纽优势得到巩固和加强,进一步增强了集聚和辐射能力,新的枢纽经济发展格局已形成,取得的明显成效有助于提高南京市在江苏省的引领地位。

无论是在江苏省,还是在全国其他地区,尤其是与西安、成都、郑州等其他内陆省会城市相比,南京市对枢纽经济的认识更早、发展起步更快、部署更有力。2015年7月,南京市委、市政府专门召开枢纽经济建设推进会,会上提出要大力推进海港、机场、高铁枢纽经济区建设;同年8月,南京市委、市政府正式出台《关于加快推进枢纽型经济建设的意见》,制定规划指导枢纽经济发展,以更好地发挥南京的综合交通体系的优势。2018年南京市又提出了提高交通枢纽水平的要求,规划布局建设高铁南京北站,要求加快建设长江五桥等工程,扩展运输线路进而形成放射状运输网络,努力建设现代、高效、广覆盖、通畅内外的国家综合交通枢纽城市。2019年2月,南京空港经济示范区获批,这标志着示范区正式进入国内空港经济第一梯队;2019年9月11日,国家发改委公布第一批全国物流枢纽建设名单,包括南京市在内的23个城市入选,将重点建设港口型(生产服务型)全国物流枢纽,枢纽经济的发展更上一层楼。南京市枢纽经济发展的新成就,主要体现在以下四个方面:一是优化综合交通网络体系,促进枢纽经济区共同发展;二是加强综合服务平台建设,促进枢纽优势产业稳步发展;三是大力发展基础设施,不断改善营商环境,促进枢纽产业和城市融合发展;四是不断拓展海、陆、空国际门户枢纽，紧密联系国家战略，提升国际化水平。

（二）商丘市

商丘市枢纽经济的核心定位是打造"一带一路"重要节点、中原地区综合枢纽、区域性产业组织中心，其发展始于 2016 年。为了推动经济高质量发展，商丘市提出了"构建大交通、发展大物流、建设大产业、打造大平台"的战略部署，以充分发挥交通区位优势在推动区域经济发展中的重要作用。依据四大战略部署，商丘市编制了《商丘市枢纽经济发展规划》（以下简称《规划》），以明确枢纽经济的发展路径。《规划》提出要以交通枢纽为主导，以物流枢纽为支撑，构建基础设施网络支撑枢纽经济的发展，搭建枢纽经济服务平台实现资源的集聚，培育产业集群扩展枢纽经济的辐射范围，建设枢纽经济区发挥规模经济效益以及建立枢纽经济创新体系。为此，商丘市还专门成立了领导小组，调动多方力量推进《规划》的实施，切实促进枢纽经济的发展。[①]

商丘素有"豫东门户"之称，是人流、物流、信息流的集散地，自古以来就是兵家必争之地。经过几十年的建设，商丘现已成为全国高速铁路、普通铁路、高速公路、国道在此交会的综合交通枢纽。在此基础上，商丘市以规划实施为导向，重点突破交通运输体系、现代物流、产业发展和平台建设，将发展枢纽经济置于推动区域经济高质量发展的重要地位，有力地促进了城市的经济增长。在产业建设方面，布局"两中心三平台多园区"的空间形态，采取"政府推动、企业主导、市场运作"的模式，支持园区建设并帮助各类中小企业在国际上开拓市场，同时出台相关政策提供基础保障条件。发展枢纽经济，商丘有自己的优势，围绕大交通建设大枢纽，围绕大枢纽布局大物流，围绕大物流发展大产业，构建现代产业体系，推动产业向中高端迈进，以枢纽经济引领城市经济发展。

（三）成都市

成都在发展枢纽经济的过程中，十分注重国际门户枢纽载体建设，

---

① 侯国胜：《高质量发展新动力》，《商丘日报》2018 年 9 月 5 日第 1 版。

目前已建成国际一流机场、国际陆路港、国际智能信息港等，形成了多种运输方式互联互通的运输网络和智能化的信息交流网络，提升交通实力，不断强化东西南北多向沟通和通达全球的国际枢纽功能。

成都发展枢纽经济的成功要点主要包括：首先，通过构建供应链服务平台，顺应服务业升级和消费品全球布局的时代特征，满足产业转移和跨国企业全球布局的要求，引进和培育全球供应链组织服务主体，打造全球配置资源、精准匹配供需、高效组织运输的国际供应链，提升成都国际供应链的服务能力，将成都建设为全球供应链上的枢纽城市。其次，着力提升枢纽区域产业竞争力，充分发挥成都作为国际门户的枢纽优势，打造国际产业生态系统，以满足实体经济、科技创新、现代金融、人力资源协调发展的要求，全面提升成都在全球产业链、价值链、供应链上的国际竞争力，实现产业融入和价值共享。最后，成都通过培育城市文化精神，塑造了开放包容的国际城市形象；通过旅游、会展、文创、举办国际赛事等活动提升了自身的国际影响力，有效拓展国际交流渠道并且有助于增强国际交流承载力，加快成都建设国际交流中心的步伐；通过不断完善国际公共服务，集聚丰富的国际优质资源，打造具有现代文明包容性的国际城市形象。

（四）徐州市

江苏省委、省政府提出徐州的战略定位是淮海经济区的中心城市、"一带一路"的重要节点城市和国家重要的综合交通枢纽。徐州市作为内陆城市，拥有中欧班列徐州号、徐州无水港、徐州铁路集装箱中心站、公路港等陆路港，徐州亿吨大港、万寨港、孟家沟港、双楼港等内河港，徐州综合保税区、保税物流中心等保税港，观音机场国家一类口岸等航空港，以此为依托建设铁路、公路、航空多式联运的陆港运输体系，能够快速集聚并高效配置物流、人流、资金流以及信息流等，加快形成陆海联动、东西互济的开放格局，努力构建现代经济体系，建设淮海经济区国际中转枢纽陆港，提供运输物流、跨境贸易、会展仓储、专业市场、城市配送、电子商务、金融服务、总部经济等服务。当前，"一带一路"、长江经济带和长三角一体化发展为徐州淮海国际陆港建设带来了难得的黄金机遇，淮海国际陆港助力徐州建设历史文化名城和国家综合交通枢纽城市，为徐州呈现一张新的国际名片。

(五）上海虹桥综合枢纽经济区

作为长三角地区甚至全国范围内最大的综合交通枢纽，上海虹桥综合交通枢纽不仅是通往长三角的重要门户，也是上海东西发展黄金走廊的西延。枢纽的基本功能是提供便捷发达的综合交通网络服务，吸引大量商务和旅游客流。以上海虹桥综合交通枢纽为基础，虹桥商务区的功能是建设上海现代服务业集聚区、上海国际贸易中心服务新平台、国内外企业总部和贸易机构聚集地，服务于长三角地区、长江流域乃至全国商务的发展。虹桥商务区的建设和运营，最大限度地发挥了虹桥综合交通枢纽对经济社会的贡献，实现了社会资源的集约化、可持续利用。

虹桥综合枢纽经济区的主要启示有：第一，做好枢纽功能规划和科学布局，划分枢纽周边地块和地理空间，充分发挥枢纽的传递功能；第二，做好产业规划和培育，大力发展总部经济，如投资、研发、销售、物流等，带动传统产业转型升级；第三，充分发挥商务区建设在促进交通枢纽完善中的重要作用，实现交通枢纽和区域经济之间的同步发展。

第三节　枢纽经济发展主要经验借鉴

枢纽经济的基础是枢纽基础设施和现代综合交通运输体系，载体是交通、物流、信息等枢纽平台，基本目标是通过集聚和辐射枢纽区域经济活动进而创新经济发展模式。其基本发展思路是：通过构建高效便捷的服务平台，将枢纽优势产业集聚起来，提高产业集聚辐射水平与能力，对城市空间格局进行优化，最终实现枢纽、产业、城市三者的一体化发展。

一　高铁枢纽经济发展经验

（一）以交通基础设施建设为基础

高铁枢纽经济是以交通枢纽为基本前提，以高铁枢纽的建设和管理工作为切入点，以提高高铁枢纽的能级为目标的一种综合性经济发展模式。发展高铁枢纽经济的成功经验主要包括三个方面：一是提升枢纽区域可达性，提高枢纽与周边城市之间的高铁速度和频率，不断扩大交通圈范围；二是完善综合交通组织，布局立体化交通，重点关注地下交通空间的发展，实现高铁、地铁、城际快速铁路之间的快速衔接，注重高速公路与枢纽机场的一体化发展，推动发展多式联运；三是在土地开发利用方面，关注高铁枢纽区域土地的立体化开发，根据实际情况规划设计地下停车场、步行街、休闲娱乐场所等，合理开展地下空间的设计与开发，推动实现地面功能地下化和地下设计地面化的新发展。

（二）以"枢纽+平台建设"为动力

流量经济资源是高铁枢纽经济发展的核心要素，因此发展高铁经济需要特别关注流量经济平台的建设和服务能力的提高以便留住流量经济资源。一方面，在加强流量经济平台建设的过程中，以物流、人才流、资金流、信息流等流量经济资源为基础，打造流量经济平台，为枢纽经济发展提供专业化服务；另一方面，需要构建专业的服务体系，提供全方位的枢纽经济相关配套服务，集聚法律、金融、保险等专业服务机构，满足各类经济流量集聚需要专业服务的要求。[1]

（三）以"枢纽+产业发展"为导向

适铁偏好产业是高铁枢纽经济发展的战略核心。高铁经济的发展的目标是以流量经济资源为基础，推动流量经济资源集聚与适铁偏好产业共同发展。关键的一方面是充分发挥枢纽平台的"流量经济"效应，提升高铁枢纽区域的创新能力，包括但不局限于创新商业模式、产业业态以及产品等，最大化利用高铁枢纽的"流量"资源优势培育枢纽产业的核心竞争力，实现枢纽与产业的共同发展；另一方面是大力发展区域总部经济，充分利用高铁枢纽经济区的区位优势、交通优势以及流量集聚优势，围绕枢纽主导产业，增强枢纽区域的辐射效应。

（四）以"枢纽+区域合作"为目标

枢纽与区域经济的共同发展是高铁枢纽经济升级的关键环节，是重点也是难点。因此，需要加强对高铁枢纽经济辐射联动效应的重视，推动高铁枢纽区域从"交通圈"向"经济圈"的转变。首先是构建城市流量经济流通体系，实现多枢纽联动，积极探索构建枢纽经济合作机制，在城市内部推动形成错位发展、协调互补、高效交流的枢纽经济发展新格局；此外，借鉴其他地区的成功经验，着力推进区域性高铁枢纽经济圈和区域城市群"一小时经济圈"的建设，逐步增加区域城市群

---

[1] 姚毅：《高铁经济对区域经济发展的影响》，《开放导报》2018年第1期。

范围内的"动车公交化"试点,加快与周边省会城市共建"3—4小时经济圈",加强与其他枢纽城市的经济合作。

二 空港经济发展经验

空港经济是依托国际枢纽机场集聚物流、人流、信息流的优势而发展起来的一种区域经济增长形态,它是一种较新的发展模式,具备良好的发展前景。

(一)国际空港经济发展经验借鉴

第一,空港经济发展是以便捷的综合交通枢纽为基础的。以德国法兰克福机场的空铁联运模式为例,法兰克福机场是德国基础设施条件最好的机场之一,机场大厅下建设了地下的火车站,火车与飞机的购票取票、行李输送工作可以在到站之前完成,便利且发达的交通网络实现了机场与高铁的无缝衔接。

第二,独特的创新发展模式是空港经济发展的关键要素。以爱尔兰为例,1959年,香农机场自由贸易区在爱尔兰香农国际机场旁建立,成为世界上第一个空港经济区,香农镇也因此依托空港经济逐步发展成了一个的国际新城。如今,总面积1万平方千米的香农开发区横跨爱尔兰中西部5个县,区域人口约40.7万人,结合自身优势,形成了独特的区域发展模式,成为当前欧洲吸引力最强的国际商业区之一。

第三,强大的产业支撑为空港经济的发展提供了原动力。区域经济发展的动力源于区域内的产业实力,航空货运、电子商务、高端服务等与空港经济相关的产业的集聚和崛起在促进空港区域经济发展中功不可没。比如联邦快递的出现使孟菲斯从棉花交易中心转变为世界货运中心,其背后重要的推动力便是区域物流运输产业的高度发达。

(二)北京发展空港经济经验借鉴

第一,以科学的规划促进北京空港经济区功能合理布局和一体化发展。一方面,在首都国际机场空港经济核心区,产业规划目标是要加快发展航空制造业、汽车制造业、电子信息业和其他高科技产业,完善基础设施的建设,包括北京航空工业园、汽车生产基地、林河经济开发区等;区域发展目标是关注顺义周边地区的通用航空、航空科技等重点功能产业建设,为承接空港经济区航空制造业转移奠定坚实基础;科学规划临空地区的土地开发与利用,发挥辐射溢出效应,实现首都机场空港经济核心区与顺义新城中心区建设的一体化发展。在加速空港经济区技术产业基地发展的同时,同步推进城南现代制造业基地的产业升级工作。另一方面,在大兴国际机场空港经济合作区建设专业物流园区,以满足空港货运需求,完善补充京津冀城市群快速运输网络;持续完善综合保税区的建设,大力发展与之相适宜的物流、贸易、航空制造、保税加工等产业;结合基础设施建设情况,完善配套功能区,围绕大兴国际机场打造服务于空港经济的核心商圈。与此同时,发挥京南地区高科技制造业和新兴产业的战略引导作用,建设以空港为导向的现代服务业园区,引进并发展高端商务服务,推动高新技术产业和现代航空服务业的发展;依托周边地区的绿色生态开发带,开发丰富的旅游资源,打造本土旅游休闲品牌,促进文创旅游产业的发展。①

第二,借鉴国际先进经验并结合京津冀地区发展实际,拓展空港经济研究视角。首先着眼于空港经济区域内部的发展,协调区域内的经济发展与产业布局。在对北京空港枢纽经济发展的研究过程中,要对空港经济进行开放研究,除了研究机场运营情况与京津冀区域经济发展之间的关系外,还要涉及京津冀区域经济与航空运输的一体化对不同产业、不同地区带来的影响以及对京津冀空港枢纽经济发展的影响。此外,从空港经济区域外部的发展来看,北京空港枢纽经济发展在总体规划、区域规划、产业规划等方面还要与京津冀城市群的总体发展步调一致。根据不同阶段不同区域的实际需要,分步进行建设,实现随时可灵活调整的空港经济区发展规模和范围。

第三,大力提升空港国际枢纽和临空产业能级。为提升服务能力,首都国际机场不断拓展通航点和国际航线,增加免签国家数量,进一步延长国际中转免签时限,优化国际客货通关流程;整合购物、酒店、餐饮、旅游等资源,发展免税购物和航空会展,加快建设空港经济核心区,提高现代服务业发展水平,推动空港经济结构转型升级。同时,在明确大兴国际机场战略定位的基础上,注重统筹协调大兴国际机场空港

---

① 《关于借鉴国际经验促进北京空港枢纽经济快速发展的建议》,http://www.doc88.com/p-3157445818187.html。

经济合作区与首都国际机场空港经济核心区的互补发展、公平竞争、合作共赢，推进建设辐射世界的大型国际枢纽机场；注重新空港经济合作区与大兴及其周边园区的一体化发展，推动产业链衔接和集群发展；充分发挥京津冀各自空港经济区的优势，避免恶性竞争和重复建设，形成合理分工、协调发展的格局。

第四，构建区域协调联动发展机制，实现统筹管理。打破京津冀传统的行政区划，成立京津冀空港经济协调组织，建立区域协调发展机制，发挥政府引导、市场进行资源配置的作用，共同推进京津冀区域发展一体化。京津冀空港经济协调组织主要发挥统筹协调的职能，一方面，实施三地机场协调发展，根据需求不断优化资源管理方式、机场功能定位以及航班安排，在财税政策上给予较大的支持力度，以完善综合交通运输体系，促进区域协调联动发展。另一方面，在产业布局、要素流动、招商引资等问题上，对京津冀三地区进行统筹安排，以首都空港枢纽经济的定位和发展目标为依托，助力京津冀地区空港枢纽经济规模化和国际化。

三 航空枢纽经济发展经验

航空枢纽经济的发展要以科学的原则为指导，结合我国的实际情况，分析总结世界典型航空枢纽的成功经验，得到如下启示。

第一，提高机场运行管理水平和运行效率。从点对点的城市机场到航空枢纽港，运营流程有待完善，航空工作的人员素质和运营水平也需要进一步提高，确保服务质量稳定和旅客满意度提高。因此，需要借鉴国内外的成功经验来建设中国航空枢纽，才能在激烈的全球机场竞争中脱颖而出。具体包括自上而下树立先进的经营理念，并将这种理念深入人心；制定高标准、统一化的航空枢纽服务规范，为客货运输提供高质量的服务；提高运营管理体制和模式的科学化水平，满足航空枢纽运行的要求和市场的需求，在航空安全水平、服务质量和运行效率等方面与国际接轨。

第二，努力实现效益最大化。中国航空枢纽经济的建设仍处于起步阶段，可以邀请国际成功的管理示范集体根据现实需求进行统一的设计和规划。通过"走出去，请进来"的方式来完善商业模式，减少对航空主营业务的过度依赖，增加航空业务外的收入，增强机场的自力更生和可持续发展能力，并且尽可能实现外部利益的内部化。

第三，加强与航空公司的合作。不仅枢纽机场发展需要建设航空枢纽和扩展航线网络，航空公司的业务扩张也面临同样的需求。因此，枢纽建设首先要充分调动航空枢纽建设各方面的积极性，与基地航空公司建立密切的合作关系，从"双赢"的市场战略出发，共同制定航线网络和航空枢纽建设的规划方案；其次，需要结合航空公司，特别是基地航空公司的意见，开展机场平面规划、功能流程设计、基础设施保障等工作，并能够根据航空枢纽的要求及时进行必要的调整，以最大限度满足航空公司运营需要；再次，由于航空枢纽建设的战略定位核心是为航空公司提供服务，因此航空枢纽在建设过程中要确保为客户提供优质的服务，包括细化服务标准、规范服务行为、挖掘特色服务等方面；最后，通过信息资源共享平台等先进技术工具确保为旅客提供全方位的优质服务，形成具有特色的服务网络。[①]

第四，构建枢纽建设组织协调机制。现代民航相关单位的体制设置已不同于过去，经过深化改革的民航体制更需要新发展机制的引导，因此有必要建立高效灵活的协调机制来指导航空枢纽的建设，充分发挥协调机制的作用，创新政府主导、基地航空公司和机场统筹协调的航空枢纽建设模式。

第五，适度放宽免签证政策。免签证过境是一个国家单方面为其他国家和地区的公民在本国过境中提供的一种便利条件。例如，在日本免签停留时间超过3个月，在曼谷为30天。全球主要国际大都市要么对海外游客实行互免政策，要么实行15天以上免签优待，这些国家和城市通过免签证政策吸引航空公司和过境中转旅客，进而提高航空枢纽经济发展的影响力和竞争力。

第六，放宽货物过境的海关限制。现代社会生产方式的变革，使枢纽以外的其他地区对于航空枢纽货运的依赖程度提高。若是没有便捷的中转系统的支撑，很难形成广泛覆盖的国际货运网络。

第七，建立竞争性收费制度。国际航空枢纽的通行做法一般是在一

---

① 朱新华、都业富：《世界典型航空枢纽透视与经验借鉴》，《空运商务》2009年第10期。

开始对 2—3 个时间段的航线实施差别费率，后期成熟后适当增加差别费率的时段数、航线数和覆盖率。为了更有效地挖掘市场和壮大消费者需求规模，进而实现航空公司和机场"双赢"的目标，航空枢纽在运营过程中，有必要根据市场情况制定不同的收费制度，并根据不同时期的航线实行不同的收费标准。

第八，实施枢纽建设多元化投融资政策。国家和地方的财政投入和政策支持为枢纽建设提供了大力支持，枢纽建设应在政府支持下，多渠道吸引社会资金，积极合理地引进外资，充分利用资本市场上的发展机遇。此外，枢纽需要得到各级政府的支持，政府可采取财政预算安排、土地划拨、税收返还等方式，争取政策和资金的支持，为这一公益性服务项目和城市交通基础设施的发展创造条件，发挥其对外开放窗口和基础产业的作用，确保门户枢纽持续稳定发展。

近年来，中国民航运输的发展速度是世界平均增长水平的 3 倍左右，未来中国民航运输也将长期保持增长态势。因此，民航运输相关主体应抓住这一历史机遇，提高我国民航运输发展的能力和速度，加快航空枢纽建设和枢纽经济发展。

四　徐州市枢纽经济发展经验

第一，充分发挥徐州的综合交通优势，加强枢纽经济区与周边地区的互联互动，推动徐州集聚淮海经济区的资源要素，集中力量发展徐州枢纽经济。徐州市区周边分布着几大区域，发展枢纽经济需要最大限度地集聚各区域功能，为充分发挥个体运输户和小微物流企业在区域资源集聚中的重要作用，组织成立了专业的行业协会，营造良好的经营环境吸引物流企业入驻。徐州在枢纽经济发展的过程中还关注到了不同地区之间的交通衔接问题，特别是道路条件和衔接成本问题，因此对物流服务行为规范及价格做出了官方统一的规定。

第二，提升现代智能物流装备制造业的发展地位，为现代制造业物流中心建设奠定基础。围绕现代物流装备制造业，徐州目前的工业标准已达到可以支撑华北、华东物流业发展的水平，进而能够推动徐州的枢纽经济做大做强。对物流装备企业加大招商引资政策扶持，吸引上市公司和龙头企业进入徐州，将徐州打造为企业竞争的战略发展基地。此外，资源要素的集聚还需要本土企业提供的支持，现代企业高度分工，

90%的生产通过外包完成，10%的总装配过程高度自动化，高效率的制造依赖于高效率的供应链管理，高效率的供应链管理又以配套企业优质稳定的生产质量为基础，外包供应链企业的仓储管理水平和储运效率成为很多大型企业投资的判断依据。因此，本地区配套企业生产管理能力和技术水平的提高对于枢纽经济的发展也是至关重要的。

第三，深度融入国家对外开放格局，发挥徐州作为"一带一路"交会点的区位优势。提高枢纽区域经济发展的信息化、自动化、智能化水平，完善地铁、公交、出租车、共享车等出行方式的组合配置，为市民出行创造便利条件，争取最大化降低区域内各园区的物流成本；优化城市商业环境，吸引人才落户，进而促进产业集聚和创新集聚，全面提升枢纽经济区集聚和整合资源要素的能力，促进徐州枢纽经济的开放发展。

第四，优化交通网络体系，构建以徐州为中心的淮海经济区核心圈层。一是徐州市在保税区设立了保税仓库和保税体验店，学习厦门保税区的成功经验，通过海淘网红带货，顺应时代进步创新零售发展模式，在一定程度上有利于带动区域旅游业的发展；简化口岸通关流程，提高线下配送效率，压缩仓储、运输和配送等物流成本，有效控制海淘购物风险。二是徐州市政府专门研究制定了一系列配套的法律法规，如保税区行为准则、便捷通关策略、保税区金融结算规则、税收优惠策略等，强化政府服务经济的职能。政府还通过政策来调节和引导企业，优化营商环境，吸引资本进入。三是规划各具特色和优势的保税区和物流园区。园区的优势集聚以市场供需为基础，以政府各职能部门的规划设计为引领。若是依靠单一的保税区或物流园区，区位资源优势很难得到充分发挥，因此徐州利用保税区的政策优势，吸引了珠三角制造业的转移，对各园区多式联运的潜在优势加以整合，共同推动其枢纽经济建设。四是建设现代智能物流示范区，发挥示范效应。徐州借鉴成功的无水港建设经验，建设公路港集聚智能物流制造业，集聚人才、技术、资金等基础要素，构建徐州淮海经济区智能物流制造业发展生态系统，为枢纽经济发展贡献智慧力量。五是从政策和资金投入等多方面入手，支持本地区物流企业扩大规模，增加规模物流企业数量，激励人员就业来保障物流运营效率，对物流从业人员开展物流专业培训教育，完善区域内从业员工的知识体系。

第五,增加区域人流量,提高人员流动的质量和水平,从而有效增强人员流动的集聚效应。没有城市的建设和发展,徐州的枢纽经济就无法壮大,实现更大更强的枢纽经济依赖于大批量的人流。为充分发掘人员流动带来的经济发展机会,徐州积极举办各种国际会议和各种活动,加强高端管理人员交流,增设城市星级酒店、多功能会展场所等,促进徐州发展成为国际交流中心。徐州是世界宜居城市,近年来,徐州区域中心城市的吸引力随着城市建设和管理水平的提高而迅速增强。

五 福州湾区经济发展经验

第一,坚持"以港兴市"战略,加快港口建设步伐。福州湾区按照"南聚北散"的港口格局,壮大港口物流发展规模,培育扩展物流航线,着力推进港口转型升级,致力于将福州港建设成海峡两岸和香港连接的纽带,为中西部发展提供支持,实现港口与城市经济发展的功能对接。[①]

第二,加快建设湾区高效交通网络。通过基础设施的建设,完善区域综合交通网络,进一步缩短福州与周边其他城市之间的时间距离,建设成果包括马尾大桥、道庆洲大桥、江涵大桥、滨海大通道、江阴港区铁路、可门铁路支线等,着力推进以福州为中心的都市经济生活圈的构建。

第三,通过合理布局产业空间,助力湾区产业集群建设。福州围绕"四湾一带"的布局谋划湾区经济圈,四湾指的是环罗源湾区域、闽江口区域、环福清区域和兴化湾北岸区域,通过对四个区域进行产业空间的优化整合,推动产业集群升级。其中在环罗源湾区域以能源、机械制造、港口物流、船舶修理等为发展重点;现代沿海服务业和高新技术产业则集中在闽江口地区;在环福清区域,依托现有的沿海工业区,发展钢铁、能源、粮食加工等产业;在兴化湾北岸,依托闽台蓝色经济产业园的现有产业,扩展海洋材料、海洋装备制造等海洋新兴产业。

第四,以合作互补促进湾区城市的协调发展。在福州湾区周边,福

---

① 俞少奇:《国内外发展湾区经济的经验与启示》,《福建金融》2016年第6期。

州不断深化与周边地区的多方面合作，比如工业、科研技术、文化交流等，在发展中持续提高区域合作质量，增强协调互补的功能。着眼于世界范围，福州是 21 世纪海上丝绸之路上的枢纽城市，注重强化其集聚辐射功能，与珠三角、长三角甚至国外的城市区域广泛开展合作，有利于湾区辐射范围的进一步扩大。

第五，以协调发展机制拓展湾区的辐射范围。深入贯彻落实福建省市政府发布的关于支持湾区经济发展的相关指示，发挥政策文件的引导作用，抓住政府政策提供的发展机遇，加强与省外港口的互动联系和功能对接，扩大湾区经济发展的腹地和辐射范围，将湾区的直接腹地向北延伸至温州，向南延伸至莆田，向西延伸至湖南，进一步加快港口城市群协调发展，促进不同地区之间产业布局与经济结构升级的统筹协调。

第六，塑造环境宜人的湾区形象。生态环境的建设是区域的第一张名片，福州开发建设生态旅游岛，拓展沿海空间资源，打造了良好的生态环境名片。此外，福州充分发挥生态环境优势，将环境建设和产业发展结合起来，推动旅游业和生态产业发展，实现生产、生活和生态的高度融合，塑造了"城海一体、相互辉映"的沿海城市特色，吸引新的发展要素进入湾区。

第七，充分发挥华侨和湾区优势。福州积极组织承办"海峡青年节""21 世纪海上丝绸之路博览会"等国际性会议，加强福州同中国台湾地区和其他国家间的经济合作和沟通交流，在福州湾区形成新的开放发展格局，打造两岸交流和国际元素汇集的新平台。

第四节 枢纽经济发展阶段与趋势

一 枢纽经济发展的阶段规律

根据枢纽经济实际的发展情况，结合相关研究资料的分析，我们得出枢纽经济的形成与发展可划分为三个阶段。

第一阶段是发展交通枢纽型经济。由于良好的区位条件和发达的交通网络是交通枢纽经济赖以发展的基础，在枢纽经济的起步阶段通常是结合区位优势条件，依托交通基础设施，推动资源要素流动与经济规模壮大，为枢纽与经济的融合发展奠定基础；第二阶段是形成经济枢纽。在交通枢纽型经济发展的基础上，进一步打造区域特色，提升对人才、信息、技术的吸引力，发挥便捷高效的交通方式在形成经济枢纽过程中的关键作用，推动各种先进生产要素向本地区集聚，形成地区间分工合作的经济带或经济圈，辐射和带动枢纽周边地区经济；第三阶段是枢纽与经济融合发展。这一阶段的主要特征是区域经济一体化发展，各行业物流和信息技术的融合加快。随着经济社会的转型升级，为实现与经济社会发展的深度融合，交通枢纽的功能不再只是为客货流中转聚集提供服务，而是各种资源要素集聚流通的平台，并且也在加快转型升级成为交通运输与相关产业统筹发展的支撑力量。①

二 枢纽经济发展的动力机制

根据系统论，现有相关研究中将空铁联运枢纽的空间演化划分为形成期、成长期和涌现期三个阶段，在各个阶段分析枢纽发展的不同动力来源。从系统动力学的理论角度看，枢纽经济的发展是一个循环积累的过程，形成了因果循环的发展周期。

以此为参考，本节借助循环累积因果模型，以枢纽外部影响因素确定为前提假设，分析枢纽经济发展的动力机制，如图8-2所示，将枢纽经济的发展大体分为初始变化、次级强化、上升发展与完善成熟四个阶段。②

（一）初级变化阶段——枢纽形成

结合图8-2分析，初级变化阶段即 X→A 阶段是枢纽的形成阶段。这一阶段主要依赖于他组织，即政府的激励与引导，这是由于中国交通枢纽的审批权集中在中央部委，枢纽的相关发展规划属于外部刺激，能够为枢纽经济的起步提供初始禀赋条件。在枢纽规划落地生根后，以建成的枢纽及周边地区为核心，政府会战略性地建设枢纽适度的先进的配套设施，并根据地理位置、国家政策、基础设施等资源优势，合理规划布局枢纽关联产业，不断完善产业引导、招商引资等配套服务功能，加

---

① 高传华：《枢纽经济形成与未来发展趋势研究——基于要素集聚与资源整合理论的探索》，《价格理论与实践》2019年第1期。
② 赵伟伟：《枢纽经济及其发展机制——以中国交通枢纽经济为例》，《人文地理》2020年第35期。

快形成枢纽产业集群。

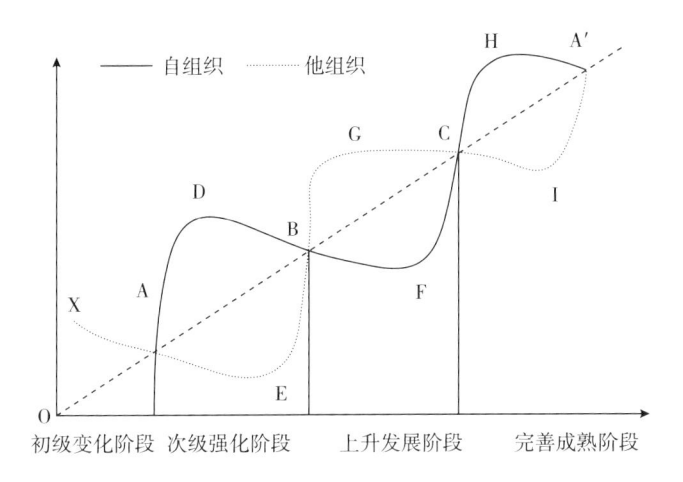

图 8-2　枢纽经济发展阶段与动力机制

资料来源：赵伟伟：《枢纽经济及其发展机制——以中国交通枢纽经济为例》，《人文地理》2020 年第 3 期。

（二）次级强化阶段——枢纽产业形成集群

从枢纽初步形成进入次级强化阶段，即图 8-2 中的点 A 位置开始，枢纽经济的发展动力由自组织和他组织共同构成，且不同阶段的发展动力各有差别。

次级强化阶段是枢纽产业集群形成的阶段。通过图 8-2 可以看到，这一阶段主要依赖于自组织——枢纽产业的内生发展力量，即曲线 A→D→B。这是因为枢纽形成后逐步发挥集聚经济资源的作用，结合经济学中的规模报酬递增、外部性等理论，大量的要素和企业会被吸引集聚到枢纽区域，不断延伸产业链，最终形成枢纽产业集群，这是枢纽经济发展的最重要环节。其实质是要素和企业集聚的外部性，企业可以分工合作、集中生产，借力完成独自无法完成的生产活动；集中共享公共基础设施，降低投资成本；共享人口集聚带来的劳动力资源，填补岗位与劳动力的不匹配，为企业提供充足的劳动力，同时为劳动力创造稳定的就业机会；扩大市场需求规模，发掘潜在需求；扩展枢纽辐射范围，促进区域创新发展等，以上内容都属于枢纽产业的内生发展力量，最大化发挥枢纽产业集群的正外部性,推动枢纽经济规模的扩大。

组织在这一阶段也提供动力,即曲线 A→E→B。但相对于自组织而言,其动力作用主要是补充发展,在枢纽产业集群形成的过程中,除上述产业的内生发展力量外,政府也会提供与之相适应的公共基础设施。比如在硬件上,建设现代综合交通体系等新的枢纽设施,定期维护原有的枢纽设施,为枢纽产业集群提供强有力的基础支持;在软件方面,为枢纽产业集群提供政策支持,例如税收优惠、招商引资等,从宏观经济环境运行情况出发进行产业规划和管理。

(三)发展阶段——枢纽经济形成

发展阶段是枢纽经济的形成阶段,这一阶段居于主导地位的是他组织力量,即曲线 B→G→C。具体体现在枢纽经济相对于枢纽产业集群是更新的发展形态,完全依赖产业的内生力量无法保证枢纽经济的建设,需要通过政府的发展规划以及政策制度的指导,来促进枢纽经济的有效发展;这一阶段的自组织力量体现在曲线 B→F→C,枢纽产业集群形成后,产业的自组织作用开始下降,这是竞争中的优胜劣汰带来的结果,有的企业做大做强或被兼并收购,枢纽经济系统处于不平衡状态。

(四)成熟阶段——枢纽经济成熟与完善

最后一个阶段,枢纽经济已经发展成熟并持续完善,自组织力量又居于主导地位,使枢纽经济系统处于动态平衡状态。这一阶段的主要任务是巩固枢纽的地位,对枢纽经济内部结构进行更深层次的优化升级,为下一个周期的循环做准备。

综上所述,在枢纽初步形成阶段,引发枢纽经济的关键因素是政府的激励与引导;枢纽初步形成后,逐步发挥集聚经济资源的作用,大量的要素和企业被吸引集聚到枢纽区域,不断延伸产业链,最终形成枢纽产业集群;之后,由于产业的内生力量无法保证枢纽经济的建设,需要通过政府的发展规划指导来促进枢纽经济的有效发展;最后,枢纽经济已经发展成熟并持续完善,自组织力量又居于主导地位,使枢纽经济系统处于动态平衡状态。通过对枢纽经济不同阶段的发展动力研究得出,自组织方面的动力主要来自要素集聚,包括劳动力、科研人才、生产原料、产品等,以及区位优势、分工和专业化程度等;他组织方面的动力主要来自政府规划、政策文件、政府投资、法律制度等，两方面的多重因素共同作用，形成枢纽经济的发展动力机制，推动枢纽经济全面升级。

三 枢纽经济未来的发展趋势

枢纽经济未来的发展趋势会按照其发展路径循序渐进，呈现出蓬勃的发展态势。

（一）从单一枢纽向综合枢纽转变

随着经济全球化的影响深入，企业往往进行实时运输和就近生产，以降低远距离物流活动的成本，提高物流作业效率，这就迫切需要铁路、公路、水运、航空一体化的多式联运，因此打造多式联运综合枢纽迫在眉睫。多式联运的实现需要完善的基础交通设施提供保障，不断整合管理服务体系，协调不同运输设备的衔接，加快推进运输组织和平台建设的信息化。在基础设施相对完善的条件下，进一步扩大多式联运网络范围，实现与其他枢纽的功能对接，郑州市在综合枢纽转变过程中的积极探索是典型的成功案例，通过融合铁、陆、空、海等物流方式，实现全程化、普遍化、少环节、少运输、短时间、低损失、货物贸易集约高效的明显优势，实现与周边地区的优势互补和互利共赢，提高郑州作为综合枢纽的地位和影响力。[①]

（二）从区域枢纽向国际枢纽升级

当今世界全球化的发展趋势促使枢纽经济的发展要顺应时代要求，由区域枢纽向国际枢纽升级。基于国际化的发展背景，区域枢纽发展重点强调地方发展要以国家战略规划乃至全球经济发展趋势为导向，特别是"一带一路"倡议的提出，密切了节点城市之间的相互联系，中国的区域枢纽发展迎来了新的机遇。在区域枢纽向国际枢纽升级的过程中，我国重点规划建设了一批国际综合交通枢纽，包括厦门、武汉、郑州、西安、昆明、乌鲁木齐、大连、哈尔滨等。此外，中国民航会同有关省人民政府对国际航空货运枢纽进行了战略规划，比如郑州、昆明、哈尔滨、乌鲁木齐等城市，为国际航空货运枢纽建设添砖加瓦，加快货

---

① 高传华：《枢纽经济形成与未来发展趋势研究——基于要素集聚与资源整合理论的探索》，《价格理论与实践》2019年第1期。

运枢纽和综合交通枢纽的国际化进程。

（三）从城市枢纽向枢纽城市扩展

交通枢纽的基本职能是为城市及周边地区提供交通及相关服务，与此同时，枢纽城市本身的规模扩大和功能完善也不容忽视。在城市枢纽发展阶段，发展重点在于发挥交通枢纽在提升城市经济中的作用，交通枢纽作为重要的城市节点能够改变城市的空间布局，枢纽产业集群加速了城市基础设施以及功能配套设施的完善；而在枢纽城市发展阶段，重点关注的是整个城市对于区域其他城市的辐射效应，不同的交通方式密切了城市之间的联系，提升了枢纽城市的发展水平。

（四）从实体枢纽向虚拟枢纽跨越

我们所讲的枢纽经济通常是指传统意义上的实体枢纽，而虚拟枢纽是从实体枢纽发展中衍生出来的一种新形式。从传统的交通实体枢纽转向虚拟组织枢纽是枢纽经济发展的必然趋势，其目标是实现线上和线下、虚拟组织枢纽与实体交通枢纽的融合发展。例如，杭州依托国际贸易数字化的背景，利用大数据等先进信息技术，开辟了"买天下卖天下"的跨境电子商务网络新通道，推进实体交通枢纽与虚拟组织枢纽的良性互动。同时广州通过"枢纽+"战略的规划实施，提高区域枢纽对高端资源的吸引力，在建设国际航空枢纽的基础上，又创新性地提出了建设国际科技创新枢纽的新目标，并已经完成阶段性的准备工作。展望未来，虚拟枢纽与实体枢纽的快速融合能够极大压缩物流环节产生的费用，进而推动枢纽经济发展迈上新的台阶。

第五节 我国枢纽经济发展展望

一 传统模式下我国枢纽经济发展存在的问题

枢纽经济逐渐受到国家和企业重视，相关布局规划以及政策条例政策不断完善，各地政府深入探索并加快实践，不断推进各类枢纽经济区的建设，并且建设工作取得初步成效，但依旧存在很多问题，其发展对于传统模式的依赖程度过高，具体的问题表现在以下几个方面：

（一）对枢纽经济的功能认识不深，作用机理不明

综合交通枢纽承担着货物中转的责任，具备基本的交通功能。但是

随着经济的发展以及产业结构的调整，枢纽已经发展成为资源要素集聚和流转的重要载体，同时也是交通与产业、交通与城市协同发展的主要平台。无法准确掌握枢纽经济的内涵以及运作机理，就不能充分发挥枢纽的经济功能，无法挖掘地区产业发展的潜力，而盲目推进枢纽经济发展战略会导致城市发展目标及建设路径趋同，导致建设效果不明显，难以对区域枢纽经济发展形成有力支撑，无法充分展现枢纽经济战略的独特魅力，不能有效提升交通枢纽城市在跨区域产业链、价值链中的地位。

（二）枢纽组织功能缺失，引流、驻流能力不强

我国对于综合交通枢纽建设的重点一直放在物流运输能力的提升、基础设施建设的完善以及运输设备的更新升级等方面，缺少对枢纽系统的整体发展规划。例如，枢纽区域空间的拓展、枢纽产业集聚、产业供应链的延长等，枢纽对于要素的配置能力不足，造成资源浪费，以货物中转为核心的枢纽，主要承担运输通道转运功能，引流能力相对较弱，无法充分实现经济要素的集聚、扩散、转化和价值创造。

（三）融合联动发展不足，枢纽经济发展质量不高

我国对枢纽经济的发展重视程度较高，但是整体的发展质量相对较低，相关产业的层次也不高，没有形成枢纽建设与区域开发、产业发展的合力，缺乏统筹规划，产业融合、区域联动发展相对较弱，综合交通枢纽建设同关联度较高的产业脱节，没有形成以枢纽为核心的产业链、价值链、供应链，并且各个链条之间的协调性较差。交通枢纽的功能不够完善，仅简单地提供货物中转和快速交易服务，产业链过短，产业层次过低，附加值有待深入发掘，增值空间有限，资源配置不合理，挤压中高端产业的生存空间，造成"劣币驱逐良币"现象的产生，枢纽经济的运行水平难以得到提升。

（四）枢纽经济区开发模式传统，实施效果不佳

近几年，各地政府和企业都在推进枢纽型经济区建设，以此作为枢纽经济发展的先导。传统的区域开发模式，缺乏统筹规划能力，经济区的开发需要从资金、产业、物流运输通道、生产生活方式等多因素考虑，不科学的区域开发，可能会造成经济疲软，随之产生资源浪费，企业投资风险升高。过于注重工业发展会造成传统产业的发展规模过大，

生产性服务业相对薄弱,新兴产业发展动力不足,同时忽视基础服务产业的发展,居民基本生活保障会受到影响,产、城发展不协调。过于注重产业开发,关注短期效益而忽视长期发展规划,会造成资源浪费,挤压新兴产业的发展空间,城市基础设施的大量、重复建设,组织水平偏低,综合服务能力相对较差,政府政策支持和发展环境亟待完善。

二 我国枢纽经济发展路径展望

作为新经济、新业态、新模式的主要代表,枢纽经济的发展在一定程度上也代表着交通运输和经济发展融合模式创新,是新旧动能转换的核心推动力。加强认识水平,明确发展思路,化解制约因素,从而推进枢纽经济的进一步发展。

(一) 分类分层探索枢纽经济发展路径

基于全球产业链分工合作和城市空间布局视角,根据枢纽区域的基本功能、建设规模、独特性质,探索综合交通枢纽地区的经济发展战略,制定差异化的发展路径,充分发挥交通枢纽在地区经济活动中的重要引领作用,促进产业集聚、延长产业链,提升枢纽地区投资价值,为区域经济的发展提供新动力。以"一带一路"建设为统领,打造全方位的对外开放新格局,将建设国际性综合交通枢纽作为重点,主动参与国际竞争,提供区域的全球资源配置能力,发展开放性枢纽经济。顺应经济发展规律,在新旧动能转换、消费市场升级的背景下,以综合交通枢纽为中心,提升其资源的集聚辐射能力,打造枢纽经济发展新高地。提高交通枢纽区域的整体资源整合能力,发展一批独具特色且关联度较高的产业作为综合枢纽地区经济发展的支撑。

(二) 硬软并重强化枢纽组织功能

加快枢纽经济发展的关键在于枢纽组织功能的提升,实现综合交通枢纽的建设核心从运输功能转向组织功能,弥补枢纽在组织功能上的缺陷。大力发展多式联运枢纽建设,合理规划枢纽站场布局,实现多种运输方式间的有效衔接,借助互联网、物联网、大数据等现代信息技术,实现信息的实时更新和多方共享,提高运输对接和组织匹配效率,加强线上与线下一体化组织建设,充分发挥市场在供应链上下游、产业链各个环节中的资源整合作用,支持和鼓励供应链运营商积极参与枢纽的建设,将枢纽运营纳入多式联运的组织链条当中,在保证最基本的中转服务高质量运行的同时,全面提升交通枢纽对资源要素的合理配置能力。

(三) 创新体制机制和政策支持

枢纽经济所涉及的区域普遍较为广泛,在地理上横跨多个省市,在产业上涉及多个部门,包括交通运输、金融、商业、建设等,涉及的主体过多,因此需要成立一个综合部门,建立协调机制,对不同地区、不同部门进行综合管理。加强支持区域枢纽经济发展的政策改革力度,以良好发展环境的建设为目标,制定多元化、便利化的政策体系,深入推进负面清单制度的应用,政府要提高信息、技术、知识以及枢纽等新要素投入的有效制度供给。政府同研究机构建立合作关系,加强交流,为公共政策制定提供坚实的理论准备,同时为政策的实践提供智力支持。

第九章

枢纽经济发展典型案例

近年来,南京市、商丘市和周口市利用本地的独特区位优势和交通基础条件,大力发展枢纽经济。南京市将枢纽经济划分为三个区域,分别是高铁枢纽经济区、海港枢纽经济区以及空港枢纽经济区,把综合交通枢纽优势转化为城市发展竞争优势,进一步提升作为南京都市圈核心城市以及泛长三角门户城市的枢纽功能和枢纽经济竞争力。商丘市于2016年编制了《商丘市枢纽经济发展规划》,提出要以交通枢纽为主导、以物流枢纽为支撑大力发展枢纽经济,提出的发展策略是:实施对外通道战略,构建综合运输通道格局;实施一体化枢纽战略,构筑一体化枢纽站场体系;实施"互联网+"战略,打造智慧交通网络平台;实施物流园"一盘棋"战略,搭建物流立体发展网络。

第一节 南京市枢纽经济发展成就与经验

"十三五"时期南京发展枢纽经济的指导思想是:深入贯彻落实党的十八大以来重要会议和习近平总书记一系列讲话特别是视察江苏重要讲话精神,牢牢抓紧国家"一带一路"建设和长江经济带建设战略机遇,围绕"两聚一高"这一新主题,牢固树立和贯彻落实"创新、协调、绿色、开放、共享"的新理念,坚持将有序推进供给侧结构性改革作为新主线,加快建设高铁、海港、空港为主的综合交通枢纽经济区,将枢纽资源转化为城市转型升级的新抓手、推动城市实现跨越式发展的新动力,在新的时代背景下,把枢纽经济打造成南京实现区域快速发展的重要经济品牌。

第九章 枢纽经济发展典型案例

一 南京市枢纽经济的发展历程

枢纽经济涉及范围广、种类多，例如交通运输、金融贸易、信息技术、科技文化等。枢纽型城市的建设和发展并不是多种影响因素同时发挥作用，而是以城市资源禀赋和功能定位作为发展依据，重点开发具有社会以及经济价值的枢纽类型。南京凭借其特殊的地理区位条件，将区域枢纽经济的发展划分为三部分，分别是高铁枢纽经济区、海港枢纽经济区以及空港枢纽经济区，将它们作为枢纽经济发展的主阵地，将综合交通枢纽优势转化为城市发展竞争优势，进一步提升南京作为江苏省省会、南京都市圈核心城市以及泛长三角门户城市的枢纽功能和枢纽经济竞争力。

南京市枢纽经济的发展主要包括三个阶段：第一阶段是完善枢纽基础设施功能，第二阶段是打造枢纽经济产业体系，第三阶段是持续推进枢纽设施、枢纽产业和城市功能融合发展，将南京市打造成功能领先、极具特色并且具有较强辐射带动力的综合型枢纽城市。党的十八届六中全会以来，南京市委、市政府深入贯彻落实习近平总书记在视察江苏省时发表的重要讲话，并深入理解其讲话精神，明确城市的战略定位和发展要求，以改革开放为引领，深入贯彻落实创新驱动发展战略，以发展先进制造业和现代服务业为核心，推进资源节约型和环境友好型社会的建设，加快转变经济发展方式，调整优化产业结构，全力打造南京经济"PLUS版"。"十三五"时期，南京市为了充分发挥区域综合枢纽优势，南京市委、市政府提出要以综合枢纽产业体系构建为核心，加快完善区域枢纽基础设施建设，积极推进区域枢纽设施、枢纽产业和枢纽城市协同发展，支持和鼓励现代化城市综合集疏运体系的构建和完善，大力发展枢纽经济，着力推进产业转型升级，加快推进高铁、海港、空港枢纽经济区的建设，推动南京市的枢纽经济发展迈上新高度。"十三五"时期，南京市高铁、海港以及空港枢纽经济区的增加值比全市的 GDP 增速高出大约 5 个百分点，成为推动城市经济发展的新引擎。

二 南京市枢纽经济的发展成就

南京市枢纽设施功能不断提升，空港枢纽地位日益突出。随着禄口机场T1航站楼的改造全面启动，禄口机场将实现T1、T2双航站楼的联合运行，全面提升机场客货运能力。T1航站楼改造完成后，禄口机场至少可以增容1200万人次以上的旅客量，跻身"超大型机场"。2015年，南京禄口机场的旅客吞吐量达到了1916.26万人次，全国排名由第16位上升至第12位，空港吞吐能力持续提升。海港设施能力显著增强。南京港共有生产性泊位319个，年通过能力2.2亿吨，其中南京长江港口拥有生产性泊位269个（万吨级以上泊位59个），年通过能力2.14亿吨；内河港口拥有生产性泊位50个，年通过能力574万吨。口岸功能不断提升，"十二五"以来，南京逐步完善口岸设施，不断加快开放步伐，进一步完善口岸功能，对外开放环境得到优化。水运口岸接靠国际航行船舶的码头泊位达到60个，其中万吨级以上48个，与世界近百个国家（地区）的160多个港口实现贸易往来。2015年，南京港完成货物吞量2.2亿吨，与上一年相比增长2%。高铁枢纽地位不断提升。南京南站为京沪高速铁路五大始发站之一，既是华东地区最大的交通枢纽，也是连接8条高等级铁路的国家铁道枢纽站。南京南站建有15个候车厅、15个站台、28条轨道，高铁客流量逾2400万人次/年。

枢纽产业体系逐步建立，临空产业发展水平显著提升。空港枢纽经济区加快重大项目引进和建设，其中，2015年集中签约、开工电商物流产业项目14个、总投资95.95亿元；航空产业项目8个、总投资178亿元。"十三五"时期，空港枢纽经济区加快推进中航民机产业园、中航工业南京机电伺服控制系统、江南航空运营基地等44个总投资468亿元的项目建设，力争早日投产达效；加快推进南京航空航天大学科技产业园、顺丰创新产业园等9个总投资138亿元签约项目落地，力争实现早日开工。江南航空等航空公司正在申请成为南京禄口机场的基地航空公司，吉祥航空等航空公司也将落户南京，设立分公司或子公司。南京港口产业依附度不断提高。南京沿江区域集聚了南京经济技术开发区、南京化学工业园、江宁滨江经济开发区、浦口经济开发区四家国家级、省级开发区和南钢、梅钢、金陵石化和扬子石化等多家大型钢铁石化企业，临水型、外向型的产业集群基本形成。当前依托水运通道布局发展的国家级开发区工业总产值占全市规模以上工业总产值的50%以上；依托港口布局的石化、钢铁、电子信息、汽车等产业的工业总产值约占总量的6%；港口吞吐量的40%是为沿江园区大型企业原材料和产成品运输服务。高铁枢纽产业项目推进。高铁枢纽经济区多个商业项目加快推进，其中，证大喜玛拉雅中心项目，一期已竣工，二期工程已开工建设；中交锦致项目，前期手续已办结，目前已开工建设；绿地G62商办综合体项目，正在办理前期手续，已经列入市重大项目库；瀚威城市综合体项目，目前已完成扩初等手续，正在加紧办理其他前期手续，将于近期开工；软件谷明发科创城三、四期项目，目前正在完善前期手续，近期开工建设；万象都蓉商业中心已完成大楼主体封顶；复地宴南都商办综合体项目主楼施工进展顺利，裙房已封顶。

枢纽城市建设不断加快，空港枢纽经济区城市功能品质提升。空港枢纽经济区以空港小镇建设为重点，目前，空港枢纽经济区内道路框架基本形成，生活配套不断完善，初步形成了商业、流通和市场一体化的公共服务网络，水、电、气等基础设施基本到位。随着空港枢纽经济区发展框架的加速拉大，空港枢纽地区交通和环境条件明显改善，12家高品质住宅区已投入开发建设。生活配套工程正加速启动，总建筑面积4万平方米的禄口第二小学已完成主体建筑封顶，禄口中学易址新建工程、禄口卫生院门诊大楼扩建工程已全面启动开工建设，这些项目都将大力提升空港枢纽地区的城市居住品质。高铁枢纽经济区城市发展潜力增大。高铁枢纽经济区南站片区已初具雏形，已入驻包括万科、绿地、证大等国内一线知名开发企业，处于整体开发建设过程中。高铁枢纽经济区红花机场片区将成为承载高铁枢纽经济区战略定位和产业发展的核心区域。原大校机场的搬迁将解除城市建设净空限制，充分释放南部新城发展潜能，并提供近10平方公里可供整体开发的建设用地。

集疏运体系不断完善，公路集疏运体系逐步健全。2015年，南京市公路总里程达11303公里，高速公路基本形成"双环跨江"布局形态，高速公路国土面积密度位列全省第一。干线公路提档升级，实现"干线公路连街镇"目标。铁路集疏运格局初步形成。南京作为国家级铁路枢纽，已基本形成"一环两跨八线、客货分线"铁路格局，铁路运营里程476公里。航空运输能力持续增长。南京禄口国际机场作为华东第三大国际机场和航空货物与快件集散中心，拥有通往54个国内主要城市、19个国外城市和香港、澳门、台北、高雄、台中5个地区城市的180余条航线，每周出港航班量达1800班。南京邮政速递物流航空集散中心是亚洲最大的航空快递集散中心。禄口机场二期顺利投入运营，已成为华东地区第四大货运机场。水路运输地位稳固。南京港是国家主要港口之一，是江海转运主枢纽港和对外开放一类口岸，在长三角和长江中上游地区能源、原材料等战略物资江海转运体系中占有十分重要地位。内河航道网络不断完善，芜申线三级航道建成通航，秦淮河航道整治工程全面启动。[①]

三　南京市枢纽经济发展环境分析

（一）南京发展枢纽型经济的机遇和条件

1. 显著的综合交通区位优势

南京位于我国长江经济带和沿海开放地区的交汇处，沟通南北、连接东西，地理位置优越，处于我国经济增长势头最强劲的地区之一——长三角地区。长三角地区涵盖上海市、江苏东南部的八个城市以及浙江东北部的七个城市，共16个城市组成的城市群，土地面积21.07万平方公里，约占全国的1%。根据2019年前三季度的发展数据，南京市在长三角地区居于第四位，前三名分别是上海、苏州、杭州。南京市是长三角辐射带动中西部地区发展的重要门户城市，同时也是国务院批复确定的我国东部地区重要的中心城市、综合交通枢纽。作为东部沿海经济带同长江经济带的战略交汇城市，南京市不仅能接受来自东部沿海城市的辐射，同时还可以向中西部地区提供要素支持。南京都市圈是以江苏省南京市为中心形成的经济区域规划，南京都市圈以南京为核心，包含苏皖两省的八个城市，常住总人口约3700万人，区域总面积达到6.46万平方公里，交通区位优势显著，区域基础产业发达，经济发展活力迸发，要素互补性强。尤其在枢纽基础设施建设方面，南京禄口国际机场二期工程建成并投入使用，南京南站是国家铁路运输网络中的重要枢纽，长江南京以下12.5米深水航道贯通至南京，为城市枢纽经济的发展提供了有力保障。

2. "一带一路"建设带来的机遇

"一带一路"建设为我国经济发展构建了全方位的对外开放新格

---

① 《南京市国民经济和社会发展第十三个五年规划纲要》，《南京日报》2016年5月6日A01版。

局，南京作为长三角地区的副中心城市，是"一带一路"建设的重要枢纽节点，因此，充分发挥其枢纽作用，将有效提升城市的战略地位以及要素集聚能力。同时，长江经济带国家战略的实施，为南京枢纽经济创造了良好的发展环境。南京向东连接长三角地区的核心城市群，向西连接长江中游城市群、皖江城市带，是长江中上游地区承接长三角辐射带动作用的关键节点。借助南京港的货运吞吐能力以及对经济腹地支撑能力、连接东西的产业转移能力将南京打造成长江经济带的核心节点城市，有利于促进南京枢纽经济的发展。

3. 区域经济实力不断提高

南京是江苏省省会，副省级市，2018年南京在副省级城市经济发展排名中居于第六位，城市GDP超万亿元。南京的经济运行总体呈现稳中有进态势，但是增长速度有所减缓（见图9-1）。2018年南京市全年实现地区生产总值12820.40亿元，与上一年相比增长8.0%。其中，三次产业增加值比例为2.1：36.9：61.0，第三产业增加值为7825.37亿元，同比增长9.1%，占GDP比重达61%，其增加值占GDP比重比上一年提高1.3个百分点。

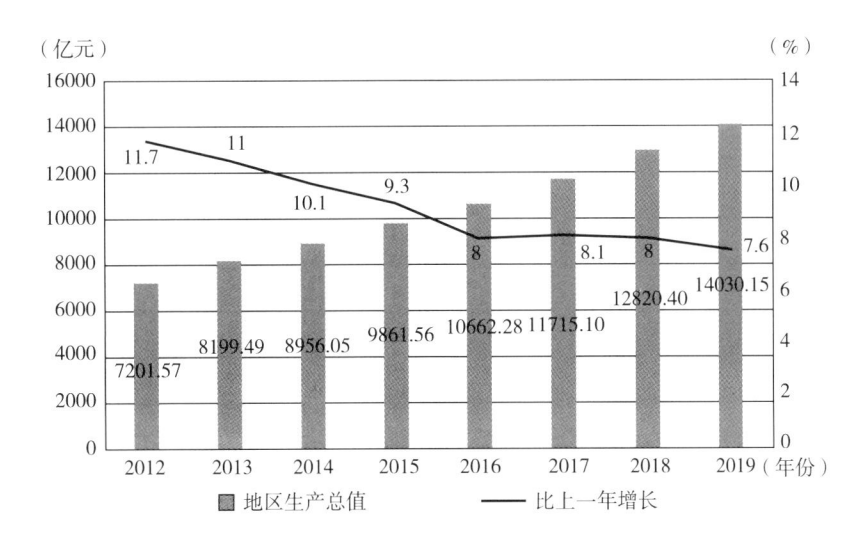

图9-1 2012—2019年南京市地区生产总值及其增长速度

资料来源：南京市统计局。

（二）南京枢纽型经济面临的困难和挑战

1. 基础服务设施和配套产业相对滞后

一方面，南京的枢纽经济建设主要集中在高铁、海港和空港枢纽型经济区，其中，高铁枢纽经济区建立在城区附近，公交、地铁等通勤设备相对比较完善，禄口机场和南京港位于城市的南部和东部，距城区距离较远。由于缺乏统筹规划，部分经济区的基础设施建设滞后，其中，海港和空港的配套服务设施建设没有到位，货物运输的主要方式还是公路运输，但是根据国内外较为成熟的枢纽型经济发展经验来看，大宗货物的运输必须借助铁路运输方式来实现，南京枢纽经济区对铁路运输专线的规划还有待加强。

另一方面，从枢纽经济的发展阶段来看，高铁、海港和空港三大枢纽经济区主要作用于客货的流转，相应的产业发展配套服务设施和居民基本生活保障设施不够齐全，缺乏充足的基础医疗卫生、文化教育、休闲娱乐等公共服务配套设施，对企业和投资人的吸引力较小。同时，产业发展水平不高，临空指向性过低，高铁枢纽处于起步阶段，产业集聚能力相对较弱。空港经济区的产业发展重心在制造业，江宁区的新兴产业比例仅占30%，溧水区的差距更大，所以说南京市的枢纽经济还处在初步发展阶段。

2. 新常态背景下的产业转型压力

根据南京市的经济发展状况可以看出，当前的经济存在一些急需解决的问题，偏重的经济产业结构造成经济新增长点的支撑能力不足，同时，创新动力不足，经济发展增速缓慢，投资风险增加。新的经济发展背景下，作为南京市经济发展的新动力，高铁枢纽经济区、海港枢纽经济区和空港枢纽经济区如何充分发挥作用，促进南京产业调整，实现经济跨越式发展成为未来一段时间需要面临的主要挑战。

3. 周边城市发展枢纽经济产生的竞争压力

首先，高铁枢纽经济的竞争压力增大：南京周边有上海虹桥站、杭州东站、合肥南站等大型高铁站，对南京高铁枢纽经济区的建设和发展带来了很大的竞争压力。其次，城市港口建设和发展竞争激烈：长江下游南通至南京12.5米深水航道通航，南通港、扬州港、江阴港、镇江港、太仓港等江苏省内的港口之间的同质化竞争加剧，南京成为区域航运发展的洼地；同时，皖江城市带扩建的芜湖港以及新投产的合肥港，挤压了南京港的传统腹地的生存空间，南京地区的新要素集聚受上下游港口的影响有所分散，南京海港枢纽经济区的发展面临严峻的挑战。最后，空港经济发展压力增大：随着国内空港经济区的建设热潮蓬勃兴起，南京空港枢纽经济区如何与周边地区错位发展、差异化发展将成为未来南京空港发展需要解决的关键问题。

4. 枢纽经济区之间缺乏内部协调机制

目前，南京市枢纽经济的发展主要划分为三个区域，包括高铁枢纽经济区、海港枢纽经济区以及空港枢纽经济区。这三个枢纽经济区各自配备独立的枢纽经济建设规划领导小组，虽然三组成员在同一场所集中办公，研究枢纽经济区的发展规划和相关政策制度，但是由于各自独立管理，经济区之间没有很好地建立组织协调机制，就无法实现整体利益最大化、区域协调发展以及组织资源共享，相应的更高层次的战略规划更是无从谈起。同时，日常工作中的文件审批、行政管理需要上级的批复，过程烦琐，组织运作效率低，导致枢纽经济区的规划迟迟不能落实，项目进度受到影响。

5. 受资源环境制约更加显著

长期以来，我国对生态环境造成的破坏没有得到根本的修复，环境形势依然严峻，生态环境承载能力已经达到或接近上限，人民群众对良好生态环境的要求更加迫切。与此形成对比的是，南京枢纽经济区的土地、港口岸线等资源十分有限，这对南京枢纽经济实现高效、绿色、低碳发展提出了较高要求。

四 南京市枢纽经济发展的成功经验

首先，加强统筹规划，有组织、有协调地开展工作安排。枢纽经济建设是一项庞大的系统工程，制度创新的程度和决策者的顶层思维，决定枢纽发展的质量和效果。南京在枢纽经济的建设过程中，注重查找自身缺点、发现差距，要求高起点规划、高水平建设、高质量发展。加强枢纽功能，优化产业功能，完善城市功能，大力发展枢纽经济，为现代化经济体系的建设提供新动能，提升枢纽辐射能力，为城市首位度的提升提供有力支撑；南京成立了枢纽经济建设领导小组，并加强管理，提高组织运作效率，同相关部门展开合作，共同调查研究、制定发展规划,为政府部门提供智力支持;通过对枢纽经济区展开深入调研,枢纽经济的发展要以目标为核心,加强交通运输体系的建设,强化运输方式之间的衔接,高标准、严要求地进行产业区域发展规划,吸引高新技术企业入驻枢纽经济区,加快推动产城融合发展。

其次,完善枢纽区域设施建设,提升配套产业服务能力,促进区域整体发展。南京市的综合交通枢纽发展主要是从三个枢纽经济区的建设出发,但是同先进城市比较,航空港在国际通达性方面还有待提升,高铁的运输衔接能力相对较弱。所以南京市将发展重点放在枢纽基础设施的完善方面,打造高质量的枢纽经济服务体系;同时,借助现代综合交通运输体系,加强区域集聚能力,发展枢纽偏好型产业,形成产业集聚区,推动枢纽功能和城市功能协同发展,实现城市功能区之间的有效对接。推动枢纽经济区跨区域合作,提升区域的综合竞争力。

最后,充分发挥自身优势,主动融入国家战略,深化国际间合作。南京大力发展枢纽经济,主动融入国家发展战略,抓住时机,顺应时代要求,发展枢纽经济这一关键的战略决策既是顺应时代发展趋势,推动区域经济高质量发展,也是为经济发展培育新的增长点、挖掘经济发展新动能。在区域经济一体化背景下,南京作为"一带一路"建设的重要节点城市,积极投入"一带一路"建设当中,实现省会城市功能的完善,引领中心城市首位度提升,不断完善长江国际航运中心建设,加快提高支撑国际化发展的门户枢纽功能,加强国际间合作,深度融入全球经济。

五 对于南京市枢纽经济的展望

南京市枢纽经济发展的主要目标是:以提升枢纽设施功能和建设枢纽产业体系为重点,加快构建和完善现代化综合性的集疏运体系,大力推进枢纽设施、枢纽产业和城市功能融合发展。空港、海港、高铁三大枢纽经济区增加值以高于全市 GDP 增速 5 个百分点左右的较高速度加快发展,枢纽经济成为城市经济发展的重要动力和新增长点。

综合经济实力稳步增长。推动经济高质量发展,产业迈向中高端水平,地区生产总值得到大幅提升,增速高于全省全市平均水平,年均增长达到18%左右。调整产业结构,着重打造以先进制造业和现代服务业为主的区域产业结构,提升工业总产值,提高服务业增加值占地区生产总值的比重。一般公共预算收入与经济增长基本保持同步，一般公共预算收入总量显著增长。

枢纽能级显著提升。加强航空枢纽建设，提高空港枢纽经济区航空货邮吞吐能力以及机场旅客运输能力；加强港口枢纽建设，提高海港枢纽经济区港口货物吞吐能力，提升集装箱货物中转运输能力；加强高铁枢纽建设，完善高铁枢纽经济区站台建设，增加站台数量和铁路线路，提高客货流的承载能力。

城市建设取得突破。南京枢纽经济区要以基础设施建设为主，加大固定资产投资额和基础设施投资额，扩大产业载体建设规模。

科技创新能力显著提升。南京枢纽经济区以争创南京经济创新驱动发展的先行示范区为目标，抢抓机遇、创新发展，提高全区研发经费支出在地区生产总值中的比重，特别是高新技术产业产值占规模以上工业总产值比重的提升，使科技进步贡献率提高到65%以上。

对外开放水平显著提高。南京枢纽经济区作为南京对外开放的窗口，引进外商投资，提高合同外资额，特别是实际使用外资额，实现外贸进出口额稳步提升。

生态环境和宜居程度明显改善。倡导生态文明，完善生态基础设施建设、维护生态环境质量、转变经济增长方式、培育生态文明意识，严控新增建设用地。控制污染物的排放量，改善全市空气质量，加大基础设施投入，实现污水处理全覆盖，城市生活垃圾分类收集处理。提高资源以及能源的利用效率，持续推进产业园区循环化改造。建立健全生态文明制度体系，提高全社会生态环保意识。

第二节 商丘市枢纽经济发展成就与经验

一 商丘市枢纽经济的发展历程

（一）坚持规划引领

商丘市枢纽经济的核心定位是打造"一带一路"重要节点、中原地区综合枢纽、区域性产业组织中心。其发展始于2016年，为了推动经济高质量发展，商丘市提出了"构建大交通、发展大物流、建设大产业、打造大平台"的战略部署，以充分发挥交通区位优势在推动区域经济发展中的重要作用。依据四大战略部署，商丘市编制了《商丘市枢纽经济发展规划》（以下简称《规划》），以明确枢纽经济的发展路径。《规划》提出要以交通枢纽为主导，以物流枢纽为支撑，构建基础设施网络支撑枢纽经济的发展，搭建枢纽经济服务平台实现资源的集聚，培育产业集群扩展枢纽经济的辐射范围，建设枢纽经济区发挥规模经济效益以及建立枢纽经济创新体系。为此，商丘市还专门成立了领导小组，调动多方力量推进《规划》的实施，切实促进枢纽经济的发展。

2016年4月，通过公开招标，选定国家发改委综合交通运输研究所承担枢纽经济发展规划的研究编制工作。商丘市委市政府曾先后两次邀请地方专家和全国著名专家出席指导在商丘召开的研讨会，会议以明确规划工作思路、确保规划编制工作正确方向为中心展开。经反复评审，《规划》于2017年1月20日正式通过。之后，为使规划更加符合发展现状，商丘市委、市政府广泛征求意见和建议，最终形成定稿。于是，《商丘市枢纽经济发展规划》便成为我国第一部城市枢纽经济规划，于2017年7月完成编制并通过了终审。

《商丘市枢纽经济发展规划》是商丘枢纽经济发展的关键指引，全文分为十个部分，以2.2万余字详细阐明商丘经济发展的核心：提出商丘枢纽经济发展的内涵是利用交通枢纽、运输通道、平台等创建复合型枢纽经济发展模式，分析商丘枢纽经济发展的内外部环境条件，内需消费拉动经济发展的潜力巨大；明确商丘枢纽经济发展的定位和目标，即打造"一带一路"的重要节点、中原地区的综合性枢纽和区域性产业组织中心，建设现代综合交通枢纽；提出商丘枢纽经济发展的核心是构建设施网络、服务体系和创新平台，形成布局合理、层级分明、分工明确的综合交通枢纽体系；提出培育枢纽产业集群和枢纽经济区，实现枢纽经济规模化扩张；提出商丘枢纽经济的发展路径及政策措施。

（二）构建大交通

高铁是中国经济发展的潜在推动力，未来也将成为商丘高质量发展的"半壁江山"。商丘作为继郑州之后河南省第二个高铁交通枢纽城市，把高铁等重大交通项目建设作为发展枢纽经济的重要前提，加快枢纽经济设施网络的建设，加快商丘乃至中原地区实现与沪宁杭发达地区交通的无缝对接，促使商丘更好地融入沿海经济开放体系。①

2016年9月，郑徐高铁正式投入运营，商丘进入"高铁时代"；2018年，商丘被选为中国100个大型高速铁路枢纽站之一；2019年12月1日，京港高铁商合段正式投入运营，该段与京雄商高速铁路相连，商丘成为继郑州之后河南省第二个拥有高速铁路"十字"运输网络的城市，更是被誉为"华东第二通道"。陇海铁路、京九铁路、徐兰高铁、京港高铁和其他国家区域铁路干线在商丘市相交会，商丘被定位为河南省的交通枢纽重地。

随着商杭铁路的建设，商丘东站应运而生。商丘东站隶属于中铁郑州局集团有限公司商丘站，位于商丘市城乡一体化示范区东南部，周边有商鼎路、商杭路、南海大道、洞庭湖路，车站西侧紧邻京九铁路，其所在的商杭铁路是一条连接河南省商丘市、安徽省合肥市和浙江省杭州市的高速铁路。商丘东站于2018年9月1日开建，2019年12月1日投入运营，其建筑面积7979平方米，车站规模为2台4线，候车室面积3567平方米，座位900个，可容纳1500人；商丘东站在投入运营以来优势越发突出，既是商丘市构建综合交通体系的重要支点，也是展示城市形象的重要窗口；站前下客站台宽21米，与下客站台相连的站前道路宽9米；大门口的停车场和广场占地6.5万平方米，可容纳大量公交车和私家车。商丘东站从旅客需求出发，全面优化进站、出站路线，更新、加固、增设导向标志150余处，促进车站畅通，方便旅客快速进站，在人员素质和硬件上都达到了高标准。商丘东站建筑以"现代商丘"为创作起点，以飞鸟为造型，借用"天命玄鸟，降而生商"的典故见证商丘的腾飞。造型中两个圆柱和双圆弧显示了大鹏振翅的形态，设计的整体外观是玄鸟展翅，预示商丘东站下一步将成为衔接城际铁路、机场地铁、市域铁路的重要枢纽站。

繁荣枢纽经济，形成虹吸效应，需要铁路与公路的互补，更需要高速公路网的有力支撑。正是基于此，商丘的"三环九放射"城市快速通道项目不断推进，大交通正在成为"通达商丘"的快速支撑，并将

---

① 张一民：《构建综合交通枢纽 助推枢纽经济发展》，《中国交通报》2016年12月15日第6版。

推动客流、物流、资金流、信息流在商丘多维交会,内外双向互动。"三环"指的是高速内辅道快速物流环、中心城区的高速环和连接民权、睢县、柘城、宁陵、永城等县城区的环;"九放射"是指商丘城区连接县城组团之间的九条市域快速通道,由东西、南北贯穿商丘全域,其中心城区干线环城快速通道上现有的 G310、G105、G343、S209、S207 等,更是为加快市域物流、信息流等要素的便捷联系创造了条件。"三环九放射"项目规划建设里程 436 千米,总投资约 195.3 亿元,其意义主要在于加快商丘市 40—60 分钟免费交通经济圈的建设,推进虞商宁一体化发展进程,巩固商丘的区位优势以及提升商丘城市品质等。"三环九放射"城市快速路一期的 5 条一级公路于 2019 年 11 月开工建设,全长 236 公里;到 2020 年 5 月底,共完成建设投资 9.42 亿元。一环路全长 66 公里,并于 2020 年底全面通车。"三环九放射"快速公路二期工程其他 4 条公路全长 200 公里,二环(环城物流通道)全长 98 公里,除了一些高速关键节点,其他均已完成。商丘绕城高速公路出入口项目工程,包括 343 国道与济广高速公路(周集出入口)新建互通式立交工程、343 国道与商周高速公路(古城西出入口)新建互通式立交工程,209 省道与商周高速公路(李庄出入口)新建互通式立交工程,项目总占地 1566.14 亩,包括道路工程、桥梁工程、交通安全设施、交叉口工程、房屋建筑工程、绿化工程的建设,预计总投资 78855 万元。此外,为配合高铁商丘东站和商丘新区的建设,商丘市计划在高铁商丘东站以南、连霍高速公路商丘睢阳出入口以东的位置规划建设连霍高速互通式立交(高铁商丘东站出入口)项目。

商丘素有"豫东门户"之称,既是人流、物流、信息流的集散地,也是国家"一带一路""八纵八横"高铁网络和区域流通节点城市。经过几十年的不懈奋斗,商丘现已成为全国高速铁路、普通铁路、高速公路、国道在此交会的综合交通枢纽。[①]

(三)发展大物流

发展枢纽经济,商丘有其基础和优势,2017 年 2 月的"十三五"规划中将商丘定位成全国性综合交通枢纽。由此,商丘发展大物流更是

---

① 白鹏:《奏响枢纽经济的铿锵乐章》,《商丘日报》2020 年 6 月 29 日第 8 版。

思路清晰，措施切实可行。近年来，商丘市以规划为导向，以交通运输体系、现代物流、产业发展和平台建设为"四轮"重点突破，致力于把发展枢纽经济作为推动高质量发展的重要举措，有力促进城市的经济增长。

纵向来看，2017年，商丘保税物流中心投入运营，标志着不沿边不临海的商丘正式进入"无水港口时代"；2018年，在《国家物流枢纽布局和建设规划》中，商丘市被定位为商务服务型国家物流枢纽承载城市，枢纽经济活力进一步得到释放；2019年，河南民权保税物流中心（B型）获得国家四部委联合批复；同年，随着河南"米"字形交通结构的完善，商丘的交通枢纽地位上升到了一个新的高度。而2020年，新冠肺炎流行对外贸和进出口产生长尾效应，商丘要深入贯彻落实中央"六稳""六保"指示精神，确保商丘枢纽经济迈上新台阶。

横向来看，商丘市着力培育现代物流业作为枢纽经济的核心产业，力争将其打造成千亿规模的产业集群。商丘豫东综合物流产业集聚区是河南省三大物流产业集聚区之一，是国家级物流示范园区，聚集了商丘农产品中心批发市场、中原佳海国际商贸城、亿丰国际商务博览城、传化公路港、中部（国际）跨境电商园等一大批商贸物流企业；商丘市依托交通区位优势建设区域物流中心的一个成功范例——商丘农产品中心批发市场，是全国十大农产品交易中心之一，是河南、山东、江苏、安徽等省最大的农产品交易集散地。商丘农产品中心批发市场每天14点以后，就经挤满了人和车，一辆一辆地称重，这是一个真正的"买全国，卖全国"的市场，从海上到陆地，全国各种著名的农副产品都在这里集聚。如今，商丘农产品中心批发市场年营业额已达350亿元。每天实时向国家有关部委上报价格信息，商丘农产品的价格成为全国物价的"风向标"。快递方面，目前商丘市快递企业拥有20个品牌，其中法人企业52家，分公司713家，快递配送中心8个，从业人员3500余人，快递服务从业者逐渐增长，居全省前三位。

（四）建设大产业

商丘市出台了一系列政策措施促进跨境电子商务有序发展，并确立"两中心三平台多园区"的发展布局，采取"政府推动、企业主导、市场运作"的模式支持园区建设，帮助中小企业走向国际市场。截至目前,阿里巴巴在商丘所注入的产业带动入驻企业 2000 多家,交易额突破 30 亿元,居全国第 13 位;全市 85%以上的外贸企业开展了跨境电子商务业务,5 个县成功建成全国电子商务进农村示范县;全市建成电子商务服务站 3750 多个,覆盖 70%以上的行政村。为加快发展先进制造业,商丘在全市形成纺织、服装、制鞋、食品、装备制造等联动产业集群,在县区形成制冷、超硬材料、纺织、制鞋、五金等 12 个特色产业集群,在示范区规划建设先进制造业产业园。近年来,商丘市主要经济指标增速继续走在河南省前列。

(五)打造大平台

一网覆盖河南全省,业务遍及全国,实行线上线下一体化运营。传化智联中国智能物流大数据中心通过接入传化智能物流信息系统,已覆盖河南全省智能物流调度系统,各类业务已覆盖全国 30 多个省(市、区)、300 多个城市,大大提高了物流作业效率;商丘传化公路港项目枢纽中心,包括分拨中心、财务结算中心、配送中心已投入试运行,首批客户 40 多家,是传化集团在河南省首个智能化公路物流网络运营系统项目。商丘保税物流中心是河南省三大中心之一,已经正式封关运营,入驻 40 多家企业。发展枢纽经济,商丘有自己的优势:围绕大交通建设大枢纽,围绕大枢纽布局大物流,围绕大物流发展大产业,构建现代综合产业体系,推动产业向中高端迈进,以枢纽经济引领城市经济发展。

二 商丘市枢纽经济的发展成就

(一)做足枢纽经济,步入发展新轨道

2019 年,商丘市经济增速五年来首次达到 7%,这意味着商丘市经济发展进入了新的轨道。从产业结构调整的角度看,第三产业比重上升,这也说明商丘市在经济结构优化方面取得了一定的成绩。根据《商丘市 2019 年国民经济和社会发展统计公报》,经初步核算,商丘市 2019 年全年生产总值为 2911.2 亿元,居河南省第七位,GDP 增速达到 7.4%,与 2015—2018 年保持的 8%左右的水平相比,2019 年经济发展增速有所放缓。但从总体来看,2019 年河南省 GDP 增速为 7.0%,商丘市的 7.4%仍属于河南省平均水平。从产业比重看,第一产业增加值 428.92 亿元,增长 2.4%;第二产业增加值 1193.48 亿元,增长 7.9%;

第三产业增加值1288.80亿元,增长8.9%,第三产业产值比重相对提高,由2018年的42.7%提高到2019年的44.3%,这一系列经济成绩离不开枢纽经济发展的贡献。

(二)物流中心大放异彩,外贸朋友圈有序扩容

国务院督查组在商丘经过实地调研督查,认为商丘基于规划引领"四轮"驱动(坚持创业创新、开放招商、人才强市、依法治市)为载体的枢纽经济发展探索取得成效,值得推广。得益于商丘市独特的区位优势和物流中心的建设,2019年商丘市货物进出口总额34.6亿元,同比增长46.5%,远高于河南省2019年3.6%的年均增速。此外,2019年,商丘市共新吸引外商直接投资企业214家(不含银行、证券、保险),进出口对外经济朋友圈逐步扩大。即使在新冠肺炎疫情影响下,2020年全年商丘外贸进出口额仍然达到了42.6亿元,比去年同期增长23.1%,增速居全省第3位。

(三)新兴产业势头猛进,经济新动能凸显

近年来商丘市新兴产业发展十分迅速。统计显示,2017年至2019年,商丘市高技术制造业增加值年均增长率分别为14.1%、13.4%和34.8%,连续三年保持较高增长率,呈现出良好的发展态势。尤其是2019年,商丘市规模以上工业中,计算机、通信等电子设备制造业增长82.2%,医药制造业增长16.7%。加快培育新动能,是促进商丘经济转型升级、提质增效的重要途径。2019年,商丘市高新技术制造业增长34.8%,这意味着计算机、通信等高新技术制造业将在商丘市经济发展中占据更加重要的地位。2020年,商丘市站在经济发展的新起点上,按照推动高质量发展的总体要求,继续深化落实培育壮大新动能的各项措施,加快培育发展战略性新兴产业,进一步优化发展新产业、新业态的政策环境,推动产业智能转型升级,并取得了显著的成效。

(四)旅游发展增势明显,文化价值稳步提升

随着时代的进步与发展,旅游业已成为一个热门产业。商丘不缺文化资源,比如以商丘古城为代表的文化旅游、以睢县为代表的体育旅游、以芒砀山为代表的山水旅游、民俗旅游等。通过比较商丘市近五年来旅游人数的变化,可以发现商丘市近年来旅游业呈现出良好的发展势头。此外,商丘高铁枢纽经济的快速发展,已成为商丘与其他城市区域旅游

合作、相互支持发展的新动力。统计公报显示，2019 年，商丘市全年共接待国内外游客 2343.92 万人次，比上年增长 45.8%。旅游总收入 53.4 亿元，增长 56.4%。2020 年，在疫情的严重影响下，商丘市紧紧抓住交通枢纽的区位优势，全力打造商贸文化、古城文化、水文化、民俗文化等一系列优质文化旅游项目、旅游产品和旅游服务，增强现有旅游项目的吸引力，推动了商丘文化旅游产业高质量发展。

三　商丘市枢纽经济发展环境分析

（一）优势分析

1. 区位优势

商丘地处河南、山东、江苏、安徽四省交界处，是河南省离海最近的城市，是重要的物资集散中心、商务中心和区域物流中心。

2. 交通优势

交通是商丘最大的优势。商丘是亚欧大陆桥上的一个关键节点，集高铁、公路、航空、内河航运于一体的立体综合运输体系，区际区域枢纽的优势十分突出。优越的枢纽地位是商丘实现高质量发展的核心和关键，商丘作为全国区域流通节点城市，要实现跨越式发展，必须构建与区域中心城市相适应的交通枢纽格局。如今，郑徐高铁已经通车，京雄商高铁也在这里交会，多层次的"十"字形大动脉从蓝图转向现实。随着沱浍河航运工程的快速推进，航空也"只欠东风"，"三环九放射"快速公路建设全面铺开。

3. 产业优势

商丘市宁陵县的农资化工产业、夏邑县的纺织产业、睢县的制鞋产业、民权县的制冷产业、柘城县的金刚石产业、梁园区生物制药产业以及中心城区的现代物流等特色产业，都为商丘建设枢纽经济提供了产业集聚的基础，形成了枢纽经济发展的产业优势。

（二）劣势分析

1. 产业结构不尽合理

与枢纽经济发达城市相比，商丘市产业结构存在如下问题：第一产业比重仍然较高，现有产业结构限制了优质高效的现代农业的发展；工业化水平及信息化水平亟待提高，目前的信息技术和信息设施已成为制约企业可持续发展的障碍；服务业发展水平已不能满足日益增长的需求多样化、个性化的要求,难以承受现阶段商丘市枢纽经济的快速发展。

2. 物流业和跨境电商基础薄弱

物流业和跨境电子商务是商丘市枢纽经济发展的突破口,但是在实际发展过程中,出现了物流运作效率低、物流成本高、枢纽路网不完善、信息化水平低一系列问题,因此商丘物流业和跨境电子商务的基础相对比较薄弱。

3. 枢纽经济发展尚未成体系

我国枢纽经济的发展仍处于摸索阶段,目前为止还没有十分成功的案例能为商丘发展枢纽经济提供借鉴。另外,枢纽经济的发展讲究因地制宜,不同地区应结合实际发展有地方特色的枢纽经济,商丘枢纽经济的发展模式还需要反复实践总结。

(三) 发展机遇分析

1. 依托国家战略,出台《商丘市枢纽经济发展规划》

国家"十三五"规划出台后,商丘抓住时代发展机遇制定了《商丘市枢纽经济发展规划》(以下简称《规划》),对商丘枢纽经济发展起到战略指导作用。《规划》提出,商丘市发展枢纽经济需要通过发挥交通枢纽的主导作用和物流枢纽的支撑作用,培育产业集群,实现枢纽经济高效益发展。

2. 商丘市宏观经济不断发展

商丘市紧跟国家发展脚步,优化产业结构,为枢纽经济的发展营造良好的经济环境。《2019年商丘市国民经济和社会发展统计公报》显示,商丘市生产总值2911.20亿元。其中,第一产业增加值428.92亿元,增长2.4%;第二产业增加值1193.48亿元,增长7.9%;第三产业增加值1288.80亿元,增长8.9%。第二、三产业的快速发展是枢纽经济发展的基础。

(四) 威胁分析

1. 周边城市竞争激烈

商丘市枢纽经济处于起步阶段,存在诸多不足,而与此同时,周边其他城市也开始发展枢纽经济。相较于郑州而言,商丘在区位条件、交通建设、政策支持、人才引进等方面都处于劣势,商丘的枢纽经济发展面临激烈的竞争。

2. 来自全国大枢纽城市的竞争

上海、江门、宁波、南京、丹东等城市已经充分认识到可以把枢纽经济作为推动地方经济转型升级的重要切入点，也先后提出发展枢纽经济，虽起步落后于商丘，但其经济基础却远胜于商丘。因此，要特别强调加快建设枢纽经济区，这些城市未来的发展对于商丘而言会带来不小的压力。

3. 枢纽城市标准提高

区位优势、综合交通、市场需求等条件是枢纽城市发展的基本条件，但不是决定性条件。商丘市在枢纽城市建设的核心内容方面仍存在较大的上升空间，如高效的物流体系、先进的制造业基地、发达的商业市场、深厚的文化积淀和优质的商业服务等，都是商丘需要提升的地方。

四 商丘市枢纽经济发展的成功经验

（一）实施对外通道战略，构建综合运输通道格局

商丘市在发展枢纽经济的过程中，始终紧跟"一带一路"发展战略，对内加强基础设施建设，形成综合运输通道网络格局，努力发展客货运输和提高服务水平，充分发挥区位优势；对外加强外部通道建设，充分发挥交通枢纽的集聚功能，为实现区域间产能合作创造强大的交通基础设施服务能力，同时注意规避风险，培育能够支撑枢纽经济发展的产业集群和枢纽经济区。促进跨区域消费合作，加快区域间资源流动，具体举措包括：

1. 构建布局合理的立体交通体系

商丘独特的交通和区位优势为商丘发展枢纽经济奠定了基础。"十三五"时期，商丘市投入交通设施建设资金达到677亿元，建设综合交通网络总里程2.2万公里。其中铁路总里程达到540公里，形成双"十"字形铁路网。其中，商合杭高速铁路商丘段的开工建设尤为重要，对铁路客运枢纽、机场枢纽、航运枢纽的建设起着推动作用；高速公路总里程达到395公里，形成内外贯通的高速公路网；新建干线公路700公里，形成城市群间"县县通一级公路"；新建农村公路10080公里，实现村村通班车、村村通快递；内河航道全长207公里，形成商丘至华东地区、长三角的便捷水道；商丘机场、民权机场投入使用，打通

商丘至国家中心城市航线，形成空中走廊，真正实现区域与海外、内陆腹地相连接。

2. 构建内外通畅的对外通道体系

商丘市响应"一带一路"倡议，建设了五条对外通道，形成贯穿南北、衔接东西、通达全国、连接世界的交通运输网络。一是西连郑州航空港综合经济实验区和丝绸之路经济带，东连海上丝绸之路的陇海通道；二是北连京津冀协同发展区和环渤海经济圈，南连长江经济带的京九通道；三是连接郑州航空港综合经济实验区以及商丘至长三角货物运输的便捷通道——邢商永通道；四是连接环渤海经济区和豫西南地区的南（阳）济（宁）走廊；五是空中通道，由商丘机场、民权机场至目的地航线组成。至此，依托陆路通道、内河航道和空中通道，以商丘为中心，辐射周边县域的"1小时一级公路交通圈"，辐射豫、鲁、苏、皖四省的"1小时快速铁路交通圈"和"2小时高速公路交通圈"，以及连接国内主要城市的"2小时航空交通圈"已经形成。

3. 构建无缝立体联运体系

构建立体联运体系，就要合理布局不同层次、不同方式、不同区域的运输网络。因此，商丘市进一步挖掘区域移动节点互动潜能，形成联动管理"一张网"，并加强与连云港、青岛、上海等沿海港口的合作，加强与郑州航空港综合经济实验区的互动，大力发展公铁、陆空、铁路联运的方式，充分发挥交通运输在全方位开放合作中的主导作用，推动交通运输向资源双向流动合理配置，构建对外合作网络。①

（二）实施一体化枢纽战略，构筑一体化枢纽站场体系

商丘市实施一体化枢纽战略，大力推进铁路、公路、水路、航空等多种运输方式深度融合，构建成运输网络，形成安全、便捷、高效、绿色、智能的现代综合交通运输体系，构建畅通衔接、高效运行、合理分工的一体化枢纽体系，为枢纽经济的发展打下坚实基础。

其中，客运枢纽体系主要由中心综合客运枢纽、区域性综合客运枢纽、县区客运站体系组成。中心综合客运枢纽体系包括商丘中心站综合

---

① 张一民：《构建综合交通枢纽 助推枢纽经济发展》，《中国交通报》2016年12月15日第6版。

客运枢纽和商丘新区综合客运枢纽；区域综合客运枢纽包括民权高铁综合客运枢纽、商丘机场综合客运枢纽、夏邑县沱浍河综合客运枢纽；县区客运站系统布局合理，互联互通高效，功能完善。这三个体系相互独立又相互配合，共同发挥着在客运枢纽中不可替代的作用。而货运枢纽体系主要包括铁路货运枢纽、公路货运枢纽和水路货运枢纽。在货运联运体系方面，商丘市整合20多条铁路、公路、水路等联运专用线，建成便捷高效的转型体系，更深层次地推进公铁运输一体化、城乡运输一体化、实现货物的无缝衔接；另外，则以零担甩挂运输和集装箱甩挂运输为突破口，进一步推进甩挂运输试点工作，实现物流园区与企业联盟之间的跨区域合作和网络化甩挂运输，进一步推动枢纽经济发展的进程。

（三）实施"互联网+"战略，打造智慧交通网络平台

打造智慧交通网络平台，就要以信息化、自动化为牵引，使现代信息技术与物流运输路径相融合，形成智能物流网络体系，构建信息网络平台，完善物流信息的数据采集，有效整合政府、企业、物流园区、产业集聚区及各专业人士的资料等信息资源，形成透明的物流信息网络格局，促进其与周边地区、重要城市的物流数据及信息的交流与共享，搭建便捷的物流网络并为管理部门、产业集聚区、物流园区、企业和公众提供高效的综合网络平台，并通过计算机、手机和智能终端将其进行实际应用。

实施"互联网+物流"项目，构建智能物流信息服务开放系统，将物流信息发布、网上交易、电子商务、金融服务、跟踪追踪、实时交通信息、货物周转信息、大数据分析等融为一体；建设智慧仓储系统和配送网络，实现信息技术、物联网技术、互联网技术、大数据技术在交通运行监控、行业管理、物流服务、行业服务、社会服务等领域的深度融合和应用；推进物联网和智能化工程，加快公共出行、现代物流、安全畅通和应急体系等智能化工程建设；实现智能快递柜在政府、学校、社区和办公楼的基本覆盖；提高ETC在交通领域的应用比例。

（四）实施物流园一盘棋战略，搭建物流立体发展网络

以物流、产业、集聚区发展为基础，统筹考虑城市物流园区，实施物流园区"一盘棋"战略，构建"一核两轴多点"的物流产业空间布

局。"一核"指的是以主城区为城市物流的核心区,推进全市物流产业集聚;"两轴"指的是依托东西陇海铁路和连霍高速公路连接连云港、郑州、霍尔果斯、阿拉山口等枢纽城市、港口和边境口岸,依托南北京九铁路和济广高速公路连接济南、北京、合肥等主要交通枢纽城市,形成物流互通;"多点"指的是在商丘市辖县形成多节点物流布局。搭建物流立体发展网络,加快物流枢纽建设。在豫东物流产业集聚区重点建设公路港和依托铁路货场的内陆港,在商丘机场建设航空物流枢纽,加强物流园区之间的交通布局,形成覆盖性强、连通性强的物流园区交通体系,形成交通与物流园区布局相互促进的格局。建立配送中心,形成由分拨中心、配送中心、配送站组成的布局合理、效率高的城乡配送体系。

五 对于商丘市枢纽经济的展望

"十四五"时期,面对新冠肺炎疫情的影响、"十三五"收官、"十四五"开启等发展环境,商丘市枢纽经济发展的挑战与机遇并存。

未来,商丘市需要加快实施枢纽经济发展规划,以快递物流和跨境电子商务为重点,抓好传化物流、商丘保税物流中心、商丘农产品中心批发市场和未来铁路口岸的建设工作,以此为载体,做好空港经济区和高铁物流园区的规划,提高枢纽经济的效益。从商丘市层面来看,商丘市要以编制国土空间规划为指导,以优质工程为立足点,抓住国家黄河流域生态保护和高质量发展战略的历史机遇,努力构建黄河老区全域产业一体化发展经济带,为商丘市新阶段高质量发展创造良好开局。另外,在产业方面,要充分利用枢纽经济培育发展新动能,打造新的产业高地,突出商丘城市生活的高品质。

(一)发挥交通区位优势,加快综合交通枢纽的建设

商丘市发展枢纽经济具有得天独厚的交通区位优势,如其本身所具有的地理位置的优势,及后天所带来的运输优势。具体可以从交通、物流、商业三个方面完善枢纽经济设施网络。在交通运输方面,以商合杭高速铁路建设为重点,加快铁路客货运输枢纽建设,以点带片,推动沿线地区的发展并形成完善的上下游发展产业。其次,要推进商丘机场枢纽建设,实施沱浍河、涡河航运枢纽建设,有力地将空运及水运结合起来;在物流方面,重点抓好内陆港口、物流园区、综合保税区建设,推

进三者的有效配合与发展；在商务方面，加快商丘商业信息化、网络化、标准化进程，使商丘市枢纽经济区的信息进行有效流通与传递。但是从上述三方面完善枢纽经济网络的前提就要打破不同地区、不同交通方式的传统经济模式，统筹规划建设，充分发挥交通枢纽对经济要素和资源的集聚和辐射作用才有机会实现。

（二）推进枢纽经济区建设，打造枢纽偏好型产业

推进枢纽经济区建设，关键是推进铁路与航空枢纽经济区建设，使其能够联合发展，互相衔接，构建综合性的枢纽经济服务体系。目前，商丘市的经济发展后劲不足，主要原因就是缺乏体系成熟且设施完善的"领头羊"带领，只能靠自己摸索，导致发展缓慢，没有引领方向。所以，要改善枢纽经济的发展状况，商丘市必须引进国内外知名金融、保险、研发、营销、信息服务、呼叫服务等成熟的企业带领商丘市发展的整体框架，并努力打造枢纽优势产业体系和产业集群。

（三）加快融入"双循环"新发展格局

党的十九届五中全会明确指出，要加快构建以国内大循环为主体、国内国际双循环相互促进的新发展格局。商丘市要依据政策的指导，构建新发展格局。2021年1月交通部印发《交通运输部关于服务构建新发展格局的指导意见》（以下简称《指导意见》），指出要推进综合交通枢纽提档升级，推动建设一批辐射范围广、设施设备先进、集疏运系统完善、服务优质、与产业衔接紧密的综合交通枢纽，有效支撑区域经济发展。推进区域综合交通枢纽建设，因地制宜发展枢纽经济。商丘要牢牢把握时代赋予的重大历史机遇，努力打造双循环枢纽，构建新的发展格局。

一方面要统筹全球和国家价值链建设，借鉴长三角一体化的经验和做法，建立多层次的决策、协调、实施合作机制，推进设施共建、资源共享。积极融入黄河流域生态保护和高质量发展战略，加强与西安、郑州等黄河流域重要中心城市的合作。另一方面，统筹软硬件基础设施建设，建设综合枢纽，贯通双循环的大通道，促进商丘枢纽经济发展的基础设施和功能向专业化、一体化、信息化转变；完善实体经济发展的制度基础，充分发挥市场在资源配置中的决定性作用，构建市场机制有

效、微观主体有活力、宏观调控有度的制度，加快生产要素市场化改革，使生产要素更适应市场经济的发展；同时有效配置各种生产要素，使生产要素的组合达到最优，才能不断增强实体经济自我发展能力；加快建立与国际高标准投资贸易规则相适应的制度规则，形成稳定、公平、透明的一流营商环境。

一千多年前，一条隋唐大运河将中原北连涿郡（今北京），南通余杭（今杭州）联合起来，"通达商丘"成为大运河上跨时代的繁华城市；而一千多年后的商丘市，商合杭铁路全段通车，京雄商高铁已开工。不久的将来，中原商丘会通过高铁再次连通京杭！商丘枢纽经济发展后劲十足，我们相信商丘将以高铁贯通为契机，加速经济振兴！

第三节 周口市枢纽经济发展成就与经验

周口市根据习近平总书记关于新发展格局的重要论述，深入贯彻落实党的十九届六中全会精神以及省第十一次党代会部署要求，在新发展格局中充分发挥内河航运优势，以临港经济为抓手，以基础建设筑平台，以项目建设求突破，以招商引资增后劲，大力发展港口枢纽经济，依托区位交通优势引领枢纽经济发展，发挥港口枢纽优势，打造枢纽经济新高地。不断推进智慧型港口建设、构建临港产业集群、培育壮大地区特色产业、加大招商引资力度等一系列重要举措，积极推动港口枢纽经济发展，全力以赴打造新兴临港经济城市，积极融入新发展格局，以新发展格局引领高质量发展。

一 周口市枢纽经济的发展历程

（一）充分发挥内河航运优势，发展临港经济

临港经济是以港口及临近区域为中心、港口城市为载体、综合运输体系为动脉、港口相关产业为支撑、海陆腹地为依托，发展与港口密切相关的特色经济，进而推动区域繁荣的开放型、优先型经济模式。周口港作为河南省的"出海口"，是省内规模最大、靠泊能力最强的内河港口，沿淮河向下可直达南京、上海。对河南省成为豫货出海口、连接"海上丝绸之路"重要枢纽发挥着关键作用。为促进临港经济发展，周口市根据国家产业政策导向和周口市中长期发展规划，并结合其资源优势、产业特点和发展规划，推出一百多个合作项目，投资总额1343亿元。特别推出临港经济类项目13个，总投资260.37亿元，例如港区港口码头及物流综合园区PPP项目，包含物流园区、铁路专线等，总投资32亿元，推动临港经济的发展。

（二）打造"豫货出海口"，加快推进临港经济高质量发展

周口市坚持把规划设计作为首要任务，统筹中心港和沿岸各个港口建设，将沙颍河打造成临港产业黄金轴线，助力周口高质量发展。从供给侧和需求侧同时入手，一方面广开门抓货源、聚产业抓园区；另一方面强服务练内功、走出去谋合作，特别是在产业上，致力于形成临港产业集群，实现区域经济的整体提升。以临港经济为突破点，向更高的发展质量转型，周口进入"向海而生"的新时代，河南也进入了全方位高水平开放的新时期，"四条丝路"协调推进，其中海上丝绸之路，正是周口发挥通江达海优势、重振水运繁荣的好机遇。周口市着力发展临港经济，港口吞吐量激增，从2009年的80万吨到2017年的近1100万吨；2020年，更是达到1860万吨，有了"豫货出海口"的雏形。全市共有9个港区，其中中心港共规划建设77个千吨级泊位，具有突出的内河航道优势，在国家规划的"2横1纵2网18线"内河航道中，沙颍河是其中的一线，周口港以下89公里，达到四级内河航道标准，新建的4号、5号港池12个千吨级泊位已投用，运力优势突出。

（三）适应新发展格局，打造新时代多式联运枢纽港

枢纽港就是以港口为中心，以"公、铁、水、空"多式联运为支撑，使区域成为要素的集中地而形成的综合经济体。打造多式联运枢纽港，周口拥有6条高速交会贯通，郑合高铁通车运行，漯阜铁路横贯东西，周口通用机场已经启用、民用机场正在建设，特别是水运，沙颍河通江达海，完成了内河航运集装箱航线组网，2019年港口吞吐量达1465万吨，占全省吞吐量的85%。交通通道基本建立。周口同郑州航空港区以及河南物资集团形成战略合作关系，成功加入海河联运港际联盟，具备了打造多式联运枢纽港的基础。周口全市9个港区中，中心港的中部作业区已建成投用，成为省内运力最大最强的内河港口，"1小时高速经济圈"涵盖人口近6000万人，2小时经济圈涵盖人口近2亿人，辐射带动市场空间巨大。

（四）发挥港口枢纽优势，打造枢纽经济新高地

周口市抢抓机遇、主动融入，将其打造成为河南省对接长三角的桥头堡，利用内河航运及港口建设的优势，同"海上丝绸之路"形成有效衔接，加快推进沙颍河航道升级改造工程以及周口中心港的项目建设，推动与沿河沿海沿江主要港口无缝对接，成为多式联运国际物流通道，把周口打造成为河南对接"海上丝绸之路"的战略支点。同时紧抓多式联运枢纽城市建设这一机遇，加大现代物流、商贸流通设施和网络升级改造，推进公铁水空网"五位一体"多式联运枢纽和平台建设，壮大和培育水陆运输通道，把周口打造成多式联运枢纽城市，推动物畅其流、货通天下。

二 周口市枢纽经济的发展成就

（一）补齐河南多式联运（水运）短板

多式联运的核心之处在于"联"，不仅在某些点上将不同的运输方式衔接起来，更关键的是实现各种交通运输方式的无缝衔接，因此如何打通公、铁、水、空等通道，实现各种运输方式的互联互通，是必须重视的问题。河南省综合交通运输体系已基本建立，但是各种交通运输设施建设并非齐头并进，相对而言，河南的铁、公、机运输能力强大，但是由于历史、地理以及自然等因素的限制，河南水运资源相对匮乏，内河航运动力不足，存在航道等级低、辐射性差、港口枢纽少、功能不强、与其他运输方式衔接不畅等问题，已成为制约多式联运一体化、规模化、信息化以及集约化发展的重要因素。

短板也是行业发展的增长点，周口牢牢把握内河水运的增长空间，稳步推进航道整治工程，以提高内河货运的竞争力，建设枢纽节点间的专用线路，完善综合物流枢纽功能，实现各物流环节间无缝衔接。发展周口内河水运有利于补齐河南"四条丝路"建设短板，打通中原城市群出海通道，推动河南省实现"黄土经济"向"蓝水经济"成功转型，形成陆海联动、东西互济的开放格局，达到更高水平的对外开放。实现公铁水空联运、内河港港联运、海港联运等多式联运发展，打造功能性、枢纽型以及网络化的现代综合立体交通运输体系，为河南省交通强省建设提供重要支撑，成为周口以及河南经济社会发展的新引擎。到2020年底全省内河航道通航里程达1725公里，沙颍河、淮河实现通江

达海，河南省淮河、沙颍河、唐河、沱浍河692公里纳入国家高等级航道；全省码头泊位达到201个，其中货运码头173个，完成吞吐量3115万吨。特别是周口具备良好的水陆联运基础，更是纳入国家36个内河主要港口，多式联运已经成为推进我国物流业供给侧结构性改革以及实现物流业降本增效的重要举措。

（二）加快双循环新发展格局的构建

在全球新冠肺炎疫情的影响下，国际运输遇到前所未有的困难，海运集装箱运输严重受阻，出现"一舱难求、一柜难求"的现象。河南省作为内陆省份，缺少沿海港口优势，外贸企业待发货产品严重积压、贸易受阻，重点进出口企业大多沿用国际通行的信用证结算方式进行国际贸易，生产出来的产品无法正常装运，面临国际信用证到期无法结汇违约等风险，严重影响企业在国际市场上的信誉。

此时，周口港在解决国际运输痛点、稳定外贸发展中显得尤为重要。借助周口港现有条件引进优质国际海运公司和集装箱资源，直接调入能出海的海运集装箱，外贸集装箱由周口中心港码头出发，实现通江达海，周口港成为"豫货出海口"和"海货入豫口"、中原地区连接长三角经济走廊桥头堡以及"海上丝绸之路"在河南的起点，为周口市乃至河南全省开展进出口贸易开辟了新的物流通道，对于周口的外向型经济发展、提升中部地区对外开放水平、助力国内国际双循环新发展格局的构建，具有十分重要的意义。

河南是农业大省、资源大省、新兴工业大省，原材料及产成品多为大宗散货或集装箱货，在商务部鼓励试点的CIFA多式联运提单的作用下，开通国际航线，使周口港成为中原地区同世界物流市场沟通的水上门户枢纽，为河南省开展国际贸易开辟了新通道；同时也保障河南省部分外贸企业产品顺利出运、结汇，以保持"买卖全球"的河南信誉，为"六稳""六保"工作提出"周口方案"，周口港内河航线和国际航线的通航连通境内外主要经济体，将推动河南加速构建新发展格局。在"十四五"期间，周口将继续以中心港为核心，打造一个千亿级产业集群，开辟更多国际航线，提高河海联运效率，提升周口在全国航运市场的影响力，助力河南省外向型经济发展，使内市场和国际市场更好联通，更好地利用国际国内两个市场、两种资源，实现更加强劲可持续的发展。

(三) 为双碳 (碳达峰、碳中和) 战略目标提供有力支撑

在"碳达峰、碳中和"的大背景下，节能减排、资源循环利用以及开发清洁能源已成为时代发展的必然趋势，绿色循环低碳的水路运输大有可为。内河航运具有运量大、能耗低、污染小等特点，提升内河航运能力、推动内河航运绿色发展，是周口市乃至河南省交通运输系统发力"碳达峰、碳中和"的重要方向。

在"双碳"目标下，水运的比较优势日益凸显，周口目前正处于工业化、城镇化进程的中期阶段，发展任务十分艰巨，能耗需求持续增长，因此要把握战略机遇，发挥自身优势，坚定走好绿色化转型升级之路。周口港作为国家"十四五"期间重点建设的内陆港口，内河航运货运量占比到达70%以上，内河航运的快速发展，必将对绿色低碳转型战略目标的实现提供重要支撑。以运距1000公里计算，由陆运改水运，周口中心港5000万吨吞吐能力，每年可减少碳排放约93万吨，减少PM2.5约1.5万吨，全市8000万吨吞吐能力，每年可减少碳排量148.8万吨，减少PM2.5约2.4万吨，为减污降碳协同增效做出重要贡献。

发挥周口市内河航运、现代物流优势，调整交通运输结构，大力构建水运、铁路、电动汽车等绿色低碳交通运输体系，大力推进"公转铁""公转水"多式联运方式，通过调整运输结构来实现交通运输领域的"减碳"目标。集装箱运输作为现代化运输组织方式，其结构上的标准化可以实现各种运输工具之间快速换装，因此加快发展集装箱运输，开辟"散改集"江河海联运新模式，与江港、海港加速联动，便于多式联运，融入"双循环"物流通道，加速构建新发展格局。

(四) 打造周口临港产业集聚区

周口市政府在"十三五"规划中明确提出，将港区打造成为城乡一体化示范区，辐射豫东南、连通郑州航空港和长三角的商贸物流中心和承接产业转移中心，建设成为连接国家"一带一路"建设的重要内河航运枢纽，实现中原经济区深度融入"一带一路"走廊的重要通道战略发展目标。

随着多式联运枢纽港建设纳入交通运输部"十四五"规划，周口

市临港经济上升为省级发展战略,省级区域物流枢纽(B型)保税物流中心获得河南省政府批复,周口已成为河南对接"海上丝绸之路"的新起点、融入长三角的桥头堡和豫东南对外开放的新枢纽。在构建新发展格局中,作为发展临港经济的主战场,周口港区迎来了高质量快速发展的新时期。

根据周口市经济社会发展、城市总体规划、产业体系与产业结构、企业发展情况,以及临港产业基础、港口交通体系、多式联运成效、港口规划与建设以及周边地市交通合作等情况,提出打造现代临港产业集聚区。临港产业集聚区作为周口市港区的主要配套功能区,为优化提升产业动能,合理调整产业结构,形成现代产业体系,做大做强现代临港物流、农副产品精深加工以及先进装备制造这三大主导产业,打造千亿级临港产业集群,推动临港经济高质量发展。并以建设成为具有国际市场影响力和竞争力的特殊经济功能区为目标,作为河南省深度融入全球经济的重要平台,最终成为河南省打造国内国际双循环的重要枢纽节点。

三 周口市枢纽经济发展环境分析

(一)周口发展枢纽型经济的机遇和条件

1. 区位交通优势

周口史称"周家口",地处豫东南,沙河、颍河、贾鲁河在此交汇,其中沙颍河是淮河最长的支流,周口因港而生,拥有河南省内最长的内陆航线。周口境内的沙颍河周口至省界89公里实现常年通航,已成为河南省重要的内河航运枢纽,是面向长江经济带的重要窗口,能够实现河南省同长三角地区快速对接,全面融入海上丝绸之路,使沙颍河成为重要的经济输送通道,周口成为面向东南沿海开放的"桥头堡",以水运为主导,大力开展物流综合运输体系建设,是推动周口枢纽经济发展的重要途径。除此之外,周口市公路网络四通八达,机西、宁洛、周商、永登、大广五条高速公路穿境而过,铁路运输强劲发展,漯阜铁路横贯东西,郑合高铁即将运营,通用机场建设投入使用,公、铁、水、空综合立体交通优势显著,为经济社会高质量发展提供有力保障。

2. 把握政策导向

周口因港而生,位于三川交汇之处,其中沙颍河穿境而过,横贯东西,成为河南省对外开放的新高地,是区域经济发展中的桥头堡。国务院提出要加快推进沙颍河等重点航运项目的建设,河南省政府也明确提出要将周口港打造成地区性重要港口。同时,近几年全球经济受新冠肺炎疫情冲击,产业链、供应链的不稳定性、脆弱性凸显。基于当前复杂多变的经济形势,习近平总书记和党中央审时度势,提出要加快构建以国内大循环为主体、国内国际双循环相互促进的新发展格局。对此,河南省委、省政府全面贯彻落实习近平总书记关于构建新发展格局的重要论述,做出一系列针对性部署。对周口来讲,适应这一新任务、新要求,在新发展格局中充分发挥内河航运优势,以临港经济为抓手,以基础建设筑平台,以项目建设求突破,以招商引资增后劲,大力发展港口枢纽经济可以说正当其时。

3. 经济产业优势显著

近几年周口市经济实力不断增强,为枢纽经济发展营造充满活力的发展环境。2020年周口主要经济指标增速高于河南省平均水平,生产总值达到3267.19亿元,增长1.7%,高于全省0.4个百分点,连续8年稳居河南省第五位,产业结构实现由"二三一"向"三二一"的历史性转变,"豫货出海"内河集装箱航线组网基本完成,临港经济上升为省级战略,高质量发展态势趋稳向好,有利于枢纽经济的持续性发展。周口市工业发展迅速,影响范围涉及各个行业领域。目前周口已形成由食品加工、纺织服装、医药化工三大支柱产业,电力、机械、皮革皮毛三大特色产业构成的工业体系。耕德电子智能通信终端制造、豫东LNG应急储备中心等一批项目建成投产。周口民用机场通过预可研阶段国家民航局行业审查,恒大智慧农业现代产业园开工建设,投资超百亿元的益海嘉里(周口)现代食品产业园签约落地。同时周口拥有河南莲花集团、宋河酒业、益海粮油、财鑫集团、邦杰食品、隆达发电等一批国内外知名企业,为周口工业经济的快速发展提供强有力的支撑。2020年工业生产稳中向好,规模以上工业增加值增长3.6%,高于全省3.2个百分点。实施"三大改造"项目398个,完成投资425.64亿元。得益于物流运输产业、食品加工产业以及电子信息产业上的突出优势,周口市枢纽经济的发展集聚了众多资源,促进枢纽经济稳定持续发展。

(二) 周口枢纽型经济面临的困难和挑战

1. 整体发展水平相对滞后

周口市位于河南省东南部,是重要的粮食生产区,工业基础相对薄弱,经济总量不高,整体发展水平同郑州等省会城市相比较为滞后。周口市发展枢纽经济的另一弊端在于信息化建设有待加强,信息技术人才匮乏,服务业发展水平有待提高,整体竞争力不强,影响了周口市枢纽经济的进一步发展。

2. 基础设施有待完善

周口作为内陆港口城市虽然可以实现通江达海,但是存在各种运输方式之间衔接不畅的问题,特别是在周口市经济快速发展时期,城市框架不断拉大,公路、铁路等运输方式同水路运输缺乏有效对接,严重影响物流运输效率。加快港口铁路专用线建设,打通"最后一公里",充分发挥铁路在多式联运体系中的骨干作用和绿色低碳优势,使铁路多式联运成为促进周口港快速发展的新动力,实现物流成本的有效控制。

3. 竞争日益激烈

随着经济社会的发展,枢纽经济这一新模式,已逐渐成为实现我国经济转型升级的新动能和新的增长极。枢纽经济发展战略规划的提出,同时也带来了更加激烈的竞争。郑州、洛阳、安阳、商丘、淮滨等城市都在大力发展枢纽经济,其中郑州、洛阳、安阳、商丘是国家级物流枢纽,周口市作为区域物流枢纽,面对众多内陆城市的竞争,要充分发挥内陆港口城市这一独特优势,利用自身通江达海的条件,在发展临港经济的过程中,树立"临河就是临海、腹地也是前沿"的理念,促进生产要素集聚,加快周口从"黄土经济"向"蓝水经济"的转型发展。

四 周口市枢纽经济发展的成功经验

(一) 发展枢纽经济要注重谋划

周口发展枢纽经济的优势突出,而发展枢纽经济必须要先做好规划,定位要明确。经过深入调查研究,周口以"公铁水"多式联运为基础,形成内河水运、临港产业、生态城市协同发展的临港经济新模式。枢纽经济的核心在于释放动能,而物流是动能释放的关键因素,以发展多式联运为目标,以基础设施为保障,以空间规划为引领,加快完善公路、铁路、航空、水运等交通设施配套建设，科学规划港口总体布局，引进大型专业物流企业，保证港口作业效率。同时枢纽经济的发展要着力完善发展规划，紧扣新发展格局，编制好枢纽经济发展规划；着力建设物流设施，以建设国家级多式联运枢纽试点城市为契机，科学规划、合理布局货运枢纽，实现各种运输方式间的有效衔接，搭建"公铁水"多式联运网络，做好服务保障，打造特色水运文化。

（二）发展枢纽经济要重视产业发展

周口市委、市政府抢抓战略机遇，紧紧围绕高质量发展战略，充分发挥自身区位优势，加强港口建设，提高物流产业水平，推动产业集聚发展，提高服务支撑能力，优化生态环境推进绿色发展，建设"满城文化半城水，内联外通达江海"的中原港城。根据这个发展思路，临港经济的建设全面展开，成为河南省对外开放的新窗口。产业振兴是推动枢纽经济发展的必经之路。周口市以港口为契机，发展临港经济，港口兴则产业兴，发展临港经济是推动港口城市产业振兴的不二选择。虽然周口市经济总量居于河南省前列，但是周口市是传统的农业大市，工业基础相对薄弱，存在产业结构不合理、现代服务业发展滞后等缺陷。要实现经济高质量发展，首要的就是调整产业结构，找准经济社会发展中牵一发而动全身的突破口，而枢纽经济恰好就是一种同周口非常匹配的经济形态。将港口枢纽作为切入点，优化周口市轻重工业比例；深耕粮食枢纽经济，建设临港粮食产业园，发展农副产品精深加工，推进农业供给侧结构性改革；以组建周口联合运输集团为契机，全力提升物流业服务水平，为周口转型发展提供强有力的支撑。

（三）发展临港经济要充分发挥自身优势

周口市发展枢纽经济是依托其通江达海的资源优势所做出的战略部署。作为河南省唯一一个拥有内河航道和港口的省辖市，是河南省临港经济发展的主战场。周口港区拥有宝贵的沙颍河岸线资源，沙颍河周口港以下89公里常年可通行万吨级拖船，已经达到了四级内河航道标准，沟通长三角，可直达连云港和上海港，全市包括10个港区，其中中心港年吞吐量可以达到700多万吨。从地理位置来看，周口地处中原腹地，是中西部地区融入长三角的桥头堡，是河南省"多点支撑"空间格局的重要节点城市。以周口为中心的"1小时高速经济圈"可以覆盖许昌、漯河、驻马店、阜阳、亳州以及商丘等地，所涉及的人口近6000万，支撑空间大，辐射范围广。从交通运输条件来看，境内有六条高速公路交会贯通，漯阜铁路连接京九和京广，郑合高铁联通长三角，洛平漯高铁在加快规划建设，周口通用机场已经启用，民用运输机场正在加快建设，"公铁水空"多式联运交通格局已基本形成。

五 对于周口市枢纽经济的展望

（一）加强顶层设计和科学谋划

强化综合交通运输及枢纽经济顶层规划设计。加快形成推动综合交通运输高质量发展、符合交通强国战略要求的规划标准、绩效评价、指标体系等，推动周口港内河航运物流产业健康发展。主动融入国家区域发展战略，变边缘思维为前沿意识，全力打造新兴临港经济城市，建设豫东承接产业转移示范区，争做河南面向东南沿海的开放桥头堡。进一步完善综合交通运输体系的圈层结构，提升组合效率，同时以综合交通枢纽建设为核心打造枢纽经济战略支点，充分调动并协同激活枢纽经济发展的各类资源。

不断吸取其他省市枢纽经济的先进发展经验，结合国家出台的枢纽经济发展规划，同交通运输、区域发展以及产业规划等地区相关战略形成有效对接，最大限度发挥政策叠加效应，高质量、高标准推进周口市枢纽经济建设。一方面，在加强综合交通枢纽规划的基础上，有针对性地进行专项规划（河港、空港、陆港等），实现综合规划和专项规划协同推进，充分释放战略集成效应。另一方面，在国家总体枢纽经济发展规划前提下，周口市应制定符合地区实际的枢纽经济发展规划纲要，推动城市总体规划同国家总体规划相结合。

（二）强化港口枢纽建设

港口枢纽建设包括四个部分。第一部分是补齐基础设施存在的短板。根据周口市枢纽功能定位和产业布局，重点补齐不同运输方式转运衔接存在的设施短板，完善多式联运场站和吊装、滚装、平移等快速换装转运设施，提高快速换装便捷性以及一体化转运衔接能力。积极对接国内国际航线和港口集疏运网络，实现水陆联运、水水中转有机衔接，扩大枢纽的区域辐射范围。加强物流与交通基础设施衔接，推进连接码头堆场、铁路干线的专用线建设，打通公铁水联运衔接的

"最后一公里"。

第二部分是建立快速响应的风险应对机制。利用大数据、云计算等技术对风险造成的冲击进行预测,根据预测结果提前制订应对方案,形成风险的主动应对机制,在实际损害发生前有针对性地进行优化和调整相关业务。整合港航物流、工业生产以及市场采购数据,打破"信息孤岛",实现数据跨部门共享,利用大数据对疫情等不可抗力因素造成的市场波动进行评估,通过预警机制抑制风险传播,达到对外部成本的有效控制。

第三部分是积极推进沿淮省份互联互通,构建便捷的沿淮运输网络。建立统一的物流定价机制,开展"门到门"的贸易配送服务,提供"一单到底"的运输服务,打造以沿淮物流枢纽为节点,覆盖淮河流域的便捷贸易网络。在国家物流枢纽之间建立运输规模化、发车频率高的"海铁联运"专用通道,降低陆海集装箱换装造成的效率损失,控制物流成本。

第四部分是提升港口货物的通关效率。加强智慧港口建设,推行港口无纸化、电子化业务,推广"智能地磅""智能识别"等远程控制技术,实现流通数据标准化,推进通关、检疫的线上线下一体化服务。根据海关和检验检疫部门的关检要求,在当前的数据平台基础之上,整合货代企业的物流信息和收货企业的商品信息,对相同申报内容进行合并,优化关检流程。

(三) 发展临港产业

港口作为交通枢纽的重要节点,是带动区域经济发展、推动城市现代化建设的核心战略资源,临港经济已经成为促进地区高质量发展新的动力源。发展临港经济首先要壮大临港产业,临港产业主要包括四类:一是临港直接产业,二是临港关联产业,三是临港依存产业,四是临港派生产业。2021年既是"十四五"起步之年,也是开启全面建设社会主义现代化国家新征程、向第二个百年目标进军的第一年。站在新的起点,在发展临港经济方面,周口市大力发展临港产业,围绕"壮大临港物流业、做强临港工业、培育发展配套服务业",形成食品加工、纺织服装、生物医药三大传统支柱产业,高端装备制造、电子信息、新型建材三大新兴产业发展格局,打造临港产业集聚区,构建临港产业发展平台；（1）壮大临港物流业。大力发展粮食物流、大件物流、集装箱物流，积极发展快递物流、保税物流、冷链物流等；（2）做强临港工业。以益海嘉里（周口）现代食品产业园为龙头，着力打造千亿级食品制造示范基地。加快推进安钢产能置换（周口）项目建设，打造智能化、绿色化钢铁生产基地；（3）培育发展配套服务业。促进生活性、生产性服务业协调发展，完善临港经济配套服务功能。推进沙颍河航运与文化、旅游等融合发展，大力发展"互联网+航运"，加快智慧港口、智慧航运建设。

（四）优化港口营商环境

提升营商环境是激发市场主体活力的关键，同时也是应对复杂形势、促进港口发展的重要举措。周口未来的发展依靠营商环境优化提升。坚持以目标为导向、以问题为导向、以效果为导向，建立部门、地区间的协调联动机制，做到目标一致、协同配合，形成政策合力，统筹推进枢纽的布局建设。针对企业重点关注的问题，政府及相关管理部门要不断加强同上级部门的沟通与协调，深化改革创新，积极统筹规划，制订方案细则，加大落实力度，助力周口港口企业向好发展。进一步优化营商环境，细化招商图谱，瞄准长三角地区知名企业，紧密对接，精准招商，树牢"项目为王"理念，加快推进重点项目建设步伐。

要把改革创新作为第一法宝，对照营商环境评价指标，大力推进物流领域"放管服"改革，创新举措，打破制度壁垒，有效激发市场活力。加大投资和金融支持力度，积极引导金融机构在风险可控、合法合规的基础上为枢纽相关设施建设提供支持。加强企业信用信息体系建设，有效规范枢纽内物流企业的经营行为，优化营商环境立法工作，充分发挥执法司法保障作用，为临港产业的发展营造公平正义的法治环境。充分发挥行业协会的桥梁和纽带作用，加强政策推广宣传、标准制修订与实施、经验总结推广等各项工作，让一流的港口营商环境成为周口临港经济高质量跨越发展的新标识，为全面建设社会主义现代化新周口提供坚强保障。要结合新的形势，进一步完善规划，邀请业内专家对港区有关规划进行修改完善，增强发展规划的针对性、科学性和可行性，推动周口枢纽经济高质量发展。

第十章

推进枢纽经济发展的对策建议

《交通运输部关于服务构建新发展格局的指导意见》明确了我国2021—2023年交通运输服务构建新发展格局的三年行动计划，指出要以国家级综合交通枢纽城市为重点，引导推进40个重大综合交通枢纽项目建设，为枢纽经济的发展建设提供规划支持，以枢纽经济促进区域经济充分均衡与持续发展。推进枢纽经济发展的对策主要有：通过建设现代化高质量综合立体交通网和综合交通枢纽提档升级来推动综合交通枢纽多式融合；通过推动枢纽物流与制造业深度融合、培育交通枢纽产业链和提升行业治理效能来实现枢纽产业协同发展。

第一节 综合交通枢纽多式融合

一 建设现代化高质量综合立体交通网

枢纽经济是以交通枢纽为核心，以基础设施和信息服务平台为载体，以汇聚和辐射为特征，以优化经济资源要素配置为手段，以科技产业创新为动力，以重塑产业空间布局和提升枢纽城市能级为目标的一种新型经济发展模式。枢纽经济发展的基本思路是依托完善的现代综合交通体系，以交通枢纽建设为切入点，以建设高效优质的枢纽经济服务平台为原动力，推动枢纽优势产业集聚，从而发挥产业集聚的辐射效应，以产业发展促进城市空间布局的优化，深化交通、产业和城市的一体化发展，为城市经济转型升级注入活力。①

---

① 宫银峰：《关于我国枢纽经济发展的多维思考》，《中州学刊》2020年第5期。

枢纽经济的发展有赖于交通网络的完善，要以高效率为导向，推进国家综合立体交通网主骨架建设，打通综合运输大通道"堵点"，增强区域间、城市群间、省际间、城乡间以及国际间交通运输联系；稳步推进高速铁路建设，加强中西部地区干线铁路建设，推动高速公路、普通国省道建设和拥挤路段扩容改造；促进区域港口合理分工、协同发展，推进国家内河高等级航道网建设；推动形成分层衔接、覆盖广泛的航路航线网络，加强邮路建设，完善寄递网络。

提升枢纽区交通方式的通达性、便捷性和交通网络节点的价值，构建多式联运信息服务平台，发展以"一单制"为核心的无缝多式联运，推进多种运输方式互联互通。努力构建与公路港、铁路港、航空港、沿海港口等紧密相连且适合现代国际物流中心发展的综合交通枢纽体系。铁路港和公路港要在多港融合中充分发挥其地面集疏优势，为各类枢纽产业和市场提供全方位的服务，完善物资跨区域集散运输的功能；航空港要充分发挥其效率优势，进一步加强空港与陆港功能融合，不断提高货物集散效率；沿海港口要充分发挥其规模优势，加强海陆港功能高效融合，推动港口功能内向转移。

构建包容开放的现代综合交通运输体系。综合交通运输体系的包容性体现在其顺应发展而呈现的多方面转变，比如在城市发展过程中从单一交通功能向多元城市功能的拓展和突破，从简单的客货流交汇向人流、货流、商流、资金流、信息流等要素流集中的转变；提高综合交通运输体系的开放性，需要打破不同区域和不同交通方式的传统单一思维束缚，把城市交通枢纽放在更全局的视野进行统筹规划和建设，最大限度地发挥交通枢纽对经济要素和资源的集聚辐射作用。

二 推进综合交通枢纽提档升级

随着信息时代的全面开放和交通运输与经济社会的深度融合，交通枢纽的功能不断扩大和升级，临港经济、临空经济、临站经济等枢纽经济形态不断突破地域和产业的限制，在城市发展中发挥着越来越重要的作用。同时，现代信息技术的推广使互联网服务平台在枢纽站场中的作用更加突出，传统枢纽场站与信息平台融合发展，"互联网+交通枢纽"的模式创造了新的经济发展动力，推动形成线上线下融合的新型智慧枢纽经济。

加强不同部门间的协同，注重规划指导和存量资源利用，调动地方政府积极性，推进一体化、智能化、绿色化的综合交通枢纽系统建设；推进国际铁路枢纽场站、国际枢纽海港、国际航空枢纽、国际邮件快件处理中心建设，打造具有国际影响力的国际性综合交通枢纽集群；以国家级综合交通枢纽城市为重点，推动建设一批辐射范围广、设施设备先进、集疏运系统完善、服务优质、与产业衔接紧密的综合交通枢纽，有效支撑区域经济发展；鼓励通过完善接驳服务或设施改造等方式盘活存量站场资源，实现综合交通功能，推进区域综合交通枢纽建设，因地制宜发展枢纽经济。

枢纽经济的发展应该是开放包容的，充分利用枢纽的集聚优势吸引各种国际创新资源，提升国际枢纽经济竞争力，以全球资源配置能力推动开放型枢纽经济发展；随着市场扩展和消费升级，使经济发展动能转换，枢纽经济为经济发展注入了新的活力，有利于提升枢纽区域的资源集聚和辐射能力，准确灵活应对市场供需变化。推动交通枢纽从运输中心转向组织中心，同样要充分利用先进的科学技术手段，推动形成新的虚拟枢纽，完善交通枢纽的组织功能，加强实体枢纽与虚拟枢纽的线上线下一体化高效组织。

此外，还要注意推进区域交通枢纽与产业的一体化发展，枢纽的形成会吸引相关产业的集聚。但是，如果缺少科学的引导，枢纽与产业的发展很可能会出现脱节的情况，二者发展水平不匹配必然会相互阻碍，抑制区域经济的增长，因此有必要对交通枢纽和集聚产业的协同发展做出规划。在空间布局上，与交通枢纽关系密切的产业要根据枢纽的特征和发展水平分布，创造适宜产业和生活的环境；在发展模式上，应遵循现代产业集群培育规律，充分发挥资本投入、经济流量、交通渠道，以及现代信息技术等综合优势，注重交通发展目标与产业经济战略相结合，创新枢纽经济区发展模式。

三 促进形成优势互补的区域格局

交通枢纽将城市经济资源要素连接起来，是枢纽经济发展的重要组成部分，以交通枢纽为切入点发展枢纽经济，能够打破单纯强调城市交通组织功能的传统思维，使其重点转向枢纽经济功能，创新城市发展模式，有利于培育城市经济发展新动能，最终推动经济发展转型和持续升级。推动综合交通枢纽的多式融合，要结合不同层次的枢纽区域条件，在规划层面因地制宜，以大型国际现代综合交通枢纽为核心，明确各枢纽定位并合理布局以实现优势互补，提升区域交通和经济竞争力。

补齐西部地区交通基础设施短板，推进西部陆海新通道高质量发展，提升承接产业转移交通能力，打造形成东西双向互济对外开放通道网络；推动东北地区交通运输提质增效，强化与京津冀等地区通道能力建设，加强与周边国家地区的交流互动，推动建设面向东北亚开放的交通枢纽；发挥中部地区承东启西、连通南北地理位置优势，推进中部地区大通道大枢纽建设；引导东部地区率先建成现代化综合交通体系，推动沿海港口发挥在国内国际双循环相互促进中的战略链接作用；增强交通运输对京津冀、长江经济带、粤港澳大湾区、长三角、黄河流域、成渝地区双城经济圈等区域融入新发展格局的支撑。

在明确各枢纽定位后，下一步的工作任务就是明确枢纽经济的发展路径，借助互联网、大数据等先进信息技术，提高信息传递效率和质量，优化枢纽信息服务体系，为枢纽产业发展创造条件，将枢纽优势充分转化为产业优势，在产业链和供应链上推动枢纽与经济的深度融合。更细化地讲，要优化枢纽站场布局，围绕交通运输的基本功能，吸引新的运输方式进入，丰富站场服务类型与方式，促进设施的衔接和信息的对接，推动多式联运的发展。

互联互通的实现除了需要共同建设完善的基础设施以外，还需要相关制度规范和标准的约束，促进运输设备和运输规则的统一。具体做法包括构建枢纽运营管理平台，实现实时信息交换与共享，形成高效便捷的物流体系。整合多部门管理信息系统，如公路、铁路、民航、港口等运输方式的管理运营信息，加强不同交通枢纽间的信息交流与共享，为设备调度、运力优化奠定基础。此外，在发挥平台功能的过程中还要注重不同平台间的互联互通，提高各类专业信息平台的功能和服务水平，进一步优化业务流程，进而提高综合交通枢纽的节点地位和层次。

第二节　枢纽产业协同发展

一　推进枢纽物流与制造业深度融合

在一定程度上，枢纽经济的竞争优势是由枢纽区域与全球产业链、供应链和价值链的连接效率决定的。以航空枢纽为例，枢纽区域不仅要重视发展临空主导的航空物流、高端制造业、现代服务业等产业，还要关注航空枢纽产业链的延伸、供应链的高效和价值链的共享，具体做法包括在航空枢纽区域发展临空相关产业，搭建供应链主体合作的平台等。

培育枢纽主导产业，构建枢纽偏好型现代产业体系。要实现枢纽产业间的协同发展，首先要有一个发展核心，即枢纽主导产业。以该产业为中心布局相关产业，这样才能为后续的协同发展创造条件。因此要通过政策引导，筛选适宜枢纽经济增长的优质资源要素，为枢纽主导产业的培育奠定基础，资源要素间的相互作用会带来经济价值和创新成果，进而提高产品的附加值，实现产业的经济效益，突出主导产业的优势并且为产业体系构建找准方向。整合枢纽城市产业链上的要素资源，推动产业集群的形成与作用发挥，通过产业集群形成产业生态系统，有助于实现产业结构优化与产业升级。

推进交通物流与制造业深度融合要提升交通物流服务制造业的能力，推动运输链融入供应链、产业链，提升价值链；完善港站枢纽布局，加强与产业集聚区衔接，培育壮大交通运输产业集群；引导和鼓励交通物流企业发展高品质、专业化、全链条定制物流服务；支持发展连接交通枢纽与制造业基地的直达货运列车。针对高附加值的制造业，引导通过航空运输服务挖掘其产业价值，横向拓宽、纵向延长物流产业链，加快实施"快递进厂"工程。

二　培育交通枢纽产业链优势

实践中的枢纽经济发展模式通常是复合型的，由渠道经济支撑加平台经济引导复合而成。由于枢纽经济是由多条线路和不同节点组成的，交通枢纽不以行政区划为边界，涉及不同的区域、不同的行业以及不同的部门。因此，有必要建立不同地区和部门产业之间的整体协调机制，引导枢纽、产业和城市三方的一体化发展，以加强不同部门和不同行业间的要素协调，形成发展合力。

枢纽产业的竞争力体现在产业总量、产业结构、产业集中度、产业关联度等方面。要实现枢纽产业的可持续发展，关键在于通过培育枢纽优势来完善枢纽产业体系。集聚优势的培育与枢纽优势产业体系的构建是枢纽经济发展的必要条件。在培育了枢纽主导产业并明确了产业体系发展方向的基础上，发挥产业的集聚效应和枢纽的辐射功能，加快产业链延伸，打造交通枢纽偏好型产业集群。

具体来说，枢纽偏好型产业体系的培育方式大致可以分为两类：第一类是立足于枢纽的交通运输服务的基本功能，将产业发展目标定位为转型升级，在现有的传统产业基础上进行方法或者技术创新，保障产业与枢纽发展步调一致；第二类是发挥交通枢纽的聚集优势，吸引多样化的资源要素进入枢纽区域，为枢纽区域注入新的产业增量，不仅是技术方法的创新，更重要的是用全新的战略眼光和动力资源培育具有特色的新兴产业。例如，成都国际空港产业新城，结合自身产业发展基础和先进的产业发展理念，将区域产业发展重点放在临空型产业、智慧型产业和生态型产业三大新兴产业上，着力发展临空偏好型的高科技和高附加值产业，积极融入全球产业分工体系。

通过区域合作和统筹发展，构建区域经济发展极和发展轴，形成区域中心城市。随着中心城市规模的扩大和功能的完善，强化其辐射带动功能，促进枢纽区与腹地经济协调发展。与此同时，还要推进城乡一体化发展，完善物流配送和信息网络，推进乡村振兴，解决乡村发展动力不足的问题；加强农村公路网建设，结合各地实际发展农村电子商务，促进农村需求与国内外资源要素的有效对接。

培育交通运输产业链优势，要加强自主创新，瞄准新一代信息技术、人工智能、智能制造、新材料、新能源等世界前沿科技，加强前瞻性、颠覆性技术研究，推动交通运输科技高水平自立自强；强化汽车、民用飞行器、船舶等装备动力传动系统研发，突破高效率、大推力、大功率发动机装备设备关键技术。

三　推动行业治理高效能

交通运输行业涉及的主体十分广泛，要实现产业的协同发展，需要通过对交通运输法治政府部门的建设为其净化行业环境，坚持法治引领；推动交通发展体制机制的健全，适应综合交通运输一体化发展的现状，深化铁路、公路、航道管理体制改革以及交通运输行政执法改革；进一步完善铁路、公路、水路、民航、邮政等领域的法规制度，加快综合交通运输、现代物流、安全应急、绿色交通、新基建、新业态新模式等重点领域标准制定。

交通枢纽在配置要素资源时，若只是简单的交易和分配，其经济效益和价值十分有限且会增加枢纽区域的运营成本，不利于其他产业的发展和枢纽经济的升级。在不同的枢纽发展区域，结合枢纽的功能定位，整合各类要素资源，满足枢纽产业集群的发展需求，围绕枢纽核心产业培育相关的产业集群，以产业发展力量推动枢纽经济发展模式创新。

第三节　实现要素驱动向创新驱动动能转换

一　推进新型交通枢纽基础设施建设

在全球城市发展的大背景下，城市经济发展正从要素驱动向创新驱动转变。由于国际企业市场扩张的需要，城市经济的发展经历了从泰勒科学管理的效率驱动时代到丰田 JIT 的质量驱动时代，再到 20 世纪末跨国投资时期的要素驱动转型。改革开放后，我国一批早期发展的代表性城市或地区基本依靠政府的政策扶持和土地利用，例如上海、深圳、苏州等地都是通过承接国际产业转移和吸引国际投资发展起来的。

随着全球经济的深入发展，迎来了科技创新时代，城市经济发展正逐步走向以科技创新为主导，以科技人才、科技教育、科技资本等资源为核心内生动力的创新驱动新时代。创新驱动是城市发展的重要引擎，只有以创新为第一驱动力，才能不断扩大比较优势，最大限度地集聚和运营全球高端要素资源，抢占科技创新和产业发展的制高点，加快形成以创新为主要导向和支撑的经济体制和发展方式，不断提高发展潜力。

智慧物流的规划与发展是实现创新驱动枢纽经济的关键手段，加强第五代移动通信技术（5G）、人工智能、物联网、卫星等在交通运输领域的应用；推进交通基础设施数字化建设和改造，探索提高铁路、公路、港口、航运、地铁等交通方式的科技含量和智能化水平，鼓励发展智慧邮政和智慧物流，完善标准规范和配套政策；推进自动驾驶、智能航运、高速磁悬浮技术研发与试点示范工作，推进无人机基地智慧寄递网络、地下物流配送系统、交通运输天地一体化信息网、综合交通大数据中心、重点科研平台建设。

通过推进新型交通枢纽基础设施的建设，建设综合物流配送网络，实现对周边城乡区域的覆盖和连接，形成通达高效的现代物流体系。沿海枢纽城市要充分发挥物流行业的先发优势，加强与内陆枢纽城市的通关合作，带动整体交通枢纽物流能力的提升。

二 促进新业态新模式发展

枢纽的核心功能是高效率、低成本的资源配置。考虑到企业运营成本和生产效率，目前企业的选址越来越多地依赖于枢纽，枢纽在产业和经济发展中的作用更加突出。借助互联网、大数据、云计算、人工智能等先进科学技术，搭建信息服务平台，满足枢纽经济发展对于信息、数据等要素资源的需求，提高需求响应速度和能力，完善枢纽的组织功能，不断提高枢纽城市的创新动力。平台的建设除了可以提高信息服务，还能够促进产业创新，实现交通与产业的功能融合，为区域经济的发展培育新的动力。大力提高资源配置效率，发挥枢纽在经济发展中的集聚作用，将人员、货物、信息、资金等要素吸引到枢纽区域，增强要素间的协调联动，进而形成辐射影响力，促进资源更加科学地配置、更加合理地利用。

发挥好"交通+"优势，激发新业态新模式发展活力，在规范中进一步促进道路定制客运、网约车及小客车分时租赁、共享单车等新形式交通经济的发展；引导即时寄递发展；深化高铁快运试点，优化开行线路，改善高铁车站设施条件，发展专业化载运工具，推动高铁快运发展；规范网络货运发展，推广无人配送、分时配送，推动物流组织模式创新；鼓励高速公路服务区根据自身特色和条件，适度拓展文化、旅游、消费以及客运中转、物流服务等功能；鼓励创建以交通资源为特色的相关赛事活动，创新多样化的经济发展模式。

创新绿色物流发展，国家"十四五"规划提出要加快推动绿色低碳发展。由于随着环境问题的不断凸显，经济发展和环境保护之间的矛盾日益突出，如何在物流过程中节约成本，降低能耗，做到绿色环保，成为业界思考的问题。这也使绿色物流成为中国物流业发展的新方向。物流活动是由运输、仓储、流通加工、包装、装卸等环节构成。物流活动中的各个环节都在不同程度上因存在非绿色因素而对环境造成污染和影响。

枢纽经济的发展涉及更多的绿色物流问题在于运输环节。运输过程中的燃油消耗和尾气排放，是物流活动造成环境污染的主要原因之一。因此，要想打造绿色物流，就要对交通运输线路进行合理布局与规划。通过缩短运输路线，提高车辆装载率等措施，实现节能减排的目标。另外，在城市配送领域，最主要的绿色物流装备就是新能源车辆。近年来在商务部、交通部等部门的指导下，很多城市出台了优先新能源车辆进城等措施，促进城市配送领域新能源车辆快速发展。总之，绿色运输是推动枢纽经济发展动能向创新驱动转换的有效途径之一。

三 促进消费扩容提质

随着交通服务需求的日益多样化，在发展枢纽经济、实现经济发展由要素驱动转向创新驱动的过程中，枢纽区域的经济主体应尽可能地提供多样化的交通信息服务。促进消费扩容提质，鼓励具备条件的综合客运枢纽、大型地铁站结合实际引入商贸、餐饮、购物、寄递服务等关联性消费产业；推进联运票务"一站式"服务，创新旅客联运产品，提升旅客联程运输水平；关注老年人、残疾人等弱势特殊群体的出行需求，提供无障碍的便利出行服务；鼓励发展邮轮经济、旅游专列、水上旅游、低空飞行旅游、通用航空等；推进运输装备迭代升级，推广应用新能源汽车。推进新能源、清洁能源动力船舶发展；换代升级普速列车客车，拓展交通一卡通和ETC的使用范围。

此外，创新枢纽培育目标，创新驱动发展要在源头上扎稳根基，在发展目标和计划制定中一定要以创新为导向。枢纽经济的创新可以从虚拟枢纽这一新趋势入手，通过电子商务物流需求的反向引导倒逼交通枢纽不断进行创新升级，提高枢纽要素资源配置的效率；通过创新信息发布、传递、接收以及共享实现物流信息的实时交流和高效匹配，减少供应链中由于信息不对称导致的决策失误，提高物流组织运作效率和供应链服务水平，降低物流作业的时间成本和流通成本，从而降低商品和服务的最终价格。

第四节　枢纽经济赋能区域经济均衡稳定发展

一　稳定和拓展交通投资空间

随着对外开放水平的进一步提高和经济全球化的发展，经济主体之间的竞争越来越激烈，同时经济合作也越来越紧密。党的十九大提出国家经济发展的新方向是高质量发展，枢纽经济的发展恰逢其时。

发展枢纽经济需要以国家发展战略和规划为指引，找准经济高质量发展的方向，以交通枢纽为推动力，依托枢纽区域经济发展带来的支撑力，抓好交通运输项目建设，推进交通运输新项目开工，加强交通运输项目储备，促进交通运输投资适度增长；优化交通投资结构，加大对全国立体交通网络建设的支持力度；按照"强基础、增动能、利长远"的原则，推进重大项目建设，如川藏铁路、西部陆海新通道、沿边沿江沿海通道、跨海跨湾通道、综合交通枢纽等；稳定和扩大交通资金来源，完善车购税、成品油消费税等交通专项资金政策，推动发行国家公路建设长期债券，争取政府债券、金融信贷和社会资金支持交通运输发展。

此外，要完善枢纽经济水平衡量指标体系，以严格规范的标准提升枢纽经济的发展质量，注重对枢纽经济发展水平的评价与监测，结合枢纽外部各方面因素对枢纽经济的需求和影响，从设施设备、交通网络、运营效率、产业结构、经济能力、城市服务等维度对枢纽经济绩效和水平进行定量评价，并对评价结果进行深入分析，挖掘潜在难点和痛点，制定有针对性的改善对策，为枢纽经济的规划和战略提供可靠的依据。

二　深化重点领域改革

加强各枢纽顶层设计，为区域经济发展创造新的动能。在枢纽顶层设计中，既要有全球视野，借鉴新加坡、孟菲斯、香港枢纽经济的成功经验，又要考虑地区实际发展情况。以国际枢纽为重点，以全球资源整合和配置能力推动枢纽经济持续发展；理性看待各枢纽的功能定位，通过枢纽为区域经济发展带来新的动能，围绕国际国内综合交通枢纽，提升资源集聚辐射能力，准确高效连接内外市场，打造内陆枢纽经济发展新高地。

发挥枢纽区域在促进腹地经济发展中的作用，实现枢纽区与腹地经济的协调发展，是枢纽经济发展中的一个重要课题。交通枢纽城市要着力促进枢纽设施、枢纽产业和枢纽城市三者的协调发展，化交通优势为综合枢纽优势。枢纽区域起到要素资源交换、组织和服务的作用，要创新发展机制，积极引流、驻流、分流，促进经济增长和高质量发展。推动枢纽城市发展物流、信息、贸易、金融等服务业，支持枢纽城市参与全球经贸活动。

在选择枢纽经济类型时，要因地制宜，选择合适的枢纽经济类型。枢纽经济的发展条件并非仅仅局限于区位优势，借助其他枢纽条件也可以成为枢纽，发展枢纽经济。对于枢纽经济要素的集聚，要有效组织配置交通、物流、供应链等要素，强化要素的集聚效应对产业的支撑作用；以价值和区域外的经济要素集聚为重点，比如口岸、金融、结算、互联网平台、物流平台等，构建一系列要素创新服务平台，扩大平台对促进产业规模化发展的贡献。对于枢纽经济载体的建设，要充分发挥企业作为市场运行主体的作用，打造产业载体，合理配置贸易、生产、金融资本、服务业和配套产业的比重，构建产业生态系统。

加强交通运输领域反垄断工作，防止资本无序扩张，实行统一的市场准入负面清单制度，推动形成统一开放的交通运输市场；推进国有运输企业混合所有制改革，深化铁路优势部门市场化改革，推进邮政分业经营；完善促进民营运输经济和中小企业发展的政策制度，深化公路收费制度改革，建立政企交通常态化沟通机制。

三　推进更高水平对外开放

枢纽是交通、产业、贸易等经济活动的组织中心和集散中心，具有要素集聚性强、衔接功能性强、价值转化性强、产业辐射性强等特点。枢纽要素包括集散能力、基础设施承载能力和吞吐能力、通道和网络连接能力，这些要素相辅相成，共同为枢纽经济的发展提供条件。

随着"一带一路"倡议的提出和实施，我国的枢纽形式正在发生变化。具体表现为由网络枢纽向枢纽网络转变，由实体枢纽向组织枢纽转变，由区域枢纽向国际枢纽转变。正基于此，枢纽的概念界定也在改变：从区域发展的角度来看，枢纽经济是区域经济发展的动力，是对区域经济发展战略和路径的系统总结，区域枢纽经济成为核心产业的动态选择，顺应产业高质量和规模化发展的要求。

枢纽不仅是区域产业和经济发展的重要支撑，也是深度整合物流链、产业链、贸易链和价值链的载体，能够深度关联新兴消费，培育新产业、新模式。枢纽经济的新模式是培育经济发展新动能、拓展经济发展新空间的重要实践，也是新旧经济动能转换的重要推动力。

建立全球运输服务网络，建设多样化国际运输走廊，进一步优化港口、铁路、公路和边境航道布局；对中欧班列部分进行升级改造，建设升级中欧、中亚班列总装中心，建设亚欧国际运输走廊；推动西部陆海新通道、中欧陆海快线高质量发展，深化与"一带一路"沿线国家交通运输合作；加强同21世纪海上丝绸之路沿线国家合作，推动境外港口建设和运营；建设世界一流港口和港口机场群，推动长三角地区建设全球航运枢纽；实施"服务区全面经济伙伴关系协定"（RCEP），提升运输保障能力，实行自由、开放的交通政策，加快海南自由贸易港建设。

建立安全可靠的国际物流供应链体系，充分发挥国际物流协调机制作用，推动落实《关于促进现代国际物流供应链发展的指导意见》，确保产业链、供应链安全稳定。扩大国际航空货运能力，鼓励扩大全货机规模；加快国际物流能力建设，促进国际物流供应链畅通；培育壮大具有国际竞争力的现代物流企业；建立国际物流供应链服务保障的信息系统，促进供需之间的信息有效连接，确保出口货物"出得去"，进口货物"进得来"。

提高国际运输应急处突能力，提升交通运输保障国家经济安全的能力，做好应对极端情况下的预案；构建"陆海空"一体化交通运输安全保障体系，提高体系的安全性和韧性，提升国际运输通道安全风险防控和应急保障能力，提升我国战略性物资国际运输保障能力，有效防范化解重大风险。

第五节　推进河南省枢纽经济发展的对策

一　推进河南省综合交通枢纽多式融合

河南省委十一次党代会强调，实施优势再造战略，要把河南的交通区位优势转化为枢纽经济优势。

河南地处中原，区位优势明显，交通优势发挥主要集中在四个方面。首先，优化交通网络布局。加快构建以郑州为中心、以区域中心市县为节点的放射状中原城市群交通圈，形成跨区域、多路径、高质量的现代交通网络。其次，完善综合运输通道。以新郑国际机场为核心，开辟并加强连接世界主要枢纽机场和主要经济体的客货运输通道，形成通达全球的航空运输通道；依托新亚欧大陆桥，开辟连接东西方的国际陆路通道，融入丝绸之路经济带建设；依托北京—香港—澳门高速公路，建设南北连接的交通通道，与国家京津冀、长江经济带发展战略相结合。再次，强化综合枢纽功能。全面提升枢纽设施一体化水平，切实把郑州建设成为国际现代综合交通枢纽；支持全国性、区域性及地区性更层级枢纽场站建设，增设换乘设施，努力提高换乘的效率和能力。最后，大力发展智能交通。依托大数据、云计算等现代信息技术的集成创新应用，构建综合交通信息系统，支撑不同区域、不同部门以及不同管理方式的协同；推进国家物流大数据创新应用示范区建设，促进交通物流要素网络化集成、共享与应用。

以郑州市为例，郑州发展枢纽经济的主要形式是临空经济，为将其建设成全国重要的航空港经济集聚区和中原经济区核心增长极。郑州市政府规划建设国际国内互联互通的综合交通运输体系，规划通过航空物流通道的畅通连接世界重要枢纽机场和经济体，建设具有较强竞争力的国际航空货运枢纽；深入实施创新驱动战略，打造高效优质的枢纽经济服务平台；在综合交通枢纽基础建设的背景下，构建创新服务平台提供多层次的功能服务，大力推动枢纽经济发展。

具体措施体现在以下四个方面：一是创新运输组织模式，整合各类信息资源，使不同运输站点、运输车辆之间信息互通，构建一体化的综合运输信息服务平台；二是创新枢纽运营模式，强化枢纽增值服务功能，如商贸、金融等，努力打造一体化的城市综合服务平台，为生产制造、物流供应、金融投资等提供全方位的服务；三是创新枢纽服务模式，充分利用新一代信息技术，如互联网、大数据、云计算等，探索建立智能交通产业支撑平台，以促进枢纽经济发展；四是创新城市治理模式，完善智慧城市基础设施，推进城市精细化管理，巩固城市综合服务。

此外，杭州、深圳等城市也在"交通枢纽+信息平台"方面进行了有益的探索。通过实体交通枢纽的智能化运营和信息枢纽服务平台的搭建，实现线上线下两大枢纽的联动，比如积极引进和建设"菜鸟网+四通一达"、国家物流信息平台、传化公路港等交通服务平台，为枢纽经济发展注入新动力。

二 推进河南省枢纽产业集群式发展

为加快发展枢纽经济，河南省应着力培育枢纽特色产业集群。首先，依托交通枢纽，优化发展服务经济。坚持市场化、产业化、国际化的导向，提高服务业发展比重和水平。加快生产性服务业创新、整合、集聚、优化发展，构建以研发设计、现代物流、仓储、信息服务为核心的现代服务体系。加快实施信息化和数字化升级，以信息技术手段引导传统服务业向现代服务业转型。其次，依托物流枢纽，重点发展多式联运。增加多式联运关键技术研发的投入，加强多式联运的推广力度，强化管理创新、技术创新和服务创新，提高信息化和智能化水平。探索不同运输方式之间的标准制定，通过建立协调机制实现不同运输组织之间的协调共享。最后，依托组织枢纽，突出发展平台经济。抓住跨境电商综合试验区和国家大数据综合试验区建设的发展机遇，以大平台、大市场、集约化为基础，规划建设一批具有引领作用和全局影响的平台项目，提高河南省枢纽经济发展水平。

三 推进河南省枢纽经济的创新驱动发展

以河南省郑州市为例，在枢纽经济视角下其产业创新发展可以从以下几方面入手。

（一）打造现代综合交通枢纽

首先，继续加强基础设施建设，着力推进高铁南站、机场三期、小李庄客运站等项目建设，加快完善郑州轨道交通线网、周边城市快速路网、"米"字形高速铁路网和国际航空运输网空间布局。其次，实施公路、铁路、航空等国内外综合枢纽共同发展战略，构建多式联运体系，实现郑州由中转枢纽向门户枢纽转变，吸引并留住更多的生产要素在郑州集聚。最后，加快交通物流枢纽尤其是现代航空枢纽的建设，突出郑州航空港经济区的优势，依托先进的交通基础设施，扩大航空货运网络，为建设高效运行的航空货物集散体系提供强有力的支持；依托郑欧班列，加快冷链物流体系建设，延伸冷链物流产业链，提高冷链物流效率及发展水平；提高交通物流智能化水平，构建物流信息链，推动互联网、大物流数据等新一代信息技术与交通物流融合发展。

（二）建设具有区域竞争力的创新创业中心

加快创新驱动，打造开放式创新高地，以高标准建设中原科技创新中心，引进国际高素质人才、先进技术、优质项目和规模企业等，培育郑州本土的高新技术企业；发挥大型先进企业的引领示范作用，积极探索产品设计与研发的新技术，注重技术创新与管理，不断提高企业可持续发展能力和国际竞争力；加强科技与互联网融合创新，探索高质量发展新模式，推动郑州产业转型升级。

（三）为科技创新提供动力

推动科技创新，增强企业活力，坚持创新驱动的理念，增强核心竞争力，鼓励企业通过自主研发或引进、内化、再创新的方式设计生产更多具有自主知识产权的产品；创新企业销售模式，大力推广体验式营销，为客户提供优质的售前、售中、售后系列服务，以产品的综合服务满足多样化的市场需求，形成产业品牌影响力。

（四）建立专门的数据共享平台

在信息高速流转的大数据时代，掌握数据资源就是抓住发展机遇。然而实际的发展情况是，对于大多数企业或行业来说，获取数据道阻且长。要通过数据推动政府、企业、市场的转型，首先需要推动数据思维方式的转变，搭建高效的数据信息平台，实现数据的集聚、整合、共享和利用。发展枢纽经济，郑州市可建立产业信息共享平台，收集国际国内枢纽城市产业发展数据、优势产业发展趋势等，通过数据及时交流实现以郑州市为中心的中原城市群的产业协同发展；基于信息共享平台进行风险预警，提供企业所需的市场信息，发布供企业参考的投资指引，避免因信息偏差导致的投资失误；利用工业互联网技术，提高智能制造的能力和水平；利用"互联网+"模式快速响应市场变化，通过云计算和大数据快速分配资源，实现产品的精确设计和精确定位，以满足市场需求、降低经营风险，同时扩大市场份额，增强产品和品牌的竞争力。

（五）为创新发展培养高素质人才

人才培养可以从外部引进和内部培养两方面进行。一方面，加快引进科研人才、金融、互联网等高端产业人才；通过政府引导和媒体宣传郑州经济发展优惠政策，吸引国内外知识产权人才参与郑州枢纽经济建设，不断完善人才支撑体系建设，努力留住人才；通过航空港引智试验区、郑州国家海外高层次人才创新创业基地、河南留学生创业园等，引进一批具有国际视野的科技战略人才和高层次科技人才。另一方面，通过教育资源培养人才，加强专业教师队伍建设，拓展人才培养渠道，加大交通工程、物流工程和经济研究专业人才的培养力度，为枢纽经济发展提供更多的专业人才。此外，在人才评价、激励、流动、保障等方面也需要进行制度创新。

四 推进河南省建设国际性枢纽经济高地

要加快河南省枢纽经济发展，以枢纽经济促进区域经济充分均衡与持续发展，就必须科学规划，加快提升枢纽的综合服务功能，推动产业与城市发展的一体化互动，以国际标准优化营商环境，提升枢纽节点在全球产业链、供应链以及价值链中的地位，加快综合枢纽优势向产业竞争优势转化，把河南建设成为具有国际竞争力的枢纽经济高地，具体可以细化为下列要点。

（一）制定枢纽经济发展规划

第一，科学规划布局。综合全国整体发展态势，从积极对接"一带一路"建设、京津冀协调发展、长江经济带发展等方面，深入分析河南与周边地区、枢纽龙头与枢纽节点、有形交通物流枢纽和无形互联网骨干枢纽的发展互动，对河南省枢纽经济的发展作出科学规划。

第二，加强规划协调。紧随国家重大规划的发展进度，积极争取与河南枢纽经济发展相关的重大项目。河南省政府统筹全局，科学规划，引导各枢纽节点合理设定发展目标，明确功能方向和规模路径。

第三，整体规划空间。重点关注枢纽经济规划目标、设施建设、空间布局、产城融合等，妥善处理枢纽设施、枢纽产业与城市发展之间的关系，实现产业发展、城市空间、土地利用和生态环境保护的一体化，提高枢纽经济发展的科学性、系统性和规范性。

第四，落实规划实施。全面细化对具体项目的规划要求，明确职责分工和任务节点，高效有序推进枢纽型经济发展工作。

（二）打造全球供应链节点

第一，积极融入全球供应链网络。"十四五"规划中关于加快发展现代产业体系的部分中提出要提升供应链现代化水平。对于河南省而言，要围绕自贸区建设，吸引高端要素集聚，对供应链进行整合，在全球价值链中推动河南产业向高端推进，重构产业格局。围绕境外产业园区，发挥其对本土企业的影响和带动作用，促进国内外企业间的交流与合作，鼓励企业对外投资合作，探索建立海外仓、海外分销网点、物流配送中心等供应链节点，提升物流供应能力。

第二，创新产业组织体系。以供应链为基础发展配套的生产服务业，鼓励相关企业向供应链上游延伸，提供方案设计类的专业服务。同时向下游扩展，提供维护维修、仓储物流、金融保险等增值服务，加快制造业供应链转型为工业服务供应链，延长河南省的制造业价值链。

第三，参与全球供应链规则的制定。企业通过提高自身的供应链管理水平，在资源要素的整合方面增加投入，优化供应链管理流程，提升顾客总价值，增强供应链的韧性，推动供应链标准与国际化接轨；加强与主要贸易主体的交流合作，推动建立供应链利益联动机制。

（三）营造国际一流营商环境

第一，构建口岸开放新格局。在开放格局上，要推动郑州、洛阳两大核心空港拓宽开放；鼓励商丘、漯河、安阳、信阳、南阳等与外省市连接的地区建设具有口岸功能的多式联运查验场地；在信阳、周口建设海河联运查验场地，不同地区合理分工，形成高效联动的口岸开放新格局。

第二，探索创新通关合作机制。传统的海关查验流程复杂，涉及的手续烦琐，在口岸通关这一环节需要消耗大量的人力物力，给企业带来了更多的成本负担。要营造国际化的营商环境，在通关环节要简化口岸通关现场执法流程，通过构建国际贸易"单一窗口"，实现信息交流和监管互认，为对外开放水平和质量的提升提供支撑。

第三，营造良好的商业环境。依托河南省自由贸易区的建设，进一步提高对外开放程度，在自贸区的发展中完善市场准入机制，引导企业之间良性竞争，规范市场监管，在政策指引和制度建设方面注重对区域商业环境的优化，提升国际吸引力和竞争力。

参考文献

［德］弗里德里希·李斯特（FriedrichList）：《政治经济学的国民体系》，商务印书馆1981年版。

［美］迈克尔·波特（MichaelE. Porter）：《竞争优势》，陈小悦译，华夏出版社1997年版。

［美］约翰·H. 霍兰：《隐秩序：适应性造就复杂性》，周晓牧、韩晖译，上海科技教育出版社2000年版。

［美］约翰·H. 霍兰：《涌现：从混沌到有序》，陈禹译，上海科学出版社2001年版。

［苏］斯卡洛夫：《城市交通枢纽的发展》，刘统畏译，中国建筑工业出版社1982年版。

本报评论员：《以全球视野发展枢纽经济》，《南京日报》2019年8月2日第3版。

曹允春：《临空经济：速度经济时代的增长空间》，经济科学出版社2009年版。

曹允春、罗雨：《空港型国家物流枢纽承载城市航空物流关联程度及其网络结构研究》，《技术经济》2020年第8期。

曹允春等：《临空经济区"港—产—城"一体化发展研究》，《区域经济评论》2016年第4期。

程继隆：《强势：中国枢纽经济异军突起》，《吉林省经济管理干部学院学报》2010年第5期。

迟树功：《发展现代服务业研究》，经济科学出版社2008年版。

储东涛：《率先发展枢纽经济的"南京示范""南京经验"》，《南京日报》2020年1月22日第10版。

邓洪波：《虹桥综合交通枢纽地区产业结构与产业空间的演化研究》，硕士学位论文，安徽师范大学，2018年。

邓洪波等：《空铁型综合交通枢纽地区空间演化特征——以上海虹桥枢纽为例》，《人文地理》2018年第4期。

邓洪波等：《上海虹桥综合交通枢纽地区产业空间分异变迁》，《经济地理》2018年第4期。

邓鹏：《基于模糊层次分析法的客运枢纽协调性评价》，《铁道运输与经济》2015年第9期。

丁金学等：《交通枢纽的空间演进与发展机理》，《地理科学进展》2012年第4期。

丁媛媛：《现代物流业转型升级的对策研究》，硕士学位论文，江西理工大学，2015年。

董千里等：《基于国际中转枢纽港战略理论的中欧班列集成运作研究》，《科技管理研究》2016年第22期。

董治等：《中国城市群交通系统发展特征研究》，《中国公路学报》2011年第2期。

杜彦良等：《关于京津冀交通一体化建设的几点思考》，《北京交通大学学报》2018年第1期。

樊一江等：《我国多式联运系统建设的思路与任务》，《宏观经济研究》2017年第7期。

范振宇等：《加快发展多式联运：美国的经验启示》，《综合运输》2015年第4期。

高传华：《枢纽经济形成与未来发展趋势研究——基于要素集聚与资源整合理论的探索》，《价格理论与实践》2019年第1期。

高传华：《提升中国枢纽经济竞争力探讨》，《区域经济评论》2019年第4期。

高鹤：《交换箱甩挂运输与传统甩挂运输对比研究》，《智能城市》2020年第1期。

宫银峰：《关于我国枢纽经济发展的多维思考》，《中州学刊》2020年第5期。

管斌彬：《长三角一体化背景下多式联运枢纽经济发展的研究及启示——基于美国及欧盟经验的分析》，《南通职业大学学报》2019年第4期。

郭丽丽、肖展欣：《综合客运枢纽服务功能评价的研究综述》，《综合运输》2016年第8期。

郭丽燕：《共享经济模式下现代物流业的转型升级探析》，《莆田学院学报》2018年第4期。

郭沛鑫：《基于层次分析法（AHP）的城市轨道交通枢纽换乘衔接模糊评价》，《汽车实用技术》2019年第19期。

韩彩霞、仝建强：《现代物流产业转型及对我国国民经济发展的影响》，《物流技术》2014年第15期。

郝寿义、安虎森：《区域经济学》，经济科学出版社1999年版。

黄世玲：《交通运输学》，人民交通出版社1988年版。

姬利伟：《综合交通枢纽功能空间组合与衔接研究》，《铁道标准设计》2015年第1期。

来逢波：《综合运输体系对区域经济空间格局的塑造与优化研究》，硕士学位论文，山东师范大学，2013年。

李春雪：《迪拜航空枢纽对我国航空枢纽建设的经验借鉴与启示》，《统计与管理》2017年第5期。

李国旗等：《物流枢纽形成的驱动力与演化机理》，《经济地理》2015年第4期。

李俊英：《中国在"一带一路"上产业空间枢纽和引领机制研究——评"一带一路"：产业与空间协同发展》，《林产工业》2019年第4期。

李凯：《我国国际内陆枢纽竞争力研究》，硕士学位论文，郑州航空工业管理学院，2018年。

联合研究组：《中国国际竞争力发展报告》，中国人民大学出版社1997年版。

梁栋等：《我国甩挂运输的现状与发展策略研究》，《现代商贸工业》2020年第33期。

梁双陆、崔庆波：《中国沿边开放中的交通枢纽与城市区位》，《经济问题探索》2014 年第 11 期。

林春、孙英杰：《创新驱动与经济高质量发展的实证检验》，《统计与决策》2020 年第 4 期。

刘珂、王秋月：《基于城市规划的枢纽经济驱动区域经济发展——以山东省为例》，《祖国》2019 年第 9 期。

刘小明等：《城市客运枢纽综合评价指标体系研究》，《中国公路学报》1995 年第 1 期。

刘艺：《关于枢纽型机场空铁联运发展的研究》，《交通与运输》（学术版）2016 年第 1 期。

刘勇政、李岩：《中国的高速铁路建设与城市经济增长》，《金融研究》2017 年第 11 期。

陆华：《区域物流枢纽演进机理及规划研究》，硕士学位论文，北京交通大学，2015 年。

马海超：《基于中吉乌铁路线路走向方案的客货运量预测探析》，《铁道运输与经济》2020 年第 12 期。

毛保华：《综合运输体系规划理念与顶层设计方法》，《交通运输系统工程与信息》2014 年第 3 期。

毛科俊、樊一江：《我国亟需明确枢纽经济发展的方向和路径》，《中国经贸导刊》2017 年第 30 期。

孟德友等：《河南"米"字形高铁网构建对可达性及城市空间格局影响》，《地理科学》2017 年第 6 期。

孟令兴：《交通枢纽型经济的系统动力学模型构建与仿真研究》，《中国铁路》2011 年第 6 期。

孟令兴：《系统动力学建构下交通枢纽型经济的发展理论与实证研究》，硕士学位论文，西南交通大学，2011 年。

邱丽丽、顾保南：《国外典型综合交通枢纽布局设计实例剖析》，《城市轨道交通研究》2006 年第 3 期。

沈志云、邓学钧：《交通运输工程学》，人民交通出版社 1999 年版。

盛朝迅：《"十四五"时期推进新旧动能转换的思路与策略》，《改革》2020 年第 2 期。

盛筱祺：《无锡交通枢纽经济发展路径研究》，《物流工程与管理》2020 年第 10 期。

师宁等：《基于互联互通的现代物流体系构建》，《科技管理研究》2019 年第 15 期。

史娟红：《南京禄口临空经济区产业选择的探讨》，《产业与科技论坛》2010 年第 3 期。

宋文杰等：《基于节点—场所模型的高铁站点地区规划评价——以长三角地区为例》，《经济地理》2016 年第 10 期。

宋祥波、刘冠颖：《基于"空铁联运"模型的民航与高铁发展研究》，《中国民航飞行学院学报》2012 年第 2 期。

孙久文、叶裕民：《区域经济学教程》，中国人民大学出版社 2004 年版。

孙希有：《流量经济》，中国经济出版社 2003 年版。

陶长琪、彭永樟：《从要素驱动到创新驱动：制度质量视角下的经济增长动力转换与路径选择》，《数量经济技术经济研究》2018 年第 7 期。

仝新顺：《加快发展枢纽经济 促进新旧动能转换》，《河南日报》2019 年第 9 期。

汪鸣：《物流通道与枢纽结合 推动枢纽经济发展》，《中国远洋海运》2018 年第 11 期。

王允：《四川省交通枢纽经济溢出效应研究》，硕士学位论文，四川省社会科学院，2018 年。

卫婵婵：《多式联运枢纽网络的优化设计研究》，硕士学位论文，长安大学，2012 年。

吴鹏升等：《河南省甩挂运输发展对策研究》，《中国储运》2020 年第 7 期。

吴文化等：《以枢纽经济促城市发展》，《中国物流与采购》2018 年第 3 期。

吴旭晓、田丽：《郑州国家中心城市建设绩效动态评价与障碍因素诊断》，《河南机电高等专科学校学报》2016 年第 2 期。

谢泗薪、孙秀敏：《"一带一路"战略下物流多式联运发展模式与策略研究》,《铁路采购与物流》2017年第1期。

许学强等:《城市地理学》,高等教育出版社1996年版。

闫永涛等:《基于圈层影响模式的空港经济区规划——以广州空港经济区为例》,《规划师》2010年第10期。

杨公朴等:《产业经济学教程》,上海财经大学出版社2010年版。

姚士谋、于春:《试论城市枢纽经济新的发展层面》,《城市规划汇刊》2002年第5期。

姚毅:《高铁经济对区域经济发展的影响》,《开放导报》2018年第1期。

袁新敏:《综合交通枢纽促进城市现代服务业空间集聚的对策研究——以上海虹桥综合交通枢纽为例》,《华东经济管理》2012年第8期。

岳巧红、石婧:《港口枢纽经济发展模式与经验借鉴》,《产业创新研究》2019年第9期。

曾建民:《论我国现代物流体系的构建》,《湖北社会科学》2015年第12期。

张芬芬:《南京枢纽型经济发展的研究和思考》,《中共南京市委党校学报》2017年第1期。

张国伍:《"一带一路"的多式联运服务体系研究——"交通7+1论坛"第四十四次会议纪实》,《交通运输系统工程与信息》2016年第5期。

张蕾、陈雯:《空港经济区产业结构演变特征——以长三角枢纽机场为例》,《地理科学进展》2012年第12期。

张蕾、周瑞琴:《长三角主要空港经济区产业结构演变与优化》,《地域研究与开发》2016年第5期。

张立国:《我国物流业转型升级研究综述》,《技术经济与管理研究》2015年第1期。

张生瑞、严宝杰:《交通运输系统协调发展的理论分析》,《长安大学学报》(自然科学版)2002年第2期。

张新生等:《"一带一路"背景下提升西安陆港国际中转枢纽功能的路径探析》,《城市发展研究》2015年第11期。

张瑛：《综合交通枢纽地区周边工业园区产业转型与升级比较研究——以上海虹桥综合交通枢纽地区三个园区为例》，《规划师》2010年第26期。

张哲辉：《多式联运助力现代物流发展的对策研究》，《综合运输》2014年第1期。

周海波等：《交通基础设施、产业布局与地区收入——基于中国省级面板数据的空间计量分析》，《经济问题探索》2017年第2期。

朱新华、都业富：《世界典型航空枢纽透视与经验借鉴》，《空运商务》2009年第10期。

朱雪松等：《基于层次分析（AHP）的公共交通枢纽换乘衔接模糊评价》，《内蒙古工业大学学报》（自然科学版）2003年第4期。

Anthony D. May, Charlotte Kelly, Simon Shepherd, "The Principles of Integration in Urban Transport Strategies", *Transport Policy*, Vol. 13, No. 4, Jul 2006.

Baykasoğlu A., Subulan K., "A multi-objective Sustainable Load Planning Model for Intermodal Transportation Networks with a Real-life Application", *Transportation Research Part E Logistics & Transportation Review*, Vol. 95, No. 11, Nov 2016.

Bowen J., "Airline Hubs in Southeast Asia: National Economic Development and Nodal Accessibility", *Journal of Transport Geography*, Vol. 8, No. 1, Jan 2000.

Button K., Lall S., "The Economics of Being an Airport Hub City", *Research in Transportation Economics*, Vol. 5, No. 5, 1999.

Button K., Stough R., *Air Transport Networks: Theory and Policy Implications*, Cheltenham, UK: Edward Elgar, 2000, p. 89.

Chang Y. H., Chang Y. W., "Air Cargo Expansion and Economic Growth: Finding the Empirical Link", *Journal of Air Transport Management*, Vol. 15, No. 5, Sep 2009.

Chen C., Hall P., "The Wider Spatial-economic Impacts of High-speed Trains: A Comparative Case Study of Manchester and Lille Sub-regions", *Journal of Transport Geography*, Vol. 24, Sep 2012.

Chen X., Lin L., "The Node-place Analysis on the 'Hubtropolis' Urban form: The Case of Shanghai Hongqiao Air-rail Hub", *Habitat International*, Vol. 49, Oct 2015.

Chiambaretto P., Decker C., "Air-rail Intermodal Agreements: Balancing the Competition and Environmental Effects", *Journal of Air Transport Management*, Vol. 23, No. 7, Aug 2012.

Chorus P., Bertolini L., "An Application of the Node-place Model to Explore the Spatial Development Dynamics of Station Areas in Tokyo", *Journal of Transport & Land Use*, Vol. 4, No. 1, Jun 2011.

Deneufville R., Odoni A. R., *Airport Systems*, New York: McGraw-Hill Professional, 2013, p. 63.

Derudder B., Witlox F., Conventz S., "Hub Cities in the Knowledge Economy: Seaports, Airports, Brainports (Hardback)-Routledge", *Michael Hoyler Loughborough University Uk*, Jan 2014.

Doganis R., Dennis N., "Lessons in Hubbing", *Airline Business*, Vol. 3, Sep 1989.

Fanti M. P., Iacobellis G., Mangini A. M., et al., "A Flexible Platform for Intermodal Transportation and Integrated Logistics", *IEEE International Conference on Service Operations and Logistics and Informatics*, IEEE, Sep 2017.

Fröidh O., "Perspectives for a Future High-speed Train in The Swedish Domestic Travel Market", *Journal of Transport Geography*, Vol. 16, No. 4, Jul 2008.

Garcia-López Má, Hémet C., "Viladecans-Marsal E, Next Train to The Polycentric City: The Effect of Railroads on Subcenter Formation", *Regional Science & Urban Economics*, Vol. 67, No. 11, Nov 2017.

Givoni M., "Air Rail Intermodality From Airlines' Perspective", *World Review of Intermodal Transportation Research*, Vol. 1, No. 3, Jan 2007.

Givoni M., Banister D., "Airline and Railway Intergration", *Transport Policy*, Vol. 13, No. 5, Sep 2006.

Givoni M., Chen X., "Airline and Railway Disintegration in China:

The Case of Shanghai Hongqiao Integrated Transport Hub", *Transportation Letters the International Journal of Transportation Research*, Vol. 9, No. 4, 2017.

Gong X. M., "Research on Cooperative Scheduling and Design of Emergency Command System of Integrated Transport Hub", *Applied Mechanics & Materials*, Vol. 483, Dec 2013.

González-Savignat M., "Competition in Air Transport: The Case of the High-Speed Train", *Journal of Transport Economics & Policy*, Vol. 38, No. 1, 2004.

Graham A., *Managing Airports: An International Perspective*, London: Routledge, 2018, p. 133.

Gutiérrez J., "Location, Economic Potential and Daily Accessibility: An Analysis of the Accessibility Impact of the High-speed Line Madrid-Barcelona-French Border", *Journal of Transport Geography*, Vol. 9, No. 4, Dec 2001.

Ji S. F., Luo R. J., "A Hybrid Estimation of Distribution Algorithm for Multi-Objective Multi-Sourcing Intermodal Transportation Network Design Problem Considering Carbon Emissions", *Sustainability*, Vol. 9, No. 7, Jun 2017.

Lorber L., "Impact of Maribor's Geographic and Transport Position on the City Economic Development", *Promet Traffic-Traffico*, Vol. 12, No. 2, Jul 2000.

Markusen A. R., Hall P., Glasmeier A., *High-Tech America: The What, How, Where, and Why of the Sunrise Industries*, Boston: Allen and Unwin, 1986, p. 122.

Miller B., Clarke J. P., "The Hidden Value of Air Transportation Infrastructure", *Technological Forecasting & Social Change*, Vol. 74, No. 1, 2007.

Monajem S., Nosratian F. E., "The Evaluation of the Spatial Integration of Station Areas Via the Node Place Model: An Application to Subway Station Areas in Tehran", *Transportation Research Part D*, Vol. 40, Oct

2015.

Mudchanatongsuk S., Ordonez F., Liu J., "Robust Solutions for Network Design Under Transportation Cost and Demand Uncertainty", *Journal of the Operational Research Society*, Vol. 59, No. 5, 2008.

Queralt G. B. I., Fageda X., "Intercontinental Flights from European Airports: Towards Hub Concentration or Not?", *International Journal of Transport Economics*, Vol. 37, No. 2, 2009.

Raimbault N., Jacobs W., Dongen F. V., "From Local Action Into National Discourse: The Rise of Greenport Venlo as a Dutch International Logistics Hub", *Post-Print*, Vol. 36, No. 4, 2014.

Raimbault N., Jacobs W., Dongen F., "Port Regionalisation from a Relational Perspective: The Rise of Venlo as Dutch International Logistics Hub", *Tijdschrift Voor Economische En Sociale Geografie*, Vol. 107, No. 1, 2016.

Román C., Espino R., Martín J. C., "Analyzing Competition between the High Speed Train and Alternative Modes, The Case of the Madrid-Zaragoza-Barcelona Corridor", *Journal of Choice Modelling*, Vol. 3, No. 1, 2010.

Román C., Martín J. C., "Integration of HSR and Air Transport: Understanding Passengers' Preferences", *Transportation Research Part E Logistics & Transportation Review*, Vol. 71, No. 71, 2014.

Román C., Martín J. C., "Potential Demand for New High Speed Rail Services in High Dense Air Transport Corridors", *International Journal of Sustainable Development & Planning*, Vol. 5, No. 2, 2010.

Rus G. D., Román C., "Economic Analysis of The Madrid-Barcelona High Speed Rail Line", *Revista De Economia Aplicada*, Vol. 14, No. 42, 2006.

Seo J. K., Cho M., Skelton T., "'Dynamic Busan': Envisioning a Global Hub City in Korea", *Cities*, Vol. 46, No. 6, Aug 2015.

Sopadang A., Banomyong R., "Combining AHP and TOPSIS Method for Logistics Hub Selection", *International Journal of Management & Decision*

Making, Vol. 15, No. 2, Jan 2016.

Taral B. J. , "Role of Road Transport in Economic Development", *International Journal of Multifaceted and Multilingual Studies*, Vol. 1, No. 6, 2015.

Vieira C. L. D. S. , Luna M. M. M. , et al. , "Models and Methods for Logistics Hub Location: A Review Towards Transportation Networks Design", *Pesqui Oper*, Vol. 36, No. 2, 2016.

Visondilok C. , Ratanathanyalak P. , Chimmi S. , et al. , "The AEC Road Freight Transportation Hub Potential of Thailand", *International Conference on Service Systems and Service Management*, IEEE, 2013.

Wetwitoo J. , Kato H. , "High-Speed Rail and Regional Economic Productivity Through Agglomeration and Network Externality: A Case Study of Inter-Regional Transportation in Japan", *Case Studies on Transport Policy*, Vol. 5, No. 4, Dec 2017.

Yamanshita S. , Morimoto A. , "Study on Occurrence Pattern of the Vacant Houses in the Local Hub City", *Journal of the City Planning Institute of Japan*, Vol. 50, No. 3, 2015.

Yang H. , Zhang A. , "Effects of High-Speed Rail and Air Transport Competition on Prices, Profits and Welfare", *Transportation Research Part B*, Vol. 46, No. 10, Dec 2012.